요가 마르가

요가 마르가

(Yoga Marga, 요가의 길)

by

오 경 식

차 례

머리말

인간에게 있어서 모든 일은 행복하기 위해서 한다. 돈을 벌고 명예를 구하고 권력을 취하는 것 등 모든 행위들은 궁극에는 행복을 추구하기 위한 것이다.

그런데 본래 행복을 추구하고자 했던 목적은 망각하고 돈을 모으고 명예를 지키고 권력을 유지하는 것으로 삶의 본질이 바뀌면서 마치 무상(anica)한 것을 영원한 것처럼 집착으로 이어져 모든 삶의 가치를 물질에 두면서 물질만능의 배금주의(拜金主義)가 현대사회의 주류가 되었다.

물질만능의 배금주의는 이기주의와 개인주의가 팽배하면서 사회 및 가족과 가정이라는 공동체를 파괴하고 나아가 도덕과 윤리의 실종으로 인간의 존엄성은 무너지고 잘살기 위한 개발이라는 명목으로 자연을 훼손하여 자원은 고갈되고 황폐화되어 자연과 인간은 조화를 잃어 인간은 인간으로서의 인간성을 상실하고 자연은 자연의 순리(順理)를 잃어 자연환경의 재해가 늘어나면서 인류의 종말을 예고하고 있다.

이렇듯 인류의 종말을 예고하는 현대인류사회의 도덕적 해이와 물질만능주의는 인간이 가진 안과 밖, 내면과 외면이라는 동전의 양면과 같은 두 가지 특성이 조화를 잃은 결과이다.

9

인간은 안과 밖이 조화와 균형을 이룰 때 완전한 인간성을 형성한다.

그러나 현대 사회의 인간은 이 같은 양면의 특성을 가지고 있다는 것을 알고는 있지만 이기심과 탐욕으로 인해 외적인 물질에만 치우쳐 안과 밖, 내면과 외면이 균형 잡힌 완전한 인간이기를 거부하고 외향적이고 물질만을 추구하면서 반쪽의 인간성은 잃어버리고 결국 반쪽의 인간으로 편협한 삶을 살아가고 있다.

이러한 현상은 삶에 대한 최고의 가치를 외적인 물질에 만 둠으로서 일어나는 현상으로 물질에 집착하는 이유도 결국은 행복하자고 집착하는 것인데 가치 판단의 혼란으로 본래 추구했던 진정한 행복은 망각하고 물질의 노예가 되어 힘들고 고통스러운 삶을 살고 있다.

이것을 요가에서는 무지(avidya)의 결과로 본다.

인간이 동물하고 다른 점이 여러 가지가 있겠지만 인간만이 가진 것 중의 하나가 지성(buddhi)이다.

요가에서 말하는 지성은 모든 가능성의 원동력이다. 왜냐면 좋고 나쁘고 더럽고 깨끗하고 아름답고 추하고 딱딱하고 부드럽고 맛있고 맛없는 것과 같이 우리가 인지하는 모든 구별성과 차별성은 바로 이 지성(buddhi)에서 기인하기 때문이다. 이로 인해 귀찮은 것보다는 편리함을 궁핍한 것 보다는 풍요로움을 쫓다 보니 인류는 자연스럽게 과학이 발달하면서 편리함과 물질적 풍요로움으로 이어졌다. 그런데 문제는 과유불급(過猶不及)이라는 말이 있듯이 인간이 가진 지성에는 분수(分數)를 인지하고 한계를 자각하고 억제하는 기능이 있음에도 불구하고 인간은 편리함과 풍요로움에 도취되어 이를 망각하고 오로지 육체적인 편리함과 물질적 욕구만 추구하는 반쪽짜리 인간이 되어 오로지 자신만을 생각하고 물질만을 추구하는 이기적이고 탐욕스런 인간이 되어 풍요로울수록 더 많이 축적하기를 원하고 더 많은 것을 갈망하면서 지성은 외부 지향적이고 동물적인 본능 쪽으로 만 치우쳐 외면의 다른 면인 내면이라는 인간성을 상실하기에 이르렀다.

물질적 풍요와 편리함은 우리 인간에게 눈에 띄는 가시적인 편리함과 풍요로움은 주었지만 그렇다고 인간이 가진 궁극적인 행복함과 안녕감은 충족시켜 주지 못하고 오히려 인간 본연의 정체성에 커다란 혼란이 가중되는 현상을 초래하여 대부분의 현대인들은 심리적 정서적 스트레스로 인해 정신이상을 겪으면서 크고 작은 육체적 정신적 장애에 시달리고 있다.

이로 인해 가진 것은 많고 편리하면서도 풍요로움에도 불구하고 육체적 정신적 고통에 시달리다가 스스로 극단적인 선택을 하는 경우도 종종 볼 수 있다.

이것은 인간을 구성하고 있는 구성인자 중에는 동물과 다른 지성을 비롯하여 외적이면서 물리적인 오감(Indriyas)을 포함하고 있는 육체와 마음이나 정신과 같이 또 다른 정신적이면서 영적인 내적인 측면도 있다. 는 것을 간과한 결과로 물질적 풍요로움 속에 반쪽의 인간성 을 잃고 자아의 상실감과 함께 영적, 정신적 빈곤감과 허탈감 속에 삶에 대한 의미를 잃은 결과로 초래된다.

그래서 물질과 정신의 조화로운 균형이 요구된다.

물질적 풍요와 편리함은 인간의 오감(indriyas)을 충족시켰지만 인간의 마음 한편에는 그래도 채워지지 않는 허전함과 상실감은 물질로 채울 수 없는 정신적 영적 빈곤감으로 인간이라면 누구나 '이게 아닌데 혹은 이렇게 사는 게 옳은 것인가?' 하는 인간 본연의 본질적인 막연한 의문들은 한번 씩은 느껴보았을 것이다.

이것은 앞에서 말한 반쪽의 인간성을 잃은 결과 내면의 정신을 간과하고 외적인 물질에만 치우친 결과 자신에 대한 정체성의 결여로 느끼는 인간 본연의 궁극적인 의구심이다.

이로 인해 인도철학에서는 자아에 대한 본질을 탐구하는 것이 최우선이라 하며 '아뜨마남 빗디(atmanam viddhi)' 즉 '자아를 알라'를 강조하였다.

따라서 인간이 가진 외적이고 물질적인 측면과 내적이고 정신적 영적인 측면은 인간들의 모든 생활양식에서 나타나지만 인간들은 당장 눈앞에 보이는 외적인 것에만 집착하고 관능과 쾌락에만 몰입하면서 동전의 양면과 같은 또 다른 세계인 내면의 정신적이고 영적인 세계를 잊어버리면서 인간자신들의 스스로의 정체성에 혼돈과 갈등을 야기 시켰다.

이러한 정체성의 혼돈과 자기 자신에 대한 앎의 부재는 자기 자신에 대한 진정한 존재감 상실로 이어져 영혼 없는 무 영혼의 삶을 살면서 언뜻 언뜻 삶에 대한 의미를 찾지 못하고 물질적 풍요 속에 회의와 빈곤감에 허덕이게 되고 그것이 무엇 때문인지 원인조차도 알지 못하는 사람들은 그 빈곤감을 잊기 위해 더욱 더 자극적인 관능과 쾌락에 탐닉하면서 나방이 불꽃을 꽃 인양 착가하고 날아드는 것과 같은 삶을 살아간다.

요가에서 추구하는 궁극적인 목적 또한 행복이다. 요가에서 추구하는 행복은 물질과 권력으로 얻을 수 없는 행복으로 그것을 지고한 행복(yogananda)이라 한다.

육체와 정신(마음) 즉 내(內), 외(外)의 결합(yoga)을 통해 조화와 균형을 이루어 완전한 인간성 회복을 추구하는 요가는 육체적 정신적인 안정감을 얻어 불안함이 없고 흔들림 없는 완전한 자아완성을 추구한다.

자연과 더불어 사색을 즐기며 자연을 모방하여 형상화시킨 것이 육체적인 요가 즉 하타요가(Hatha Yoga)라면 몸과 마음, 영혼이라는 세 가지 유기적 복합체로 이루어진 인간의 완전한 조화와 균형을 위해 정신적인 라자요가(Raja yoga)를 개발하였다.

자연을 모방하는 것에서 시작된 요가는 육체적인 요가인 하타요가(Hatha yoga)를 완성시켰고 하타요가에서 극복하지 못한 정신적이고 영적인 빈곤감은 라자요가(Raja yoga)를 성취함으로서 자아 탐구의 완성을 이룩하면서 총체적인 요가 과학이 탄생한 것이다.

하타요가의 육체적 편안함과 자유로움은 우리 인간에게 생리적인 효과를 주어서 건강하게 오래 살고자 하는 인간들의 갈망을 충족시켰고 이러한 충족감은 심리적인 안정감으로 나타났다. 이러한 심리적 안정감의 요가는 인간이 가지고 태어난 자아(自我)에 대한 궁극적인 의문에 대한 탐구를 하기에 이르러 정신적인 요가로 발전하였고 정신적인 요가의 결정체인 깨달음은 영적인 요가의 완성으로 이어졌다.

영적요가의 완성은 자아탐구의 완성인 라자요가의 완성을 의미하고

13

이러한 자아 탐구의 완성인 라자요가의 완성은 인간의 마음과 정신세계에 의식의 확장으로 모든 현상은 마야(maya, 환영)라는 현상에서 벗어나 생사윤회에서 벗어난 대자유인이 되면서 자아탐구의 완성 결국 '아뜨마남 빗디'를 성취하고 지복(至福, yogananda)을 누리게 된다.

아뜨마남 빗디의 성취는 인간이 가진 궁극적인 의문에 대한 해답을 제시하고 모든 현상세계를 초월한 대자유인으로서의 인간 본연의 모습으로 재탄생을 의미하고 인간성 회복으로 모든 인간들의 로망(romance)인 모두가 더불어 행복하게 사는 이상세계(paradise)로의 진입을 의미한다.

이상세계로의 진입은 이러한 현상과 원리를 아는 요가인들이 긍지와 자부심을 가지고 사회 지도층으로 첨병 역할을 하면서 이끌어 나아가야 한다는 사명감과 의무감을 가지고 자아완성에 매진해야 할 것이다.

이 책을 읽는 독자들은 이 책을 처음부터 끝까지 읽어주기만 하면 요가의 전체적인 흐름을 이해할 수 있도록 쓸려고 노력했다. 예를 들면 요가의 시작과 기원은 언제 어떻게 시작되고 형성되었는지 제 1장에 나와 있고 그 이후에는 어떻게 전해져 내려왔으며 어떤 식으로 수행을 하였으며 그 종류와 수행방법을 기술하였다. 그러한 수행을 통해 요가 수행자들은 무엇을 이루었으며 요가의 최상경지는 어떤 것이며 최상경지를 성취 후에는 어떻게 되는지 요가의 시작과 과정 그리고 그 결과 등 전체적인 흐름을 일목요연하게 단계적으로 기술하려고 노력하였다. 따라서 눈 밝은 요가 수행자 내지 독자는 읽으면서 감을 잡을 수 있으리라 사료

된다.

요가를 접 한지도 벌써 20년이 넘었다. 그동안 게으름도 피우고 여러 가지 갈등과 어려움을 겪었지만 요가는 결코 어떤 경우에도 수련자에게 실망을 시키지 않을 것이라는 요가에 대한 확신과 믿음만큼은 변함이 없었다. 남들 눈에는 어떤 모습으로 비춰질지 모르지만 지금도 요가에 대한 믿음은 변함이 없고 지금 현재의 나로 존재케 해준 요가에 대해 감사하고 있다. 요가를 접하지 못했다면 아마도 나는 내 삶에 대한 철학이나 정체성을 찾지 못하고 흔한 말로 지옥도 가지 못하고 천당도 가지 못하는 중음신(中陰神)처럼 정체성을 찾아 아직도 세상을 떠돌고 있지나 않을까 하고 생각해 본다.

따라서 남녀노소를 막론하고 제대로 된 요가수련은 자신에 대한 철학과 정체성을 확립하게 해 주면서 언제나 흔들림 없는 평정심의 삶을 살게 해줄 뿐만 아니라 인간이 가진 궁극적인 의문들도 요가를 통해 그 해답을 찾을 수 있다고 단언한다.

마지막으로 요가를 수련하는 모든 분들께 당부하고 싶은 말은 흔한 진리의 말씀들을 그냥 흘려 넘기지 말았으면 한다.

예를 들면 '요가는 실천 철학이다.' 란 말은 요가인이라면 누구나 아는 말이다.

요가는 실천철학이라 하는데 과연 자신은 요가를 제대로 실천하고 있는 것인지 하고 의구심이 든다던지 혹은 요가는 열심히 하고 있는데 늘 허전함으로 자기 스스로 요가선생으로서의 자질에 부족함을 느낀나면 현재 자신이 하고 있는 공부하는 방법에 대해 한번 되돌아보았으면 한다.

한편으로 실천은 하고 있는데 시대의 흐름이 어떻고 유행이 어떻고 하면서 외적인 아사나 수련에 만 치우쳐 정보수집에만 급급하고 있는 것은 아닌지 되짚어보기 바란다. 목마른 사람이 우물을 구하기 위해 여기저기 파보는 것도 중요하지만 어느 정도 정보가 수집되면 한 우물을 집중적으로 깊이 파야 우물을 구할 수 있을 것이다.

요가에서의 깊은 우물은 명상이다. 샘이 깊어야 가뭄에도 우물이 마르지 않는다.

얕은 물은 금방 증발하고 만다. 얕은 지식도 금방 바닥을 드러내고 만다.

요가라는 말에는 아사나와 명상이 포함되어 있다.

아사나는 요가 수련이 아닌가 하겠지만 아사나 만으론 부족하다 명상과 병행을 해야 한다.

평정심을 얻고 그 궁극적인 해답을 찾기 위해서는 명상이 필수이다.

혹자들은 아사나도 명상이고 삶 자체가 명상이라고 한다. 그분들은 경지에 오른 분들이기에 예외로 치자.

명상이 빠진 요가는 하타 까르마(hatha karma)라고 하였듯이 아무런 의미가 없다.

부족한 부분은 요가 사다까(yoga sadhaka), 독자제현님들의 질책과 훈책을 달게 받겠다.

2014. 5. 15.

오 경 식

≪학문과 예술의 신 사라스와띠≫

May all being be happy with yoga and meditation!!

감사의 글

　이 책(요가마르가)은 벌써 10년 전에 출간되어 많은 사람들이 읽고 있어야 할 책인데 이제야 세상에 태어나 빛을 보게 되었다.
　그 동안 여러 가지 일들이 있으면서 덕분에 비싼 대가도 치루었지만 많이 배우는 계기도 되었다. 그래서 토마스 칼라일은 '경험은 최고의 교사지만 수업료가 많이 든다.'고 했던가!

　이제 시간도 많이 지났고 세월도 많이 흘렀다.
　옛말에 세월이 치료할 수 없는 일은 없다고 했듯이 그래서 인지 지금은 모든게 차분하게 안정을 이루고 있다.
　더불어 윤회의 사슬고리를 남기지 않기 위해 까르마 요가를 실천하고, 지금 이 순간순간을 최선을 다해 삶에 헌신을 하면서 박티 요가를 실행하고, 이를 바탕으로 작으나마 지혜를 얻어 즈나나 요가를 실현해 나가다 보니 모든게 자연의 이치와 순리대로 자연스럽게 평정을 유지하게 되었다.

　이러한 스스로의 노력과 더불어 하늘도 스스로 노력하는 자를 돕는다고 하는 옛말을 증명이라도 하듯이 여러 사람들의 도움의 손길이 이어졌다.
　그 중에 요가도 모르면서 어머니(박 영순 선생)의 손에 이끌려 요가에 입문하여 아직도 요가가 뭔지 모르면서 요가에 심취하여 이 책이 나오게끔 극적이면서 주도적인 역할을 해준 못다 핀 천재 조옥연 군이 없었다면 아직도 이 책의 원고는 그냥 잠자고 있을 터, 조옥연 군에게 무한한 감사와 사랑을 보낸다.

또한 이 책에 부족한 그림들을 자신의 일은 뒤로 미루고 까르마요가의 전형을 몸소 실천해 보여주면서 한마디 불평도 없이 그림을 그려준 남궁 영 씨께도 두 손 모아 감사드리고 감사드린다.

그리고 바쁜 와중에도 틈틈이 차크라와 나디, 무드라 그림을 손으로 직접 그리고 작업해 준 김 희 선생께도 감사드린다.

특히 요가원의 어려운 여건 속에서도 옆에서 꿋꿋하게 함께 해준 이 영경 선생께는 감사하고 또 감사하는 마음을 전해도 다 전할수가 없을 지경이다. 모두가 하나 같이 고맙고 소중한 사람들이다.

마지막으로 이미 이 세상 사람은 아니지만 요가에 대한 남다른 열정으로 생전에 모델 역을 흔쾌히 응해 주신 저 세상에서도 지켜보고 있을 박 윤순 선생께도 이 책을 보여 주고 싶다.

그 외 일일이 다 나타내지는 못했지만 주변에서 아낌없는 격려로 기운을 북돋아준 친구들과 지인들께도 감사드리고,

저의 모든 정성과 내공을 두 손에 모아 이 모든 분들의 몸과 마음에 평화와 안녕이 깃들기를 지극히 기원드리며 다시 한 번 감사드리는 바이다.

May all being be happy with yoga and meditation!!

2014. 5. 15
오 경 식

1장

요가의 기원

지금까지 요가의 기원에 대한 일반적인 사람들의 견해는 5,000년의 유구한 역사와 함께 시바(Siva)신에 의해 요가가 창시되었다고 알고 있는 사람들이 대부분이다.

그러나 이 책에서는 인류 문명의 발상지인 인더스 문명에서 발굴한 유물들을 토대로 과학적인 검증을 통한 요가의 기원과 경전이나 신화적 유물들을 근거로 한 신화에서 말하는 요가의 기원을 두 부분으로 나누어 분석하여 요가를 공부하는 사람들에게 요가의 기원에 대한 명확한 답변이 될 것으로 확신한다.

1. 유적과 신화에서 찾아볼 수 있는 요가의 기원.

1) 유적에서 추측할 수 있는 요가의 기원

얼마 전 까지만(약 90년 전) 하여도 요가의 흔적을 고대 인도인들의 생활상에서는 쉽게 찾아보기 어려웠고 단지 인도 신화에 등장하는 시바 (siva)신이 요가의 시조(始祖)라는 정도로만 막연하게 전해져 왔었다.

하지만 약 5,000년 전부터 번성한 인더스문명의 중심도시인 모헨조 다로와 하랍파 지역에서 인도 정부 주도로 1920년대와 1970년대에 두 차례에 걸쳐 시행된 유물 발굴 작업을 통하여 요가자세가 조각되어 있거나 요가자세를 취하고 있는 토기(테라코타), 청동, 돌로 된 작은 인형들 등 요가에 관련된 유물들이 아주 폭 넓은 지역에 걸쳐서 출토되어 이는 이미 5,000년 전 부터 요가가 성행하였다는 것을 의미하며 요가의 기원은 훨씬 그 이전부터라고 추측할 수 있다.[1] <그림 1참조>

따라서 요가의 기원은 적어도 5,000년에서 1만 년 전 사이에 형성된 것으로 확신할 수 있으며, 다른 한편으로는 요가가 성행을 하고 있던 5,000년 전에는 그 어떤 철학이나 학문, 종교, 심지어 역사라는 개념조차도 존재하지 않았던 시대에 요가는 이미 존재하고 있었다는 역사적 사실로 미루어 볼 때 요가의 역사는 인류 문명의 역사 그 자체라는 것을 알 수 있다.

≪그림 1. 인도 박물관에 소장되어 있는 인더스 문명에서 발굴된 요가 토기들≫

2) 신화에서 추측할 수 있는 요가의 기원

인도에서는 연꽃자세(padmasana, 결가부좌)가 전통적으로 요가의 대표적인 명상자세로 알려져 있다. 때문에 인도 신화에 등장하는 시바(Siva)신이 다른 신들과는 달리 주로 연꽃자세로 명상을 하는 자세로 앉아있어 시바신이 요가의 시조로 신봉되고 있고, 요가를 창시한 것으로 믿는다. <그림 2 참조>

≪그림 2. 시바≫

그리고 요가 경전 하타<요가>쁘라디피카 1장1절에 보면 절대자 시바 (Siva)신이 최초로 자신의 배우자인 빠르와띠(Parvati)에게 요가를 가르쳤다고 나오고 있다.

그러나 하랍파와 모헨조다로 지역의 인더스 문명 유적지를 발굴해 본 결과 시바신을 비롯한 종교에 관련된 유물은 그 어떤 흔적도 찾아볼 수 없었다.[17] 따라서 시바(siva) 신에 관한 인도 신화는 요가의 기원 훨씬 이후에 탄생한 것으로 추정하고 있다.

「고대문명에서 발굴한 시바 신으로 추측되는 인장과 문장을 살펴보면, 머리는 삼면에 얼굴을 가지고 있어서 트리무카(trimukha, tri=3, mukha=얼굴)라고 부르며, 또 머리에는 뿔이 나 있고, 주변에는 호랑이, 사자, 코끼리, 버팔로(물소), 코뿔소 그리고 발밑에는 사슴, 등 많은 동물들로 둘러 쌓여있어서 빠수빠띠(pasupati, 동물들의 신)라고 부르기도 하였으며, 그리고 앉은 자세에서 요가의 대표적인 명상자세인 빠드마아사나(padmasana, 연꽃)로 코끝을 바라보며 앉아있기 때문에 요기 스라라 혹은 마하요기(yogisrara or mahayogi)라고 불렀다. <그림 3. 참조>

≪그림 3. 시바신으로 추측하는 고대 인장과 문장(紋章)들≫

이러한 점으로 미루어 보았을 때 원래 시바신은 아리안의 침입(B. C 1500) 이후에 도입된 것으로 여기는 학자들도 있으나 시바는 이미 아리안족의 침입이전부터 토착민인 드라비다인들에 의하여 다른 이름으로 신봉되어지던 것으로 여겨진다.[2] 그 예로, 남쪽 타밀나두 지방에서 시바를 '빨갛다'라는 의미의 시완(Sivan) 이라 불렀으며, 또 시바의 별칭으로 삼부(Sambhu)라고 부르는데, 붉은 쇠를 의미하는 '구리'라는 뜻의 '셈부(sembhu)'에서 온 말이다.

한편 초기 아리안들은 시바를 독을 마셔서 목이 푸르면서 빨간 사람이란 의미의 닐라-로히따(Nila-lohita)라 불렀다. 신화에 의하면 시바는 사람들을 구하기 위해 독을 마셨는데 독을 마신 이후로 목이 푸르고 빨갛게 변했다고 전해진다. 따라서 드라비디안들이 붉은 신으로 여기던 '시완' 내지 '삼부'를 초기 아리안들은 닐라 로히따라 부르다가 차후 천둥과 폭풍의 신 마루뜨(Maruts)의 아버지 '루드라(Rudra)'에게 은혜를 베푸는 자애로운 신으로서 그에 대한 존칭으로 시바라고 불렀다.

차후 루드라와 시바가 병칭되어 오다가 어느 순간 시바와 루드라가 완전 분리 독립하게 되었고, 결국 시바와 루드라는 아리안과 토착 부족 간의 양쪽 모두에 존재하던 유사한 신격이 합체되어 발전해 나간 신으로 힌두 문화의 형성과 발전에 중요한 역할을 한 대표적인 신이라고 볼 수 있다.[13] 」

신화적으로 나오는 요가의 기원은 까이발야다마(Kaivalyadhama)에서 나온 경전≪하타쁘라디피카(Hathapradipika)≫1장 1절 Swami Digambaraji의 주해를 참조해 보면, 시바신이 자신의 배우자인 빠르와띠(Parvati)와 바닷가를 산책하면서 빠르와띠에게 대화의 형식으로 하타요가에 대한 지식을 설해주고 있다.

이것을 물고기 한 마리가 물속에서 듣고 있다가 인간으로 환생하기를 간절히 빌어 소원을 이루어 인간으로 환생하여 요기(yogi) 마첸드라 (Matsyendra)가 되어 요가를 다음사람에게 전해 주었다고 한다. <그림 4. 시바 n 빠르와띠 참조>

이것이 요가 계보(系譜)의 시작이다. <하타쁘라디피카 1장 9절, 오경식 편역 참조>

<그림 4. 시바 n 빠르와띠>

2. 고대 경전에서 찾아볼 수 있는 요가의 기원.

신화적으로는 앞에서 언급한 대로이나 경전 상에 나타나 있는 요가에 대한 기원은 베다와 ≪우빠니샤드≫, ≪바그바드기따≫에 잘 나와 있다.

≪우빠니샤드≫중에 ≪야쥬르베다≫ 계열의 따이뜨리야 학파에 속하는 ≪Katha upanisad, 카타우빠니샤드≫에 보면,

"yada pancavatisthante jnanani manasa saha,
buddhis ca na vicestati, tam ahuh paramam gatim."
When the five (senses) knowledges together with the mind
cease (from their normal activities) and the intellect itself does not stir,
that, they say, is the highest state.

"마음과 더불어 다섯 감각기관이 일상적인 활동을 멈추게 되면, 지성(buddhis)
또한 그 작용을 멈춘다. 그 상태를 최상의 경지라고 말한다."
≪Katha upanisad 2장 3편 10절≫[4] [5]

인간은 감각적인 동물인 동시에 지성(知性, buddhi))의 지배를 받는다. 이것을 요가에서는 개성(個性)이라 한다. 따라서 진정한 요기(yogi)는 개성(個性)을 죽이고 진성(眞性) 혹은 본성(本性)인 아뜨만(atman)을 추구하는데 있다.

이어서,

"tam yogam iti manyante sthiram indriya-dharanam
apramattas tada bhavati, yogo hi prabhavayayau."
This, they consider to be Yoga, the steady control of the senses.
Then one becomes undistracted for Yoga comes and goes.

≪Katha upanisad 2장 3편 11절≫[4] [5]

"감각을 안정되게 조절하는 것을 요가라 하고, 그렇게 되었을 때 요가 수행자는 요가에 대한 흔들림이 없어진다." 라고 하였다.
　실지로 요가 수행자가 이룬 요가의 완성은 요가뿐만 아니라 어떠한 삶 자체에도 흔들림이 없는 평정심으로 항상성의 조화를 이룬다.

　한편, ≪바그바드기따≫는 ...

"yogasthah kuru karmani sangam tyaktva dhanamjaya/
siddhy asiddhyoh samo bhutva samatvam yoga ucyate//"
Perform action O Dhananjaya, being fixed in yoga, renouncing
attachments, and even-minded in success and failure; equilibrium
is verily yoga.

"오! 다난자여, 행위를 수행하는데 있어서 요가로 굳게 단련되어 있는 사람
은 성공과 실패에 연연하지 않고 집착과 애착을 버리고 흔들림 없는 평정심
이 진정한 요가이니라."

≪Bhagavad gita 2장 48절≫[3] [6]

이 구절은 까르마 요가(Karma yoga)를 설명한 것으로 성공과 실패에 연연하지 않으면서 요가 수련에 헌신적으로 몰입하게 되면 흔들림 없는 평정심의 지혜를 얻게 된다는 말이다.

이 구절 하나에 까르마요가(Karma yoga), 박티요가(Bhakti yoga), 즈나나 요가(Jnana yoga)가 모두 함축되어 있다.

또한,

"srutivipratipanna te yada sthasyati niscala /

samadhav acala buddhih tada yogam avapsyasi //"

When your intellect, tossed about by the conflict of opinions, has become poised and firmly fixed in equilibrium, then you shall get into yoga.

"너의 지성이 모순된 생각으로 흔들릴 때, 균형과 평정심으로 유지하게 되면 너는 진정 요가에 입문한 것이 된다."

《Bhagavad gita 2장 53절》 [3] [6]

이것은 지혜의 요가(Jnana yoga)를 설명한 구절로서, 요가로 단련된 자만이 흔들리지 않는 평정심으로 마음의 평화를 누릴 수 있다. 그러나 지혜란 단순한 지적(知的)인 지식으로 이해만 해서 얻어지는 것이 아니라 요가로 단련된 흔들림이 없는 지혜는 실천 수련을 바탕으로 한 경험에서 체득(體得)되어 얻어진 지혜를 말하는 것이다.

따라서 인간의 본질적인 의문을 가진 사람이나 요가를 공부하는 사람이라면 ≪우빠니샤드≫나 ≪바그바드 기따≫같은 경전은 반드시 읽어 그 의미를 이해하고, 그 이해를 바탕으로 실천수행으로 경험을 통해 체득하여 진정 자신의 것으로 만들어야 할 것이다.

3. '육파철학'의 형성 및 실천철학으로서의 요가

대부분의 육파 철학이 '베다'에 그 기원을 두고 있는 반면 요가는 '베다'와는 무관하다. 왜냐면 요가의 역사는 '베다' 보다 더욱 깊이 거슬러 올라가기 때문이다.

'베다'는 현재 본집(Samhita)이라 하여 리그베다, 사마베다, 아타르와 베다, 야쥬르 베다 등, 네 종류가 있는데, 리그베다만이 B. C 1,500년경 아리안들의 침입 때 아리안들이 가지고 들어온 것으로 알려져 있다. [7]

따라서 이것은 아리안(Aryan)들과 인더스 문명과는 아무런 관련이 없으며, 요가는 이들 아리안의 침입 이전부터 이미 존재했었다는 것을 의미한다.

그러나 아리안들의 침입 이후 요가는 더욱 널리 전파되었다고 보는데, 이는 아리안 왕들이 정복전쟁 중에 정치적, 문화적인 세력 팽창이라는 목적을 이루기 위해 기존의 요가라는 문화적인 도구를 이용하면서 인도 전역에 널리 퍼져나가게 되었던 것이다. [1]

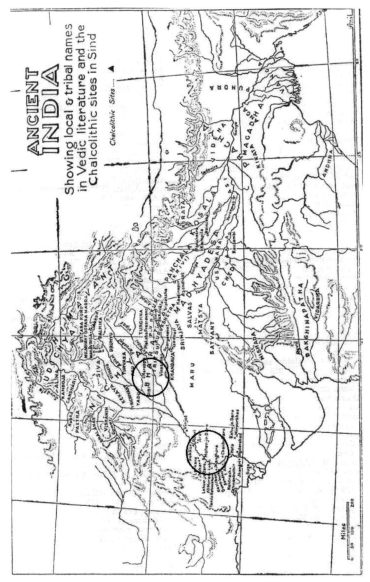

≪인더스 유역의 요가 분포도≫

이후 아리안들의 '베다'에 대한 적극적인 보호와 신성(神性)화, 이를 뒷받침하는 ≪우빠니샤드≫를 집성한 현자들의 영적인 삶에 대한 존경심으로 '베다'는 절대적 권위를 누리게 되었다.

그러나 시간이 흐르면서 일부 우빠니샤드 수행자들은 '베다'의 독단적 권위주의와 영혼 없는 허식적인 형식과 의식주의로 인하여 종교적으로나 철학적으로나 그 신뢰성에 흠집이 생기면서 ≪베다≫에 대한 비판적인 새로운 철학 체계인 짜르바카(유물론자), 불교, 자이나교, 바이스나와(Vaisnava, 비스누 신봉자) 등이 성립되었다.[2]

이러한 불교와 자이나교, 바이스나와, 짜르바카(유물론자)의 '베다'에 대한 반발은 그 동안 베다의 절대적인 권위와 신성(神聖)으로 정체되어 변화가 없던 인도철학에 새로운 역사의 장을 쓸 수 있는 기반이 되었다.

육파철학의 성립연대를 정확히 파악하기란 쉽지가 않다. 왜냐하면, 각 학파의 근본경전인 수트라(sutra, 경전)들에 대한 저술 연대가 확실하게 나와 있지 않으며 각 학파의 개조 혹은 창시자라 할 수 있는 인물들에 대한 생몰 연대가 확실치 않기 때문이다. 그리고 대부분의 창시자들은 신화적으로 각색되어 있어서 그 기원을 파악하기가 쉽지 않다. 그러나 모든 육파철학의 형성시기가 서로 비슷한 시기인 B. C 6세기부터 A. D 5세기까지 약 1,000년에 걸쳐 형성된 것으로 보는데, 그 이유는 수트라(sutra, 경전)들의 전체적인 양식과 경향이 거의 동시대에 속하고 그 패턴이 비슷하기 때문이다.[9]

따라서 6파 철학에 있어서 어느 학파가 먼저 형성 되었는가?하고 단

정 짓기 어려운 일이기는 하나 무순서적으로,

　‘까나다(Kanada)의 바이세시카(visesika)학파’,

　‘가우타마(Gautama)의 느야야(nyaya)학파’,

　‘까삘라(Kapila)의 상캬(shamkhya)학파’,

　‘빠딴잘리(Patanjali)의 요가(yoga)학파’,

　‘자이미니(Jaimini)의 뿌르와 미맘사(Purva Mimamsa)학파’,

　‘바다라야나(Badarayana)의 웃따라 미맘사(Uttara Mimamsa)학파’
가 있다.

　여기서 ‘뿌르와 미맘사’학파를 초기 베다학파라고 하고 ‘웃따라 미맘
사’학파를 후기 베다학파라고 한다.

　보통은 뿌르와 미맘사를 미맘사 학파라 부르고, 웃따라 미맘사를
베단타학파라 한다.

참조

모든 육파 철학이 베다를 배경으로 그 근본 바탕을 하고 있지만 특히 ‘후기
베다학파’를 ‘베단타학파’라고 한다. 이는 베다의 끝이라는 의미로 다른 학
파에서는 자신들이 임의로 베다를 해석하는 경향이 있으나 후기베다 학파
는 경구적(警句的)인 베다의 난해함을 근본주의적 입장에서 베다를 따르면
서 체계적으로 정리한 학파는 자신들이 유일하다고 자신들만이 진정한 베
다의 계승자라는 입장에서 자신들의 명칭을 베단타학파라고 고집한다.

　그러나 베단타학파는 그 경구를 어떻게 해석하느냐에 따라 의견이 서
로 엇갈려 다시 다음과 같은 여러 학파로 나누어지게 된다.(9)

　‘상카라(Samkara)’의 ‘아드와이타 베단타학파(Advaita Vedanta, 불이

일원론)', '라마누자(Ramanuja)'의 '비시스타 아드와이타 학파 (Visistadvaita, 제한론적 불이론)', '마드와(Madva)'의 '드와이타 학파 (Dvaita, 이원론)' 가 있다.

이 중 '상카라'의 '아드와이타 베단타학파'가 대표적이며 현재 인도 철학사상의 전반적인 근간을 이루고 있는 학파이다.

≪상카라짜르야≫

그러나 실제로 모든 '육파 철학'은 굳이 '베단타학파' 뿐만 아니고 모든 '육파 철학'들은 '베다'의 결론(結論)이자 정수(精髓)라 할 수 있는 ≪우빠니사드≫에 모든 학문적 기반을 두고 그들 나름대로 ≪베다≫를 연구하고 해석해서 '베다'의 전통을 이어가려고 노력하였다. 따라서 '베다'의 전통을 이어 갈려는 학파는 정통(astika)으로 분류하고, '베다'의 전통에서 벗어나게 되면 이단(nastika, 異端)으로 분류되었다.

따라서 전통적으로 육파철학을 정통이라 하고 비 정통으로는 짜르바카, 불교, 자이나교, 바이스나와 등으로 분류한다. 그러나 비 정통 학파에 속하는 불교나 자이나교, 바이스나와, 짜르바카(유물론)는 '베다'의 권위적이고 계급적이고 형식적인 전통에 대한 반작용(反作用)으로 성립하고 발달하였기 때문에 비정통학파로 분류가 되고는 있지만 베다의 영향에서 완전히 벗어 날 수는 없었다.

왜냐면 어차피 이단(異端)으로 불리는 불교나 자이나교의 창시자들 역시 베다적인 문화와 전통 속에서 교육을 받고 성장하였기 때문에 이들의 사상 저변에 깔려있는 모든 바탕이 베다에 근거를 두고 있는 ≪우빠니샤드≫ 사상이기 때문이다.

그동안 사상적 매너리즘과 형식적 의식주의에 빠져있던 인도 사상 전반에 불교와 자이나교라는 새로운 사상과 철학의 발달은 그동안 권위주의와 계급주의, 형식적 의식주의에 식상하고 정체되어 있던 인도 철학 사상에 새로운 변화를 가져와 이 시기를 인도철학의 사상적 봄이라고 '라다크리쉬난(Radhakrishnan)'은 말한다.[9]

인도철학에서 요가철학은 정통학파에 속하지만 정통과 비 정통파와 아무런 관계없이 요가는 모든 학파에 있어서 하나의 실천철학으로서 권장되었으며, 어느 학파에나 접목되어 모든 학파들이 추구하는 그들의 목적지에 도달할 수 있는 실천적 수행의 도구로서 장려되었다.

이것은 어떤 종교나 철학을 비롯하여 정신세계를 추구하는 사람들에게 있어서 신봉되는 경전이나 법전, 정신세계 서적들이 한 결 같이 신뢰받는 것은 오랜 수련과 수행의 결과 영적인 경험을 토대로 쓰여 졌기 때문에 사람들이 믿고 따르며 신봉하는 것이다.

그러나 하필이면 왜 요가냐 하면, 그 옛날에나 지금이나 정신세계를 추구해 실현하는 실천적 수련과 수행방법이 오로지 요가뿐이 없었기 때문이다.

요가의 역사는 역사라는 개념도 없던 5,000년 전에서 1만 년 전을 거슬러 올라가면서 역사 그 자체라고 했다.

5,000년 전에는 그 어떤 종교나 철학도 존재하지 않았다는 것은 누구나 아는 역사적 사실이다. 그러나 요가는 실천 철학으로서 존재하고 있었기 때문이다. <1장 요가의 기원 참조>

'우빠니샤드' 이전에도 말할 것 없고, '베다' 이전에도 요가는 존재했었다.

따라서 정신세계를 추구하는 그 어떤 학파도 요가를 빼 놓을 수가 없었고, 요가를 빼놓고는 어떤 수련이나 수행 방법이 없었다.

따라서 그 어떤 학파의 개조(開祖) 혹은 창시자들일 지라도 요가를 실천 수련하여 영적 체험을 얻어 개조가 된 것이다. 그 대표적인 사람이 불교의 붇다(Buddha)와 자이나교의 마하비라(Mahavira)인 것이다. 이들이 만난 모든 스승들은 요가 수행자들이었고 그들의 가르침에 따라 수행을 하다가 자신들 만의 새로운 세계를 구축하게 된 것이다. 따라서 이들의 밑 바탕에는 요가 수행이 기본적으로 깔려 있다. 불교의 붇다나 자이나교의 마하비라는 요가의 발전에 가장 큰 공로자라고 할 수 있다.

따라서 자고이래 [自古以來] 인도에서는 모든 철학자나 사상가, 정신 수행자들을 총 망라하여 요가를 수행하지 않은 사람이 없었으며, 한 결 같이 고도의 요가수련으로 무장을 하고 있다는 것을 알 수 있으며, 지금도 세계 어느 곳을 막론하고 정신세계를 추구하는 수행 혹은 수련 단체들은 요가를 바탕으로 하고 있다는 것에 의심할 여지가 없다.

따라서 요가를 수련하고 공부하는 사람들은 인류 최고의 학문과 철학을 공부하고 있다는 긍지와 자부심을 가져야 할 것이다.

2장

요가의 형성 배경

아사나(asana), 쁘라나야마(pranayama), 삼야마(samyama)

1. 요가의 형성 배경

　　요가가 형성된 인도는 지리적으로 북으로는 히말라야라는 천혜의 자
연적 천연 요새를 가지고 있고, 아래로는 삼면이 바다로 막혀있어서 외
세의 침입으로부터 안전할 수가 있었다.　자연적인 기후는 아열대에서
온대 기후이며 비옥한 토양을 가지고 있다.

　　따라서 물만 있으면 일 년 내내 경작이 가능하고 수확이 이루어진다.
천혜의 요새는 외적으로부터 보호해 줄 뿐만 아니라 따뜻한 기후와 비
옥한 토양의 자연 조건은 바나나, 망고, 구아바, 무화과, 조, 수수, 밀,
보리, 등의 과일들이며 곡식이 언제나 산과 들에서 큰 노력 없이도 자연
스럽게 필요한 만큼 얻을 수 있는 자연 조건을 가지고 있으면서 여유 있
게 생활을 할 수 있는 천혜의 자연 조건을 갖추고 있었다.

　　이를 통해 요가의 선지자들은 자연을 벗 삼아 사색과 명상을 즐길 시
간이 많았으며 자연을 관찰할 기회가 많았던 것이다. 이러한 천혜의
자연 조건으로 인해 요가과학이 형성하게 된 것이다.[1]

2. 요가의 구성과 원리

1) 요가아사나(asana)의 발견과 그 원리

인도의 자연환경과 문화는 요가의 형성과 발전에 절대적 영향을 끼친
것으로, 그 당시 고대 인도인들은 대자연 속의 나무그늘 혹은 동굴, 때
로는 탁 트인 들판에서 생활하면서 동물, 식물, 사물 등에 둘러싸여
그들을 더욱 가까이에서 자세하게 관찰할 수 있는 기회가 주어졌
다.[1]

이러한 관찰을 통하여 요가 선조들은 우리 인간이 가지고 있지 않
은 독특한 특징들을 동물, 식물, 사물 등에서 발견하게 되었고, 실제
로 우리 자신들에게 적용해보니 보다 나은 건강하면서도 삶의 질이
향상된 삶을 살게 해 주는 지혜를 깨닫게 되었다.

예를 들어, 많은 뱀들 중에 같은 뱀이지만 유독 코브라만이 힘이
세고 무서운 독성을 가지고 있어서 뱀들의 왕으로 여겨지는 코브라
는 그들만이 가지고 있는 특유의 머리를 치켜드는 특징이 관찰되었
고, 이것을 본떠 코브라자세(bujangasana)가 개발되었다.

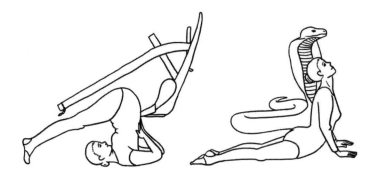

그리고 고양이는 높은 곳에서 떨어지거나 뛰어내려도 다치지 않는 비결을 발견하였는데, 고양이는 높은 곳에서 등을 구부려 충격을 흡수하는 방법을 발견하였다. 여기서 고양이 자세가 개발된 것이다.

또 사납고 힘이 센 사자나 호랑이는 그들 나름대로의 특이한 행동을 가지고 있으면서 그들 나름대로의 힘과 위엄을 유지, 관리하는 것을 관찰 할 수 있었다.[1]

이러한 관찰을 통해 사자자세와 호랑이 자세 등, 여러 다른 요가 동작(Asana)들이 개발되었던 것이고, 여기에 한발 더 나아가 요가 동작의 원리가 개발 되었다.

동물들이 사냥을 위해 쫓거나 쫓길 때 덤불, 개울, 바위 등과 같은 장애물(障碍物)이 나타나면 장애물을 건너뛰기 위해 잠시 멈추는 것을 볼 수가 있다.

이렇게 장애물을 뛰어 넘기 전에 잠시 멈추는 동작이 고대 인도인들을 궁금하게 했고 왜 그러는지 의문을 가지고 탐구하게 되었다.

그 결과 이렇게 잠시 멈추어 주는 것이 바로 본능적으로 에너지를 축적해 주기 위함이라는 것을 알게 되었다.

장애물을 뛰어넘기 위해서는 단순히 달리는 것보다 더 많은 에너지가 필요하다는 것과 장애물을 뛰어넘는데 필요한 에너지가 순간적으로 잠시 멈추는 것에 의해 얻어진다는 것을 본능적으로 안다는 것이다.

그 원리가 바로 요가에 적용되어 움직임-정지-움직임-이완으로 이어지는 요가의 핵심원리가 되었다.

이러한 원리가 적용되지 않는 요가는 단순한 체조에 불과하다고 보면 된다.

따라서 요가 아사나를 수련할 때, 서서히 몸과 마음을 움직여 자세가 완성되는 순간 잠시 완성된 자세로 멈추어 주어 일정한 시간동안 그 자세를 유지하다가 원위치로 돌아와서 충분한 휴식을 취했을 때라야 비로소 우리 몸에서 일어나는 생리적인 아사나의 효과를 충분히 얻을 수 있다.

인도의 서양의학 전문의면서 요가 치유사(yoga therapist)인 S. R. Karandikar 박사는 이렇게 완성된 자세로 멈추어 주는 순간에 에너지 소모량은 최소화 하면서 에너지를 축적하는 생리적인 화학 작용이 일어남과 동시에 요가를 통한 생리적인 효과도 볼 수 있다고 말한다.

생리적인 효과를 좀 더 구체적으로 나타내 보면 요가의 기본 동작인 앞으로 숙이고 뒤로 젖힘과 더불어 좌우로 비틀어주고 거꾸로 서주기를 통해 우리 인체에 공간을 형성하면서 구조적인 확장이 일어난다. 이러한 구조적인 확장은 우리 인체 내의 모든 장기들의 기능을 향상시키고 우리 몸은 더 많은 산소와 영양물질을 공급받으면서 에너지 순환은 원활해지고 불순물들은 더욱 빠르게 배출을 해 주는 정화작용을 일으킨다.

이와 같이 육체적인 정화는 아사나를 통해 일어나고 영적이고 정신적인 정화작용은 요가수행자의 의식 확장이 일어나는데, 의식의 확장은 명상을 통해 일어난다.

따라서 열을 내고 땀을 흘려 에너지를 소진시키는 일반적인 운동과는 달리, 요가는 적은 에너지(ATP)를 소비하고 더 많은 에너지를 얻을 수 있는 경제적이면서도 능률적인 에너지 축적효과가 있어서 제대로 수련 하는 경우 지치기보다는 오히려 생기가 돌고 활기가 넘칠 뿐만 아니라 몸과 마음의 균형과 조화로 우리 몸의 항상성을 유지하고 면역력을 증가시킨다. 이것을 하타(요가)쁘라디피카 1장17절에서는 'asanam stheiryamarogyam ccangalagavam, 아사남 스테이르야마로감 짱갈라가왐' 이라하면서 '아사나의 수련은 육체적인 건강 뿐 만 아니라 마음 (정신)의 안정감도 함께 온다. 고 말하고 있다.

2) 요가호흡(pranayama)의 원리

요가수련을 해 주다보면 어떤 날은 수련이 잘되고 어떤 날은 중심과 균형이 잘 잡히지 않으면서 아사나 수련이 잘 되지 않는 것을 느낄 수 있다. 이때 자신의 호흡을 관찰해 보면 자신의 호흡도 고르지 못하고 거칠고 헐떡거리는 것을 알 수 있다. 이러한 현상은 심리적인 것으로 자신의 마음이 처음부터 불안정하여 호흡이 거칠어지면서 자세까지도 안정감을 잃고 있다는 것을 알 수 있다.

따라서 불안한 마음을 안정시키기 위해 먼저 호흡을 고르게 가다듬는 것이 일반적인 상식으로 호흡을 조절해 줌으로서 마음도 조절가능하다. 따라서 요가에서는 호흡과 마음은 하나로 보고 호흡을 조절해 준다는 것이 마음을 소설해 주는 것이고, 반대로 마음을 조절해 주게 되면 호흡도 안정된다는 것을 알 수 있다.

결국 호흡을 조절하고 호흡의 조절을 통해 마음을 조절하고 이를 통해 전체적인 몸과 마음의 균형과 안정감을 얻어 몸과 마음, 호흡까지도 조화로운 안정감을 얻는 삼위일체의 효과를 얻는 것이 요가 아사나의 효과인 것이다.

그래서 호흡법 역시 하나의 장르(genre)로서 요가 수련법에 포함하게 되었다.

요가의 형성과정에서 요가 동작들은 동물과 식물, 사물 등의 독특한 특징들을 모방하여 만들었다고 했나. 이러한 동작들을 수련해 주는데 있어서 불규칙적인 호흡은 요가 동작을 수행하는데 있어서도 도움이 되지 않을 뿐만 아니라 오히려 스트레스를 더 받게 할 수도 있고 부작용도 발생한다.

그래서 요가동작 즉 아사나 수련 중에는 중심과 균형을 잡고 들숨날숨을 차분하게 조절해 가면서 자세에 집중해 아사나(asana, 동작) 수련에 집중을 해주어야 하는데, 처음 접하는 요가 수련은 몸과 마음이 잘 따라 주지 않는다. 그 와중에 자세에 대한 중심과 균형을 유지 하면서 자연스러운 호흡을 해 주어야 하는데 그 마저도 쉽지 않다. 따라서 무엇보다도 중요한 것은 먼저 호흡을 자연스럽게 조절해 주면서, 균형 있는 힘의 분배를 통해 자세에 대한 균형과 중심을 바로 잡아주어야 한다.

특히 요가 초심자들은 요가 동작 그 자체만으로도 어려운 것을 거기에 호흡까지 조절하기란 쉽지 않다. 따라서 먼저 동작을 균형 있고 안정감 있게 유지 해 주기 위해서는 인위적으로 호흡을 조절해 주기 보다는 자연스러운 호흡을 유지하면서 동작 역시 균형과 안정감 있게 유지할 수 있도록 수련이 이루어져야한다.

이러한 자연스러운 호흡으로 아사나 수련이 완성이 되면 그때서야 비로소 전문적인 쁘라나야마의 수련을 해 주어야한다고 경전에도 나와 있다.

'tasmin-sati svasa-prasvasa yor-gati-vicchedah pranayamah'
'따스민 사띠 스와사 쁘라스와사요르 가띠 비체다 쁘라나야마'
'When this is [achieved], breath-control [which is] the cutting-off of the flow of inhalation and exhalation [should be practised].'

≪요가 수트라 2장 49절≫

한편, 하타(요가)쁘라디피카에는
'아타사네 드르데 요기 와시 히따미따사나.
구루 빠디스타마르게나 쁘라나야만 사마 뱌세뜨.'
After becoming well-versed in (some) Asanas the Yogi, with (his senses under) control and eating moderate agreeable food, should practise Pranayama as advised by the guru.

≪하타쁘라디피카 2장 1절≫

'아사나들을 잘 숙련한 후에 요기는 자신의 감각기관을 조절하고, 적당한 음식을 알맞게 먹고 구루(스승)의 조언에 따라 쁘라나야마를 수련해 주어야 한다. 고 말하고 있다.

따라서 요가수련에 있어서의 호흡법은 상당한 지식과 전문적인 수련이 필요하다.

전문적이고 구체적인 호흡법의 수련은 따로 주어진 별도의 제 10장 쁘라나야마에서 다루기로하고, 일반적인 요가수련(asana) 중에 우리가 해 줄 수 있는 호흡은 간단하게 말해서 무엇보다 '자연스러운 호흡'을 강조한다.

쁘라나야마의 수련은 빈 공복에 수련해 주는 것을 금하고 있으면서, 무리한 쁘라나야마의 수련은 없던 질병도 생기게 하고 죽음에 까지도 이를 수 있다고 경고하고 있다.

따라서 불안하고 산만한 마음을 호흡을 통해 마음을 다스리는 것이 요가 호흡법의 본질이면서 요가의 더 높은 경지에 이르게 해 주는 것 역시도 호흡법을 통해 가능하다.

3) 요가명상(samyama)의 원리

한편 요가 아사나를 수련하다 보니 마음의 중요성 또한 인식하게 되었는데, 아사나 수련 도중 긴장감과 불안, 잡념 등으로 인해서 정신집중이 부족하면 호흡이 거칠어지고 균형조절이 잘 되지 않아 몸의 중심을 잃는 등의 부정적인 결과를 초래한다.

이에 마음이 우리 육체에 큰 영향을 미친다는 것을 인식하게 되어 마음수련 역시 요가수련에 자연스럽게 포함되어 명상이 되었다.[1]

인간은 몸과 마음, 영혼이라는 세 가지 유기적 복합체로 구성되어 있는데, 이들 중 어느 하나 만이라도 균형을 잃으면 나머지 모두가 균형을 잃고 산만해 지면서 불안해 진다.

따라서 몸과 마음, 영혼 이 세 가지를 한꺼번에 조화와 균형을 추구하는 운동내지 수련법은 요가가 유일하다고 할 수 있다.

우리 신체를 아사나와 호흡이라는 수련법을 통해 단련을 해 줄 수가 있듯이 마음 또한 수련에 의해 개개인의 의지에 따라 통제해 줄 수 있다는 것을 인식하게 되었고, 수련방법으로 요가에서는 다라나(Dharana), 드야나(Dhyana), 사마디(Samadi)라고 하는 총체적인 명상법인 '삼야마(samyama)'가 개발되었다.

요가에서는 마음도 하나의 물질로서 인식하고 마음 또한 꾸준한 수련을 통해 통제와 조절이 가능하다는 것을 알았다.

요가의 선조들이 산과 들에서 자연과 더불어 나무 밑에서 사색을 즐기던 것이 명상의 시작이라면, B. C 200년경에 인도의 요가 선인 '빠딴잘리'에 의해 편찬된 ≪요가수트라≫의 '삼야마(samyama)'로 요가 적 명상이 체계화되었으며 요가의 최종 목적을 완성 하기위해서는 명상 없이는 요가의 최상경지에 이를 수 없다고 말하고 있다.

≪빠딴잘리 무니≫

한편, 마음수련인 정신적인 수련에 집중해 주는 것을 라자요가(Raja yoga)라 하고, 육체적인 수련에 집중하는 요가수련을 하타요가라고 하는데, 요가의 최상경지를 다른 사람들보다 먼저 완성하겠다고 라자요가에 만 치우쳐 수행해 주는 것은 경계하고 있다. 왜냐면 신체적인 정화 없이 정신적인 요가인 라자요가를 완성해 주기는 어렵기 때문이다.

따라서 하타(요가)쁘라디피카에는
'hatham vina rajayogam vina hathah'
'na siddhyati tato yugmamanispatteh samabhyaset'
'하탐 비나 라자요고 라자요감 비나하타.
나 싯드야띠 따또 유그마마니스빳떼 사마브야세뜨.'
Neither can Hatha (Yoga) be perfected without Rajayoga nor Rajayoga be attained without practising Hatha (Yoga). Hence one should practise both until the stage of Nispatti (is reached).
≪하타쁘라디피카 2장 76절≫
'하타요가는 라자요가 없이 완성할 수가 없고, 라자요가는 하타요가의 수련 없이 완성 할 수가 없다.' 고 분명히 말하고 있다.

이 말은 하타요가와 라자요가 수련을 병행해 줄 것을 의미하고, 이것을 다른 말로 표현하면 신체적인 요가와 마음 수련인 명상을 동시에 수련해 줄 것을 강조하면서 요가의 최상경지를 경험하기 위해서는 어느 한쪽으로 치우치면 결코 요가를 완성할 수 없다는 것을 의미한다.

4) 고대 경전에서 찾아볼 수 있는 요가의 원리

요가 원리에 대한 개념은 건강과 웰빙(well-being)이 주류를 이루는 현대적인 요가 개념과 고대의 궁극적인 요가수련의 개념과는 약간의 차이가 있다.

현대 요가는 건강에 주안점을 두고 수련을 하다 보니 신체적인 운동 효과만을 강조하고 있고, 이에 요가 역시도 자본주의의 발달로 흥미위주의 상업화에 편승하여 퓨전화(fusion)하고 있다.

자본주의와 현대 과학의 발달로 요가인구의 저변확대와 요가의 아사나와 명상에 대한 생리적 변화와 효과 그리고 그 원리등과 같은 부분에서 예전의 주먹구구식 수련에서 벗어나 일정부분 과학화가 많이 되었다는 긍정적인 측면도 있지만 무엇보다 요가의 상업화로 요가의 본질이 왜곡되고 있는 현실은 안타까운 일이다.

고대에는 과학적인 탐구가 어려워 요가 수련을 통한 경험에 의한 그 나름대로의 기능적인 효과만을 강조하고 있었다.

그러나 그러한 지식들이 하등의 가치가 없는 것이 아니라 경험에 의한 지식으로서 그 가치는 과학적 분석 이상의 가치가 있는 것으로 외부 지향적인 과학이 아직까지 접근할 수 없는 부분인 인간 내면의 영적지혜에 있다.

따라서 경험과 체험에 바탕을 둔 요가의 원리가 고전 상에는 주로 감각이나 마음을 다스림으로 해서 심신을 정화하여 몸과 마음을 안정시키고 신체를 강건하고 건강하게 만들고 나아가 정신과 육체를 망라한 요가의 최상경지에 이를 수 있다.고 말하고 있다.

요가가 추구하는 요가의 최상경지란 어떤 것일까?

그것은 어떠한 경우에도 흔들림이 없는 몸과 마음의 안정된 상태를 유지하는데 있다. 고 <바그바드 기따>는 말하고 있다.

사람들은 작은 자극에도 반응을 하면서 스트레스를 받는다. 그러나 요가의 최상경지에 오른 사람은 언제 어디서나 흔들림이 없는 항상성을 유지하면서 평화로운 몸과 마음상태로 지고한 행복을 누리는 사람이다. 사람들이 돈과 명예, 권력을 얻기 위해 발버둥 치며 살아가는 이유도 궁극에는 행복을 얻기 위한 몸부림이다. 그런데 요기들은 물질과 명예와 권력으로 행복을 추구하는 것이 아니라 자신의 안과 밖을 다스려 어떠한 경우에도 흔들림이 없이 지고한 행복을 누리는 것으로 물질과 권력으로는 얻을 수 없는 지고한 행복을 얻으려는 것이다. 이것이 라자 요가(Rajayoga)의 성취이기도 하다.

≪붇다 사마디≫

따라서 요가의 최고 경전인 ≪요가수트라(Yoga sutra)≫에서 말하는 요가의 원리는

"yogas citta vrtti nirodhah" '요가스 찌따 브르띠 니로다'
'요가는 동요하는 의식 작용을 억제하는 것이다.' 라고 했다.

≪요가수트라(Yoga sutra), 1장 2절≫

또한, ≪히다요가쁘라디피카(Hathayogapradipika) 1장 17절≫에

서는

"asanam sthairyamarogyam cangalaghavam".

'아사남 스타이르야 마로걈 짱갈라가왐'

'아사나의 수련은 육체적 가벼움과 강건함, 안정감만큼 정신적인 안정감도 같이 온다.' 라고 하면서 몸과 마음이 함께 건강해지고 편안해지는 것을 알 수 있다.

한편, ≪우빠니샤드≫에서는

"yada pancavatisthante jnanani manasa saha,
buddhis ca na vicestati, tam ahuh paramam gatim."

'야다 빤짜와띠스탄떼 즈나니 마나사 사하 붇디스짜나 비세스따띠 땀 아후 빠라맘 가띰'

'마음과 함께 다섯 감각이 자신들의 정상적인 기능을 멈추고, 지성 또한 흔들림이 없을 때 요가의 최상경지이다.' 라고 말한다.

≪Katha Upanisad 2장 3부 10절≫

사람은 감성과 감각의 절대적인 지배를 받는 동물이다. 그런데 마음과 감각기관들이 기능을 멈추고 흔들림이 없다는 것은 결코 쉬운 일이 아니다. 따라서,

"tam yogam iti manyante sthiram indriya-dharanam
apramattas tada bhavati, yogo hi prabhavayayau."

'땀 요감 이띠 만얀떼 스티람 인드리야 다라남 아빠람따스 따다 바와띠 요고 히 쁘라바와야야우'

≪Katha Upanisad 2장 3부 11절≫

'이러한 감각들에 대한 굳건한 제어가 요가이고, 이렇게 제어 되었을

때 요가에 대한 믿음 역시도 흔들림이 없어진다.' 라고 하고 있다.

이와 같이 요가는 감각을 제어하고 마음을 안정시키는 것이 요가의 최고 원리라면,

결국 우리는 어떻게 감각과 마음을 통제하고 제어하느냐에 따라 요가를 완성해 주고 못해 주고가 달린 것이다.

따라서 ≪요가수트라(Yoga sutra)≫에서 말하는 아스탕가요가의 쁘라뜨야하라(pratyahara)와 삼야마(samyama)의 수련은 필수이다.

그리고 실질적으로 이러한 정신적, 영적 경험의 절정을 경험해 보겠다는 자세 없이 단순히 건강만을 위해 수행해 주는 요가 수련을 하타요가도 아니고 라자요가도 아닌, 이러한 요가수련을 '하타까르마'라고 하면서 '결실 없는 노력'이라고 하였다.

'rajayogamajananantah kevalam hathakarminah'
'etanabhyasino manye prayasaphalavarjitan'
'라자요가 마자난따 께왈람 하타까르미나.
에따나뱌시노 만예 쁘라야사팔라와르지딴.'

≪Hathayogapradipika 4장 79절≫

따라서 현대에 들어 신체적인 건강만을 강조하는 새로운 건강 페러다임인 웰빙 요가는 정신적 영적 경험이 결여된 절름발이 요가로서 진정한 요가의 원리와는 거리가 먼 '하타까르마'에 불과하다. 고 할 수 있다.

웰빙은 육체와 정신의 조화로움을 통해 건강하고 아름답고 행복한 삶을 추구하는 것이다. 따라서 육체와 조화를 이루기 위한 정신 긴강이 빠진 이러한 요가는 진정한 웰빙의 개념에도 벗어나는 것이다.

그리고 꾸준한 요가 수련은 부수적으로 건강을 가져온다고 하였다.≪Hathayogapradipika≫ 따라서 굳이 건강만을 강조하면서 요가를 수련 할 필요가 없고, 전체적이고 체계적인 요가를 하다보면 건강은 자연스럽게 따라오는 것이며, 마음까지도 다스릴 줄 알아야 할 때 진정한 요가의 완성이 이루어진다는 것을 알 수 있다.

진정한 요가의 원리는 신체의 수련을 통해 감각을 통세하고, 감각의 통제를 통해 마음작용을 제어하여 몸과 마음 모두 안정감을 얻었을 때, 요가의 궁극적인 목적지에 이르게 해줌과 동시에 현대인들이 강조하는 건강과 웰빙의 개념에도 부합되는 것을 알 수 있다.

경험으로 체득되어지지 않은 수행은 끊임없는 수련을 요구하지만 체득되어진 요가 수행자는 경험에 의한 자동화된 지고한 행복을 누릴 수 있다. 이것이 라자요가의 성취이다.

5) 현대의학 전문의들의 요가의 원리에 대한 의견

요가수련은 우리 몸의 불균형이나 이물질의 침입으로 질병이 발생하였을 때 그 질환에 근원적으로 접근하여 치료를 해 주는 것은 물론 우리 인체가 가지고 있는 자연치유력을 극대화시켜 주는 효과가 있으며 면역력을 강화시켜 질병을 예방하는 효과 또한 있다고 인도에서 요가테라피를 전문으로 환자를 치료하는 서양의학을 전공한 의사인 Dr. S, R Karandikar는 말하고 있다.

또 미국의 대체의학 협회에서 2005년에 발표한 논문에 의하면

요가를 해 주게 되면 '요가 수련은 누구나 쉽게 접근할 수 있으며, 자기 자신에 대한 자각도가 높아져 질병의 예방차원에서 효과적이며, 세계적으로 현대인의 공공의 적으로 간주되는 비만 역시 조절 된다.'[17] 고 말하고 있다.

또 분노를 가라앉히고, 긴장과 피로를 감소시켜 건강과 관련된 삶의 질을 향상시킨다고 보고하고 있다.

Prashad(2004)는 요가아사나(자세)의 수련은 근력과 유연성을 키워 주면서 혈액 순환을 원활하게 해 주고, 호르몬 분비를 자극시켜 면역계의 기능을 강화시켜 준다고 하였으며, 요가 호흡법은 산소의 유입량을 증가시키고 이산화탄소와 같은 불순물을 배출하여 우리 몸의 정화 작용에 기여하고, 요가와 명상은 교감신경보다는 부 교감 신경의 기능을 강화하는 능력을 키워 스트레스를 이겨내는데 도움이 된다고 하였다.

각각의 아사나는 그것을 수행하여 줌으로 해서 거기에 따른 제각각의 특유의 효과를 얻는 것 또한 당연하다.

그래서 현대에는 요가 테라피라고 하면서 치유만을 전문적으로 해 주는 요가도 있다.

그러나 기본적으로 요가의 효과는 한 자세로 여러 가지 효과(multi effect)를 볼 수

있을 뿐만 아니라, 요가를 수련하면 몸과 마음의 강건함, 에너지의 축적과 잠재능력의 개발로 이어져 새로운 창조를 이루어 낼 수 있다.

3. 아사나의 범주와 수

요가 아사나가 만들어지기까지는 요가 선인들이 자연 속에서 자연을 벗 삼아 오랜 시간 동안 동물 및 식물, 사물, 그리고 그들 자신들의 몸 자체를 대상으로 연구해보고 자신들의 몸을 이용한 아사나들을 개발하였으며, 나아가 종교가 형성되고 신의개념이 확립이 되었을 때 신과 같은 초인간적인 대상으로 여러 가지 동작을 만들어 요가동작(아사나)의 명칭을 붙이게 되었다.

거기에는 크게 다섯 가지 범주로 나눌 수 있다.

1) 동물

싱하 아사나(Simhasana, 사자 자세),
고무카 아사나(Gomukhasana, 소 얼굴자세),
우스트라 아사나(Ustrasana, 낙타자세),
살라바 아사나(Salabasana, 메뚜기 자세),
맛스야 아사나(Matsyasana, 물고기 자세),
바끄라 아사나(Bhakrasana, 악어 자세),
베카아사나(Bekhasana, 개구리 자세),
마유라 아사나(Mayurasana, 공작 자세),
가루다 아사나(Garudhasana, 독수리 자세) 등.

2) 식물

브륵샤 아사나(Vrksasana,나무 자세),

빠드마 아사나(Padmasana, 연꽃 자세)

카띠 차크라 아사나(Kati chakrasana, 야자나무자세) 등,

3) 사물

할라 아사나(Halasana, 쟁기 자세),

다누라 아사나(Dhanurasana, 활 자세)

트리코나 아사나(Trikonasana, 삼각자세)

챠크라 아사나(Chakrasana, 수레바퀴자세)

파사 아사나(Pasasana, 올가미자세)

아르다 찬드라 아사나(Ardha chandrasana, 반달자세)

4) 이외에도 우리 몸의 독특한 형태에 바탕을 둔 자세로...

사르방가 아사나 (Sarvangasana, 어깨로 서기),

시르사 아사나 (Sirsasana, 물구나무서기),

비라 아사나 (Virasana, 영웅 자세),

빠스치모따나 아사나 (Paschimottanasana, 앞으로 숙이기)

웃까타 아사나(Utkatasana, 쪼그려 앉기) 등이 있다.

5) 그리고 나아가 인간의 한계를 뛰어넘는 초인간적인 자세도 개발되었다.

하누만 아사나(Hanumanasana, 원숭이 왕 자세)

나타라자 아사나(Natarajasana, 춤의 왕 자세)
가루다 아사나(Garudhasana, 독수리 왕 자세)
마리챠 아사나(Marichyasana, 마리챠 현인)
라자까뽀따 아사나(Raja kapotasana, 비둘기 왕 자세)
비라바드라 아사나(Virabhadrasana, 신화적인 영웅)등이 있다.

≪나타라자≫

이와 같이 그 범주에 따라 대표적인 자세만 몇 가지 나열하였지만, 그 어떤 요가 자세가 새로 개발이 된다하더라도 이 범주를 넘어설 수 없고, 이 범주 속에서 더 많은 요가 아사나들을 우리는 개발해 낼 수가 있다. 따라서 요가 아사나의 개수가 몇 개나 될까하면 그 숫자는 헤아릴 수 없이 많다고 보면 된다.

실지로 요가 동작은 모두 몇 개나 될까 하고 궁금해 하는 경우가 있는데, 요가의 고전에 보면, '이 세상에 존재하는 동물이나 식물, 사물 등이 가진 특유의 몸짓이나 움직임은 모두 요가자세로 응용할 수 있다.'고 했다.

≪게란다 상히따(Gheranda Samhita) 2장 2절≫

이 말은 그 어떤 자세도 요가자세가 될 수 있다는 것을 의미하며, 한 편으로는 요가자세의 수가 셀 수없이 많다는 것을 의미한다.

그러나 설사 수많은 요가 아사나들이 이러한 범주 안에서 만들어졌다 하더라도 하나의 요가자세로 인정받기 위해서는, 중요한 것은 얼마나 과학적으로 만들어졌는가 하는 것으로 우리 몸의 구조를 거스르지 않으면서 생리적인 효과와 심리적인 효과를 가져 올 수 있어야 만 한다.

요가는 일반 체조나 운동과는 다르다. 따라서 요가과학의 원리(原理)를 따르지 않는 요가는 단순한 체조에 지나지 않는다.

3장

요가와 종교와의 관계

1. 요가와 종교와의 관계

종교가 언제 형성되었는가 하고 정의를 내린다는 것은 결코 쉬운 일이 아니나 인도 철학에서는 베다의 자연 종교에서부터 그 기원을 두고 있다. 단순하고 쉽게 생각하여 보면 모든 종교의 발달원리는 외적인 자연력에서 시작하여 내적인 것으로 이행된다고 라다크리쉬난은 말한다. 7, 12)

따라서 인도에서도 종교의 발달과정은 이와 같이 외적인 자연력에 대한 숭배로부터 우빠니샤드의 영적인 종교로 이행되어 가는 과정을 볼 수 있는데, 인도 역사에서 문명의 발상지라고하는 B.C 3,000년 경의 하랍파와 모헨조다로에서 보여주는 인더스 문명에서는 종교에 대한 흔적은 찾아볼 수가 없다고 인도의 저명한 고고학자 S. R. Rao는 ≪Lothal And The Indus Civilization, 1973≫에서 분명히 밝히고 있다.

그러나 한편으로는 이 시기에 공식적인 종교 활동을 한 흔적은 볼 수 없지만 그렇다고 개개인이 가지고 있었을지도 모르는 자연숭배에 대한 종교 활동에 대하여서는 배제할 수 없다고 밝히고 있다.16)

이후 B.C 1,500년경에 시작된 아리안들의 침략과 함께 들어온 베다 찬가에는 다신론 적인 많은 신들의 이름이 명명되고 신봉되었으며 인간의 정신세계에서 신을 형성하는 과정이 리그베다의 찬가에서 보다 더 선명하게 나타나는 곳은 없다고 말하고 있다.

천둥과 번개, 비와 바람, 달과 별, 바다와 하늘, 여명과 황혼 같은 자연 그 자체에 대한 숭배가 베다 종교의 최초 형태라고 라다크리쉬난은 말한다.

해와 달, 별과 하늘, 새벽, 낮, 등은 빛이 나는 것들로 데와(Deva)라고 불렸는데, 원래의 뜻은 '빛난다'라는 의미를 갖고 있던 것이 시간이 흐르면서 신(神)이란 의미로 바뀌었다.

해와 달, 별, 새벽, 하늘 등은 모든 사물을 비추고 밝음을 준다.

반면 태양의 빛이 너무 강하면 가뭄과 기근이 든다. 따라서 적당한 빛을 내려주기를 바라고 기도를 한다. 그래서 인간의 힘으로는 어떻게 할 수 없는 빛을 주는 모든 것들을 "데와"라고 부르면서 결국에는 빛을 주는 전능한 힘을 가진 신의 개념으로 바뀐 것이다.

이것이 자연에 대한 숭배가 어떻게 신격화 되면서 종교화 되었는가를 단적으로 보여 주는 예이다. 라고 라다크리쉬난은 말한다.[7]

아리안들의 침입이후 종교가 형성되고, 철학적 관심과 왕권 안정, 백성들의 복지와 봉사를 위하여 처음에는 집권 통치자들이 요가수련을 장려했던 것으로 보인다.

그러나 아리안들이 정치적 안정, 문화적 동화, 영구집권을 위한 수단으로 요가를 이용하면서 신과 연결이 되는 등, 요가 역시 종교에 편입되면서 브라흐만 그들만의 전유물(專有物)이 되어 신성화(神聖化) 과정을 겪게 된다.

그래서 ≪요가 수트라≫에 나오는 이스와라에 대한 의견들이 학자들 간에 왜곡 된 부분이라고 주장하는 설도 있다.[1]

요가를 비롯한 인도 육파 철학파들의 철학적 기반은 B. C. 6세기경 거의 동시대에 살았던 '붇다'(B. C. 567~487)와 '마하비라'(B.

C. 599~527)에 의해 더욱 더 기틀이 다져 졌는데, 특히 요가는 이 분들이 베다적인 신앙과 의식과 형식주의를 거부하면서 요가수행을 바탕으로 하여 깨달음을 얻고 전국을 돌면서 가르침을 펼쳤다.

따라서 이 두 분은 요가 발전에 가장 큰 기여를 한 분들이라 할 수 있다.

'석가모니'나 '바르다마나(Vardhamana, 자이나교의 예언자)'가 '붇다'가 되고 '마하비라(위대한 영웅)'가 되는 위대한 스승이 되기 전까지 스승을 찾아 유랑하면서 만난 사람들은 모두 요가수행자들 이었으며, 그 당시의 명망 있는 스승들은 모두 요가에 정통한 스승 들이었다. 그 당시의 수행은 고통을 고통으로 극복해 보자는 우빠니 샤드 적 수행이 주류였기에 붇다나 마하비라 역시 뼈를 깍는 고행의 연속이었다.

《붇다 고행상》

그러나 '붇다'는 고행(요가)을 통한 요가수행만으로는 깨달음을 얻을 수 없다는 것을 자각하고 '삼야마(Samyama, 명상)'를 통해 깨달음을 얻어 '붇다' 즉 '깨달음을 얻은 사람(覺者)'이라는 칭호를 얻은 것이다.

불교나 자이나교가 비록 정통(astika)이 아닌 비 정통(nastika)으로 인정을 받고 있지만, 그 맥은 어디까지나 ≪우빠니샤드≫에 있고 베다를 바탕으로 하고 있다.

요가도 마찬가지로 그러한 바탕위에 있다 보니 요가를 공부하다보면 불교라는 종교와 그 이론적인 체계와 원리가 너무 흡사하다는 것을 알 수 있다

불교가 우리나라에 들어 온지가 1,600년이 넘었다. 그 긴 세월 동안 불교는 우리나라의 전통문화와 더불어 뿌리깊이 자리 잡았다

그래서 우리에게 익숙한 불교 사상은 요가를 배우면서 더 친숙하게 느껴지는 것이다. 이로 인해 혹자들은 요가가 불교의 고유 수행법이 아닌가 하고 오해를 하는 경우가 있는데, 요가와 불교는 인도 철학이고 베다와 우빠니샤드라는 바탕이 깔려있기 때문에 같은 수행법으로 오해를 하는 경우도 있지만, 요가와 불교의 본질적인 핵심에 있어서는 커다란 차이가 있다. 는 것을 명심해야 한다.

우리가 더욱 더 중요하게 알아야할 것은 요가와 명상은 그 어떤 종교나 철학, 사상, 심지어 역사라는 개념조차도 존재하지도 않았던 역사 이전에 이미 존재하고 있었다는 사실이다. 따라서 요가에 대한 왜곡(歪曲)은 있었을지라도 어느 특정 종교와 관련되어 있다는 것은 아무런 의미가 없다.

단지 요가를 진정으로 아끼고 사랑하는 사람이라면 요가에 대한 진정한 의미를 제대로 알고서 더 이상의 요가의 질적 저하나 의미의 왜곡 없이 요가를 종교 이상의 확고한 믿음을 가지고 헌신적으로 실천 수련하

여 요가본래의 목적을 성취 해 줄 때 요가는 종교 이상의 가치를 가지고 하나의 독립된 철학사상으로 시대를 이어가면서 인류(人類)를 이롭게 할 것이다.

이후 B. C 200년경 '빠딴잘리가' 편찬한 ≪요가 수트라(Yogasutra)≫에 의해 막연하게 전승되어 오던 요가의 전체적인 체계가 처음으로 완성되었다.

≪마하바라타(Mahabharata)≫나 ≪우빠니사드≫, ≪바가바드 기따(Bhagavadgita)≫에서도 요가가 언급이 되어 있고, 정통 육파철학뿐 아니라 불교나 자이나교와 같은 비 정통 철학에서도 이미 요가가 언급이 되어 있다.

여기서 요가의 역사성은 그 어느 종교나 철학보다도 깊다는 것을 알 수 있으며, 모든 종교나 학파를 초월하여 요가는 실천철학으로 인정받고 장려되어지고 있다.

현재에도 시대를 초월하여 인도의 명망 있는 사상가나 스승들은 모두 다라나(dharana, 집중)와 드야나(dyana, 명상), 사마디(samadi, 三昧)를 통해 깨달음을 얻은 요가의 대가들이며 실천철학으로서 요가수행을 장려하고 있다.

따라서 요가는 인도 역사의 역사 그자체이면서 그 어떤 종교나 철학, 이념과는 관계가 없는 모든 인도 철학의 바탕에 자리 잡고 있고 최고(最古)의 철학이면서, 최고(最高)의 학문인 것이다.

따라서 요가를 수련하고 지도하는 요가 선생들이나 요가수행자들은 요가인으로서의 긍지와 자부심을 가지고 요가의 발전에 이바지해야 할 것이다.

자이나교(Jainism)

「자이나교 전통에 따르면, 자이나교의 창시자는 르사바(Rsabha)이다. 자이나교의 가르침은 깨달음을 얻은 24명의 예언자, 티르탕까라 (Tirthangkaras)에 의해 전해져 내려오는데, 그 첫 번째 티르탕까라가 '르사바'이고, 그 마지막 티르탕까라가 바르다마나(Vardhamana)이다.

바르다마나는 붇다(Buddha)와 동시대 사람으로 B. C. 599년에 태어나 B. C 527년에 입멸한 것으로 알려져 있다. 자이나교 경전에는 바르다마나를 영혼의 정복자 즉 지나(Jina)라고 부르면서 '위대한 영웅', '마하비라 (Mahavira)라고 부른다.

자이나 교의 교주는 이미 앞에서 언급하였듯이 '르사바'이고 '바르다마나'는 그보다 250년 전에 23번 째 예언자 빠르스와나타(Parsvanatha)의 뒤를 이어 '24번 째의 자이나교의 예언자로서 그동안의 자이나교를 개혁하여 교리를 확립하였다.

'깨달은 사람(覺者)' 붇다를 따르는 사람들을 불교도라고 하듯이 자이나교의 마지막 예언자 바르다마나(Vardhamana)에 붙여진 칭호 '승리자' 혹은 지나(Jina)를 추종하는 사람들을 자이나교도라 한다.

바르다마니의 사후 그의 추종자들은 백의파(Svetambara)와 공의파

(Digambara)로 나누어지는데, 공의파의 주장은 바르다마나는 완전한 깨달음을 얻은 성자로서 음식은 극도로 절제하면서, 옷도 입지 않았으며 그 어떤 것도 소유하지 않음으로 해서 바르다마나가 완전한 성자가 될 수 있었다고 믿었다.

따라서 공의파는 옷을 입으면 완전한 깨달음을 이룰 수 없다고 믿었고 특히 옷을 벗을 수 없는 여자 수행자들은 깨달음을 이룰 수 없다고 주장하면서 바르다마나가 생전에 옷을 입지 않고 수행을 하였다하여 나체로 생활하고 무소유의 삶을 살아가면서 수행을 한다.

<바르다마나>

<공의파>

이에 반해 극단적인 무소유는 피하고 옷은 필요한 것이라고 간주하고

서 흰옷만을 입고 살생을 금하면서 수행에 임하는 백의파(Svetambara)가 있다. 백의파는 자이나교의 19번째 예언자(Tirthangkara) 'Mallinath'는 여자였으며 옷을 입고 있었다고 주장하면서 옷을 입은 여자도 깨달음을 얻을 수 있다고 말한다.

<백의파>

여러 학설이 있지만 바르다마나는 현재 인도 비하르(Bihar) 지방의 족장 카샤파(Kasyapa)의 둘째 아들로서 B. C. 599년에서 B. C. 529년까지 살았던 것으로 라다크리쉬난은 말한다. 왕위는 그의 형 난디바르다나(Nandivardhana)에게 계승되었고, 그는 29세의 나이에 출가를 하게 된다.

그리고 출가 1년 후 나체로 수행을 하였고 12년 후에는 자기 고행을 통해 깨달음을 얻고서 전지전능한 전지자 혹은 자이나교의 예언자로서 지나(Jina, 정신적 승리자) 혹은 마하비라(Mahavira, 위대한 영웅)라는 칭호를 받았다.

불교의 붇다에게 샤카무니(Sakyamuni, 샤카족의 성자)라는 칭호를 주었듯이, 바르다마나는 다소 전설적이긴 하나 스스로를 자이나교의 23명의 현자[Tirthangkaras, 바르다마나 이전의 23현자들을 티르탕까

라(Tirthangkara)라고 한다.]들이 설한 교의를 해설하는 사람이라고
하였다.」

4장

요가의 종류

1. 요가의 종류

　현대에 들어와서 사회가 산업화와 분업화, 자본주의에 의한 상업화가 팽창하면서 요가 또한 그 흐름에 따라 여러 가지 변화를 겪고 있는 과정에 있다. 그래서 요가를 아끼고 사랑하는 일반대중들은 말할 것도 없고 요가를 전문적으로 수련하는 사람들조차도 요가의 흐름이 어떻게 되는 것인가 하는 의문과 함께 헛갈려 한다.

　따라서 이 4장은 그러한 사람들에게 그 개념과 정의 그리고 요가의 흐름을 확고하게 인지시키는데 도움이 될 것으로 믿는다.

　오늘날 요가는 자본주의 상업화에 편승을 하여 여러 가지 요가수련법이 기승을 부리고 있는 현실임에 틀림이 없다. 그러나 이러한 현란함도 어떤 강물이 어디에서 시원(始原)을 하여 어디를 거쳐 어디로 흘러들어 가는지 그 물줄기의 시작과 끝을 안다면 그 강물에 대한 궁금증이 없어질 것이다.

　따라서 요가라는 것도 요가라는 나무가 있으면 그 뿌리에서부터 줄기, 가지, 그리고 잎이 달리고, 꽃이 피고 열매가 맺히는 전체적인 과정과 흐름을 파악하고 있다면, 하나도 헛갈려 할 이유가 없다. 결국 그 전체적인 흐름을 이해하지 못하고 어느 나무 가지 하나만을 붙들고 이것이 요가다. 라고 하다 보니 계속해서 큰 숲속에서 길을 잃고 숲속을 헤메는 나그네와 같이 허둥거리게 되는 것이다.

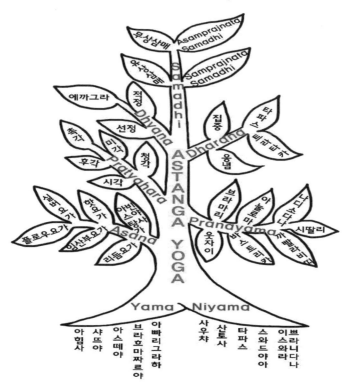

≪아스탕가 요가 나무≫

요가가 형성된 시기는 5천 년 전 인더스 문명에서도 요가가 성행하였다는 것이 증명이 되어, 요가의 역사는 5천년 이상을 거슬러 올라가는 것은 확인이 되었다.

그 당시의 기록들이 해독되지 않은 부분들도 있지만 인장이나 문장,

토기 등을 통해 충분히 가늠해 볼 수 있으며,

그 이후 우리가 알아볼 수 있는 《베다》라는 가장 오래된 문헌을 통해 요가는 베다 시대에도 존재했다고 알 수 있을 뿐 아니라, 한편으로는 요가가 어떤 것이라는 것 또한 알 수 있게 된 것이다.

따라서 우리가 요가를 문헌적으로 확인할 수 있는 것은 고대 문헌상 가장 오래된 베다를 거쳐 우빠니샤드, 마하바라타, 바그와드 기따 등에 요가란 이런 것이다. 라고 나오는 것이 전부 인 것이고, 그것으로 만족 해야만 했던 것이다.

그러한 요가를 최초로 한권의 문헌으로 체계화 한 것은 결국 B. C 2세기경 빠딴잘리(Patanjali)에 의해 쓰여진 《요가수트라》이다.

따라서 요가수트라는 그동안 앞서 언급한 경전들을 포함하여 구전으로 전해져 내려오던 모든 요가의 핵심 사상과 철학을 체계적으로 이 한권의 경전에 결집해 놓은 것이다.

그래서 다른 모든 육파철학들은 그 학파의 창시자들이 있으나 요가에서 만큼은 빠딴잘리를 요가의 창시자라하지 않고 단지 요가수트라를 편집한 편찬자라고 한다.

경전 요가수트라에는 그동안의 요가를 수련 해온 선지자(Rsi)들의 체험을 통해 얻어진 요가란 어떤 것이며 그 목적은 무엇이며, 그 목적지를 가는데 있어서의 방법은 무엇이며, 목적지에 도달하게 되면 어떻게 되는가? 등의 구체적인 내용들이 빠딴잘리에 의해 체계적으로 정리 되어 있다.

이것을 우리는 '아스탕가요가(Astanga yoga, 요가의 8단계)'라고

한다. ≪요가수트라 2장 29절≫

아스탕가요가에 대한 구체적인 내용은 제 5장 아스탕가요가 (Astangayoga)편을 참조하기 바라며, 요가수트라에 나오는 아스탕가 요가를 통해 요가 수행자들의 수행 목적이 무엇인지 알 수 있으며, 한편 으로 성취하고자 하는 요가의 최종 목적지에 이를 수 있다.는 것을 알 수 있을 것이다.

그래서 세계적인 하타요기 B. K. S 아엥가 선생을 비롯한 요가의 대 가들이 아스탕가 요가를 요가의 왕도(王道)라고 말하고 있다.

따라서 우리가 공부를 해야 할 것은 요가의 근본 경전인 ≪요가수 트라≫이고, 이 요가수트라에 나오는 '아스탕가요가(Astanga Yoga)' 가 모든 요가의 근본(根本)이고 뿌리인 것이다. <아스탕가 요가나무 참조>

실지로 아스탕가 요가 하나만 수행해 주어도 요가의 시작과 끝이 이 속에 다 들어 있다. 는 것을 모든 요가 수행자들은 명심해야 할 것이며, 아스탕가 요가의 실천수련을 통해 하타(요가)쁘라디피카에서 말하 는 보가(bhoga)를 통한 '하타까르마'≪하타(요가)쁘라디피카, 4장 79절 참조≫가 아닌 진정한 요가의 의미를 깨닫게 될 것이다.

따라서 아스탕가 요가를 근본(根本)으로 삼고, 그 수행 방법들로 줄기 로 삼아 가지를 치고 결국에는 꽃을 피우고 요가의 최종 목표인 해탈 혹 은 깨달음이라는 열매를 얻을 수 있다는 것을 명심해야 한다.

아스탕가요가를 수행하는 방법 중의 하나의 단계 중에 세 번째 단계가 아사나(asana)이다.

이 부분에서 오늘날의 많은 요가 인들을 헛갈리게 만드는 요가의 종류들이 나오는 것이다.

따라서 아스탕가 요가라는 하나의 나무에 많은 요가의 종류들이 시대를 거슬러 퓨전 요가라는 가지를 형성하고 있다.

그러한 퓨전에는 뿌리가 없다. 그래서 철학도 사상도 없는 것이 당연하다.

그러나 알고 보면 그 뿌리는 결국 아스탕가요가에 있다는 것을 알아야 한다.

따라서 그 누구라도 퓨전 요가는 언제든지 만들 수 있지만 그 뿌리는 아스탕가 요가에 있다는 것을 알아야 하고 명심해야 한다.

진정으로 요가의 길을 가고자 하는 요가 수행자라면 아스탕가요가에 대한 확고한 이해를 바탕으로 아스탕가요가를 수련해 주면 틀림없이 요가의 최상경지에 이를 수 있을 것이다.

따라서 요가의 모든 해답과 비법(秘法)은 아스탕가요가에 있고, 아스탕가 요가가 요가의 왕도(王道)인 것이다.

한편, 요가의 전반적인 근본 뿌리에 대한 이해를 더욱 확고히 하기 위해서는 요가가 체계화되기 이전부터 흩어져 전해 내려왔던 전통 요가에 대한 공부를 함으로서 더욱 더 요가의 기틀을 확립할 수 있다.

요가의 역사와 철학, 사상을 더욱더 깊이 있게 이해하기 위해서는 그 고전 문헌들을 살펴보면서 공부하지 않을 수가 없다.

따라서 ≪바그와드 기따≫에는 까르마요가(Karma yoga), 박티요가 (Bhakti yoga), 즈나나요가(jnana yoga) 등이 있고, ≪요가수트라 ≫에는 아스탕가요가. ≪하타(요가)쁘라디피카≫에는 하타요가와 라자요가가 있다. 그 하나하나를 좀 더 구체적으로 설해 보면 다음 과 같다.

1) 까르마요가 (Karma yoga)

'까르마'란 '행위(行爲)' 또는 '업(業)'이란 의미를 가지고 있다.

인도인들에게는 윤회사상이 가슴 깊이 뿌리 박혀 있는데 바로 이 '까르마(業)'와 관련이 있다.

지금 일어나고 있는 일이 과거에 내가 무엇을 하였는가에 따라 그 행위의 결과로 현재의 일이 일어나고 있으며, 또 지금 현재 하고 있는 일은 다음 미래에 나타날 현상의 원인이 된다.

따라서 이 '행위'라는 것이 운명을 결정짓게 된다.

현대 심리학에서도 심리학의 본질은 정신현상 자체이며, 그 정신이 외부로 표출되어 나타나는 것이 행위이라고 했다.

따라서 행위에는 내적 정신 현상까지도 포함하고 있다.

그래서 누군가 술을 먹고 소리를 고래고래 지른다면, 그 사람은 마음속에 쌓인 것이 많구나 하고 유추해 낼 수 있는 것이다.

따라서 심리학이란 인간의 의식적, 무의식적, 행동, 그리고 정신현상까지도 과학적으로 연구하는 학문이라고 할 수 있는데, 인간은 항상 내외의 환경과의 상호 작용을 통해 변화하면서 마음속으로 생각하고, 미워하고, 성내고, 사랑하고, 웃고, 울고, 방황하는 등의 여러 가지 행위로 나타난다.

이러한 인간의 행위에는 그 원인과 결과가 있다.

현재의 행위는 어제의 행위에 연결이 되어 일어나고, 현재의 행위는 내일에 연결되어 또 다른 행위를 낳게 된다.

그리고 어제와의 연결고리가 없다하더라도 내일의 목적에 따라 오늘의 행동이 달라 질 수 있다. 따라서 오늘의 행위는 내일을 위한 준비 과정이라고 말한다.

이러한 인과(因果)의 법칙을 연구하는 학문이 심리학이고, 이것이 바로 인도 철학에서 말하는 인과의 법칙이며 윤회를 이끌어내는 원리인데, 인도의 윤회(Samsara)의 법칙과 현대 심리학은 많이 닮았다고 볼 수 있다.

한편, 우리가 어떤 행위를 밖으로 행동으로 나타내기 전에 우리는 먼저 느낌으로 알 수 있다.

예를 들어 갈증을 느끼면 물을 마시는 행위를 하게 되고, 누군가 기분 좋은 말을 하면 얼굴에는 화색이 돌고 기분이 좋아진다. 반면에 누군가가 나를 나쁘게 말하면 얼굴을 찡그리고 속에서는 울화가 치밀어 오르는 등 여러 가지 느낌으로 먼저 감지를 할 수 있다.

이때 그 느낌을 조절해 주지 못하면 울고 웃고 또는 치고 박고하는 싸움까지도 불사하는 난처한 상황을 초래하게 된다. 따라서 이러한 느낌을 감지해 주면서 자신을 조절해 주고 통제해 주는 지혜를 배워 해탈에 이르게 하는 수행법을 관법(觀法, Vipasana)이라 한다.

요가에서는 쁘라뜨야하라(pratyahara)의 수련에 해당한다. <비빠

인도 철학에서는 현재 수행하고 있는 이 행위가 바로 '업(業)'을 짓는다고 하는데, 이 업의 결과를 '업보(業報)'라고 하고 요가적인 용어로 상카라(shamkara)라고 한다.

이 상카라는 윤회의 씨앗으로 윤회의 원인으로 작용하는 것이다.

따라서 이 업보에 의해서 다음 행위가 결정되고 나아가 다음 생(生)이 결정된다.

까르마 요가에서는 윤회의 씨앗이라고 하는 이 업보(shamkara)를 남기지 않으려면 '까르마요가(karma yoga)' 즉 '행위의 요가'를 해 주어야 한다. 고 강조하는데, 행위의 요가란, 자신에게 주어진 일과 의무에 충실하면서 헌신적으로 최선을 다 하지만 성취하고자 하는 일의 좋고 나쁜 결과에 대한 집착이나 기대를 하지 말고 순수한 마음으로 임무를 수행해 주라는 것이다. 그래서

"karmany eva'dhikaras te ma phalesu kadacana/

ma karma phala hetur bhur mate sanga'stv akarmani//

Seek to perform your duty ; but lay not claim to its fruits. Be you not the producer of the fruits of karma ; neither shall you lean towards inaction.

－≪바그와드 기따 2장 47절≫

'너희 행위에 최선을 다하도록 노력하라, 그러나 그 결과에는 연연하지 마라, 행위(업)의 결과를 생산하거나 아무런 행위를 하지 않는 것에도 연연하지 마라!' 고 하면서, 어떠한 행위를 하더라도 행위에 대한 결과에 집착과 기대를 하여서는 안 된다고 말하고 있다.

그렇다면 어떠한 행위를 하지 않는다면 어떻게 할 것인가 하는 의문도 생기겠지만 설사 어떠한 행위를 하지 않더라도 거기에 대한 의식을 하지 말라고 말한다. 내가 아무것도 하지 않는다는 의식이 들면 그로 인해 여러 가지의 생각이 들면서 상카라가 쌓이게 되기 때문이다.

따라서 행위를 하던 행위를 하지 않던 그 어떤 의식이나 결과와 기대를 하게 되면 윤회의 씨앗 상카라(shamkara)가 생산되어 결국은 까르마 요가에 저촉이 된다.

따라서 ,
'durena hy avaram karma buddhiyogad dhanamjaya/
buddhau saranam anviccha krpanah phalahetavah//
Motivated karma is, O Dhananjaya, far inferior to that performed in the mind ; take refuge in the evenness of the mind; wretched are the result-seekers.
                              − ≪Bhagvad Gita, 2장 49절≫ −
'오, 다난자야! 결과와 동기에 의해 마음의 평화를 얻고자하는 사람은 아주 열등하고 가련한 사람들로 결과를 추구하는 사람들이다.' 라고 하고 있다.

한편,
"yas tv indriyani manasa niyamya'rabhate'rjuna/
karmendriyaih karmayogam asaktah sa visisyate//

But he excels, O Arjuna, who, restraining the senses by the mind,
unattached, directs his organs of action to the path of work.

– ≪Bhagavad Gita. 3장 7절≫ –

'그러나 아르쥬나여! 마음으로 감각을 통제하고, 행위의 기관에 집착
함이 없는 사람은 아주 훌륭한 사람이다.'

이렇게 그 결과에 연연하지 않으면 윤회(Samsara)의 연결고리가 되
는 '업보(Shamkara)'가 남지 않게 된다.

어떤 일에 대해서 어떻게 애착도 없고 집착도 없이, 결과에 대한 기대
조차도하지 않고, 목적의식도 없고, 바라는 것도 없다면 무슨 낙(樂)으
로 그 일을 해줄 것이며, 그렇게 되면 의욕이 상실되고 성의 없이 그 일
에 임하게 되는 것 아니냐 하겠지만, 이건 태만하거나 게으름을 피우고
책임을 회피하는 것과는 확연히 다르다.

오히려 반대로 아무런 생각 없이 그 일에 헌신적으로 전념(專念)하여
집중을 해서 매진을 해 주게 되면, 자신도 모르게 그 일에 몰입이 되어
결과적으로 더욱 적극적이 되어, 그 결과는 결과대로 잘 나올 뿐만 아니
라,

업의 잔재도 남지 않게 되어 결국에는 윤회의 잠재적인 인(shamkara,
囚)도 남지 않게 된다.

게으르고 나태한 상태에서는 생각이 더 많아지고 다른 일을 만들어
오히려 다른 업을 더 쌓을 수 있는 것이 인간의 심리이다.

이러한 일은 그 일에 몰입해 주는 집중력이 없으면 결코 가능한 일이

아니다.

아무런 생각 없이 그 일에 몰두해서 전념을 해 줄 때 헌신적인 박티요 가가 이루어지는 것이다.

동시에 그렇게 일을 수행해주고 나면 그 결과는 새로운 윤회에 대한 사슬의 연결고리도 끊어지게 되고, 바라지는 않았지만 결과는 훨씬 더 훌륭하게 나타나고, 나아가 해탈과 자유를 누리게 된다는 것이 까르마 요가(karma yoga)이다.

중국의 노자(老子)는 이것을 '무위의 도(無爲의 道)'라고 하면서, 모든 인위적인 행위는 위선(僞善)과 미망(迷妄)을 초래하기 때문에 사람은 목 적의식이 없는 순수한 마음으로 자연의 법칙에 따라 살아야 한다는 것 을 가르치고 있다.

이것을 '무위자연(無爲自然)'이라하였다.

여기서도 마찬가지로 하루하루 쉬지 않고 열심히 일을 하면서 살아가 지만 아무것도 하지 않는다는 마음을 가지고 일을 수행해 주고, 지나간 일에 얽매이지 않고 내일에 집착하지 않고, 오직 오늘 이 순간에 최선을 다해 열심히 살다 돌아보면 과거는 알차있고 미래는 밝아 있다는 것이 이 무위의 법칙이고 무소유(無所有)의 소유(所有)이며 이것이 '까르마요 가'가 되는 것이다.

노자가 설파한 '무위하면서도 무위함이 없다.'는 말은 요가의 까르마 요가와 일맥상통하는 것을 알 수 있다.

『비빠사나(vipasana)는 붇다가 6년간의 고행(苦行) 끝에 대각(大覺)을 이룬 명상법으로, 붇다 스스로는 어떠한 신앙적인 체계로서 종교나 철학을 가르친 적이 없이 스스로 "담마(Dhamma)" 즉 자연의 법칙이라 불렀던 것을 후대의 사람들이 비빠사나라고 부른 것이다.

명상은 요가와 더불어 이미 오래전부터 어떤 종교보다도 먼저 행해져 전해 내려오고 있었던 것으로 명상 자체는 어떠한 특정 종교에 국한 될 수가 없다.

따라서 더러 명상 하면 어떤 특정한 종교 집단의 수행법으로 오해를 하는 사람들이 있는데, 명상자체는 어떤 특정한 종교에 국한시켜 생각하는 것은 잘못이다.

Vipasana에서 Vi는 "특별한" 이라는 뜻이고, pasana는 "보다." 라는 뜻이다. 따라서 비빠사나는 특별한 것을 본다. 라는 뜻을 가지고 있다.

그렇다면 특별한 무엇을 본다는 것은, 우리 내면세계를 있는 그대로를 관찰 하면서 바라보는 것이다. 내면을 통해 통찰력(the development of tranquility)을 얻는 것이 비빠사나의 목적이다.

그 방법에는 두 가지가 있는데, 하나는 집중(samatha)이 있고, 그리고 지혜(panna)가 있다.

집중력 개발을 Samatha-bhavana라고 하고,
지혜의 개발을 Vipasana-bhavana라고 한다.
집중력과 지혜를 개발하는데 있어서 여러 가지 다양한 방법들이 있으면서 각자의 사람마다 자기에게 맞는 집중법이 있겠으나 보편적으로 가장 적당한 방법이 비빠사나에서는 호흡에 집중을 한다.

호흡은 우리가 죽기 전까지 살아있는 동안에는 항상 우리의 의식을 깨어있게 하는 수단이 될 수 있고, 명상 중에도 언제나 같이 움직이기 때문에 뗄래야 뗄 수 없는 것이 호흡과 명상인 것이다.

그래서 "anapana-sati" 즉 "awareness of respiration"이라 하면서 호흡에 대한 의식의 각성(覺醒)은 명상을 하기 위한 대상으로 누구에게나 보편적으로 적용할 수 있는 대상이 호흡인 것이다.

비빠사나에서 말하는 호흡에 대한 집중은 호흡이 들어오고 나가는 것에 대한 관찰인 것이지 호흡을 조절하는 호흡법(pranayama)과는 완전히 다르다.

명상 중에 느껴지는 거친 호흡은 집중에 방해가 된다. 따라서 이때는 거친 호흡을 섬세한 호흡으로 조절 해 줄 필요는 있다.

이때의 호흡이 요가 호흡법에서 말하는 웃자이 쁘라나야마(Ujjayi pranayama)가 아주 요긴하게 활용이 된다.

우리는 과거는 지나갔음으로 해서 머물 수가 없고 미래는 아직 오지 않았기에 알 수 없는 미래에 대한 공포나 기대로 인한 환상과 착각에서 벗어나 오직 우리 자신이 현재 여기 이 자리에 있다는 것을 호흡에 대한 자각 즉 아나빠나-사띠를 통해 늘 의식이 깨어있음을 자각하게 된다. 호흡에 반복해서 집중을 하다보면 호흡과 자신이 완전하게 일치가 되었을 때 깊은 삼매경을 느끼는데, 이것을 우리는 사마디(Samadhi)라고 하고 이 사마디를 통해 갈망과 욕망, 혐오, 환상과 같은 무지로부터 자유로울 수 있다.

그러나 비빠사나에서는 사마디 만을 가지고는 우리 인간이 가지고 있는 욕망과 갈망, 고통과 무지 등의 번뇌 망상의 깊은 뿌리를 완전히 제거할 수 없다고 말한다.

인간이 가진 무지와 궁극적인 의문과 삶의 고뇌는 사마디를 이루고 사마디 상태의 관찰을 통해 지혜(panna)의 수련으로 깨달음을 얻을 수 있다고 한다.

이것을 Vipasana-bhavana라고 한다.

지혜에는 세 가지가 있다. 첫째, 남에게 들어서 얻는 suta-maya panna, 두 번째, suta-maya panna를 통해 그 지혜가 타당한 것이고 합리적인 것이며 실질적이며 우리에게 과연 이로움이 있는 것인지 지적으로 판단을 해 보고서 그것이 인정되면 지적으로 받아들인다는 것이다. 이것을 cinta-maya panna라고 한다.

그러나 여기까지도 아직 다른 사람으로부터 들은 지혜에 불과함으로 자기 자신의 통찰력에 의한 지혜가 아니라는 것이다. 그래서 세 번째, 스스로의 실천을 통해 경험으로 체득되어진 지혜인 bhavana-maya panna가 있고, 이렇게 경험으로 체득되어진 지혜가 가장 가치 있는 지혜로 인정 되고 있다.』

요가는 실천철학이라고 했다. 경험을 하기 위해서는 실천이 이루어져야하고 실천이 이루어지면 경험을 하게 된다. 이 경험을 통해 삶의 지혜를 터득하게 된다. 그래서 요가는 삶의 지혜를 깨우쳐 주는 생활철학이라고 하는 것이다.

2) 박티요가 (Bhakti yoga)

'박티'란 '신애(信愛)', '헌신'이란 뜻을 가지고 있다.

≪바그와드 기따≫에서의 '박티 요가'는 언제 어디에서나 항상 진심으로 크리쉬나(krishna) 신에게 헌신하는 마음을 말하며 이러한 마음만이 진정한 평온을 얻고 나아가 크리쉬나와 하나가 되어 구원을 받고 축복을 받게 된다는 것이다.

따라서 신을 믿는 사람이라면 자신의 수호신으로 믿고 있는 신에 대한 조건 없는 헌신적인 사랑으로 이루어지는 사마디가 박티요가가 된다.

신에게 헌신을 하다보면 그 몰입 속에서 사마디에 도달할 수 있고, 신의 계시를 들을 수도 있고 신과의 대화 또한 가능하다는 것이 바로 박티요가인 것이다.

≪바그와드 기따≫에 보면 신에게 공양을 올리고 제사를 지내면, 신들도 인간을 부양해 준다. 라고 한다.

이렇게 신과 인간이 서로 부양해 주면 지고(至高)의 선(善)에 이르게 된다고 했다.

'devan bhavayata'nena te deva bhavayantu vah
parasparam bhavayantah sreyah param avapsyatha'
Cherish the Devas with this; and may those devas cherish you;
thus cherishing one another, you shall reap the supreme good.

-Bhagvad gita. 3장 11절

모든 인과 관계는 뿌린 대로 거두게 되어있다. 하물며 신들도 인간들의 성의에 화답을 해 준다. 그러나 까르마 요가에서는 뿌리는 것은 뿌리되 거두게 될 수확에 대하여서는 어떠한 기대도 하지 말아야 한다는 것을 강조한다. 뿌리는 씨앗에 대한 수확에 기대를 하지 말아야 한다고 해서 정성과 성의 없게 뿌리는 것이 아니라, 뿌리는 동안에도 열과 성의를 다해서 헌신적인으로 씨앗을 뿌려야 한다고 말한다. 이것이 까르마 요가의 실천이자 박티 요가의 실현이다.

　까르마 요가의 실천과 박티 요가의 실현은 꼭 종교를 가져서 신을 믿고 안 믿고를 떠나 어떤 일에나 헌신적으로 해 준다면 무엇이나 그 결과는 좋게 나오기 마련이라는 것을 강조하고 있다.

　요가도 마찬가지이다. 오랫동안 요가를 수행하다보면 요가에서 추구하는 목적지라는 결과에 이르지 못하면 스스로 좌절하고 나태해져서 결국 요가를 포기하고 마는 사람들이 있다.

　그런데 요가에 대한 신뢰와 믿음, 확고한 의지로 결과에 연연하지 말고 헌신적으로 요가수행에 전념하다보면 결국 좋은 결과를 얻게 된다.

　그래서 요가에 집중해 주지 못하고 중도에 포기하는 이유를 빠딴잘리는
'vyadhi-styana-samsya-pramada-alasya-avirati-bhranti-darsana-alabdha-bhumikatya-anavasthitatvanti citta-viksepas-tentarayah'
1) 질병 2) 태만 3) 의심 4) 부주의 5) 게으름 6) 강한 집착이나 애착 7) 망상 8) 결실 없는 요가수련 9) 불안함 등에 의해 요가의 길을 가는데 있어서 마음을 방해하는 아홉 가지 장애요소들 때문이라 한다.

　　　　　　　　　　　　　　　　　　　　≪요가수트라 1-30≫

이에 반해 요가를 성공적으로 수행을 해 줄 수 있는 마음자세 또한 여섯 가지가 있다고 ≪하타쁘라디삐카≫에는 말한다.

'utsahat sahasaddhairyattattvajnanacca niscayat
janasangaparityagat sadbhiryogah parisiddhyati'

1) 요가에 대한 열의, 2) 용기, 3) 인내, 4) 요가에 대한 바른 이해, 5) 요가에 대한 확신, 6) 일반 대중들과의 접촉을 멀리 하는 것 등이다.

≪하타(요가)쁘라디삐카 1장 16절≫

박티 요가를 수행하기 위해서는 먼저 '박티(Bhakti)'의 반대말인 '비박티(vibhakti)'를 이해해야 한다.

'비박티'란 '분리되다'라는 뜻으로 모든 일에서 생각과 마음이 분리되어 멀리 떨어져 있음을 나타내는 표현으로 '헌신'이나 '집중', '일치'와는 거리가 멀다.

설거지를 하면서 딴 생각을 하면 접시나 그릇을 실수로 깨는 것과 같이, 트리코나 아사나를 수행할 때 마음이 아사나와 분리되어 있으면 수련의 효과는 커녕 오히려 불안과 불균형으로 심리적 스트레스와 더불어 요가 수련 후에 후유증과 같은 부정적인 결과를 초래할 수도 있다.

따라서 '비 박티'를 경계하고 헌신적인 집중을 통해 나와 대상이 하나가 되어 사마디에 이르도록 하는 것이 박티 요가의 핵심이다.

요가를 비롯한 모든 일에 머리로만 이해하는 지적(知的)인 요가가 아닌 실천 수련으로 경험에 의해 얻어진 영적인 지혜로 무지(無知)를 타파하는 것이 지혜의 요가라면, 어떠한 행위를 함에 있어서도 상카라를 남기지 않고 삼사라(윤회)에서 벗어나는 것이 까르마요가이고, 어떠한 일에도 자신이 믿는 신앙의 대상과 같이 헌신적으로 최선을 다하는 것이 박티 요가인 것이다.

따라서 요가를 비롯한 모든 일에서 주어진 일에 대한 결과에 연연하지 말고 헌신적으로 최선을 다해 의무를 수행하다보면 거기서 경험적으로 얻어지는 지혜에 의해 어떠한 경우에도 흔들림이 없는 직관력과 통찰력으로 자유인이 될 수 있다고 가르치는 것이 바그바드 기따에서 말하는 '즈나나 요가, 까르마 요가, 박티 요가'의 가르침이다.

[마하바라타와 바그와드 기따(Bhagavad gita)]
『≪바그와드 기따≫를 알기 위해서는 먼저 ≪마하바라타≫를 알아야 하는데, ≪마하바라타≫의 지은이는 '브야사(vyasa)'로 알려져 있다.
그러나 불행하게도 베다의 주서자, 미하마라타의 편찬자로 알려져 있는 브야사에 대한 생몰연대 역시 여느 고전이나 경전들의 편집자나 주

석가들과 마찬가지로 확실한 것은 없다. 따라서 대략 B. C 5세기 이전
에 편찬되어진 것으로 추정할 뿐이다.

≪마하바라타≫는 마하(Maha, 위대한) + 바라타(Bharata)의 합성
어로 위대한 바라타라는 뜻이다. '바라타'는 인도라는 나라의 옛 명칭으
로 현재에도 인도 정부에서는 이 명칭을 자국의 공식적인 명칭으로 쓰
고 있다. 따라서 이 말은 위대한 인도라는 의미도 된다.

아리안(Aryan)들의 인도침략이 B. C 1,500년경인데, 이때 이미 원
주민들 사이에서 원래 '바라타(Bharata)'라는 오래 전부터 구전(口傳)으
로 전해져 내려오던 전쟁이야기가 있었다.

이것을 아리안들은 자신들의 세력을 고착화시키기 위해서는 기존 원
주민인 드라비다인들의 이야기 '바라타'를 인정하지 않을 수 없었고, 이
것을 받아들이면서 아리안 위주의 브라흐만교(Brahmanism) 사상을 바
탕으로 철학적, 교훈적 내용으로 각색하였다.

또 토착민들 사이에 행해 졌던 단순한 미신적이고 관습적이던 종교적
성향을 바라문 자신들의 편리에 따라 더 강력한 자신들의 신으로 윤색
하면서 더욱 유신론적으로 종교화되었다. 계속해서 철학과 정치 등 그
들이 원하는 규율 등이 첨가되어 '마하바라타'는 종교적으로 유신론(有
神論)화 되고, 철학적(哲學的), 정치적(政治的), 사회적(社會的)인 모든
역사와 신화 등을 결집한 하나의 종합 백과사전이 되었으며, 범국가
적 대서사시로 인도 전 지역에서 그때나 지금이나 널리 읽혀지고 있
다. (8, 12)

≪마하바라타≫는 분량도 엄청나지만, 그 내용 또한 범위가 넓어 마
하바라타에 나오지 않는 것은 인도에서는 찾아 볼 수 없다고 할 정도로

다양하게 인도의 역사와 신화, 철학, 법률, 신학, 종교, 문화 등 모든 것을 총 망라한 종합 백과사전화 되었다.

≪마하바라타≫는 B. C 14세기경 두 왕족 간에 벌어진 전쟁 이야기를 바탕으로 하고 있는데, 바라타 족 내부의 까우라와(Kaurava)와 빤드와(Pandava)형제들 간의 왕위 다툼을 그리고 있다.

≪마하바라타≫는 총 18편 10만송(頌)의 시구(詩句)로 이루어져 있으며, 이 중 ≪바그와드 기따≫는 제6편의 일부로서 총18장 700여구의 시로 구성되어 있다.

'바그와드 기따'란 '바그와드'와 "기따"의 합성어로 이루어진 말로써, '바그와드'란 "바그완(Bhagvan)" 이란 말에서 왔다.

'바그완'은 '신'또는 '지존'이라는 뜻이며, '기따'는 "노래"라는 뜻으로 이 말을 연결해 보면 '신의 노래' 또는 '지존의 노래'라고 한다.

이것은 두 왕족 간의 전쟁 속에서 주인공으로 나오는 아르쥬나(Arjuna)가 그의 경쟁 왕족인 사촌 형제들과의 결전을 앞두고 자기가 싸움에 져서 죽음을 당하던지 아니면, 이기더라도 자신의 형제들과 수많은 친척들을 죽여야 하는 기구한 운명 앞에서 인간 내면에 깊이 자리잡고 있는 삶과 죽음, 그리고 인간은 왜 이런 고통을 당하며 살아야 하고, 죽은 뒤 사후 세계는 어떤 것이며, 인간은 어디서 어떻게 태어났으며 또 태어나서 살아가면서 삶의 목적은 무엇인가? 와 같은 인간 내면의 궁극적인 의문을 그의 스승이자 마부인 크리쉬나(Krishna)에게 자신의 고뇌를 토로하면서 질문을 하면, 크리쉬나는 그에 대한 답변을 '요가의 길(yoga marg)'로 설명을 해 준다.

≪아르쥬나와 크리쉬나≫

그래서 ≪바그와드 기타≫의 기본사상은 요가에 있고, 바그바드 기따는 인도인들에게는 그야말로 종교적 철학적 삶의 기반을 이루고 있다.

크리쉬나가 말하기를,

"tatrai' kagram manah krtva yatacittendriyakriyah |
upavisya'sane yunjyad yogam atmavisuddhaye | |6장-12절
Sitting there on his seat, making the mind one-pointed and
restraining the thinking faculty and the senses. he should practise
yoga for self-purification.

'자신의 자리에 앉아, 마음을 하나의 대상에 집중하고, 생각과 감각기능을 억제하여 스스로를 정화해 주기 위해 요가를 수련해야 한다.'
우리 인간들은 감각기관들의 욕망과 충동으로 갈피를 못 잡고, 산란

하고 혼란스런 마음을 하나의 대상에 집중하면 현란한 감각기관과 산만한 마음이 통제되고 억제된다. 이러한 현상은 자기 자신을 정화하는 효과가 있어 더 높은 정신세계에 나아갈 수 있는 바탕이 된다. 이것이 요가이다.

이러한 마음의 평화와 안정을 얻어, 궁극적으로 해탈의 경지를 얻는 것이 요가이며,

그 요가의 길(Yoga-marga)은.,

즈나나 요가(jnana yoga),

까르마 요가(karma yoga),

박티 요가(bhakti yoga)와 같은 세 가지 요가의 길을 제시했다.

≪바그와드 기따≫의 철학적 토대는 '우빠니사드'이며, 궁극적 실재에 대한 설명도 '우빠니사드'와 같다.

따라서 인도에서 ≪베다≫나 ≪우빠니사드≫의 전통에서 보면, 천한 하층민이나 여자들은 깨달음이나 해탈에 이르지 못하는 것으로 되어 있다.

그러나 베다와 우빠니사드 시대에는 철저한 계급사회와 베다 지상주의에 의해 경직된 사회였으나, ≪바그와드 기따≫에서는 남녀노소를 불문하고 모든 계층의 사람들도 해탈이 가능하다고 함으로서 신분을 초월해 일반 대중들과 가까워지면서 가장 널리 읽히는 경전이 되었다.

베다는 사제들만이 읽을 수 있는 성전이었고, 브라만들의 권위를 상징하였다면, 마하바라타는 나약하고 천한 일반 대중들에게도 개방되어 있으면서 제5의 베다로 일컬어 졌다.[8, 12]

따라서 누구나 다 아는 마하뜨마 간디, 오로빈도, 라다크리쉬난, 시성 (詩聖)이라고 불리는 타고르, 스와미 비베카난다 등 인도의 모든 정신적 지도자들 역시도 바그와드 기따를 자신들의 영적(靈的) 지침서였노라고 모두들 입을 모아 말하고 있다.

따라서 바그바드 기따는 ≪마하바라타≫에서 따로 분리하여 독립된 하나의 경전으로 여긴다.

따라서 인도철학과 모든 학문의 뿌리가 되는 베다에서 '베다'의 정수 (精髓)가 '우빠니샤드'라면 '우빠니사드'의 정수가 바로 '바그와드 기따' 인 것이다.

그리고 그 ≪바그와드 기타≫의 기본사상은 요가에 있다.』

3). 즈나나 요가(jnana yoga)

'즈나나'란 '지식'또는 '지혜'라는 뜻으로 '지혜의 요가'란 뜻이다.

그렇다면 지혜란 무엇일까?

요가에서의 지혜는 우리 인간은 우리 눈앞을 가리는 'avidya(무지)'라 는 것 때문에 마야(maya)라는 가 현상세계(假 現想世界)의 허상을 알지 못하고, 나고 죽고, 온갖 갈등과 괴로움을 겪는 하나의 물질적이고 현상 적인 존재로 고통을 받고 있는 것이며, 현재의 우리 자신이 느끼고 있는 '나'라는 존재가 '참 자아'라고 착각을 하고 있는 것이다.

이와 같은 가 현상세계(假 現想世界)를 지혜로서 무지(avidya)를 타 파하였을 때 우리 자신의 진정한 자아인 '참 자아(atman)'를 알아 현상세계의 무상함과 괴로움에서 지혜로서 벗어나 해탈(moksa)을 이루는 것이 "즈나나 요가" 즉 '지혜의 요가'라고 ≪바그와드 기따≫에서 말하고 있다.

아울러 사람들은 이론적이면서 지적(知的)인 단순한 지식을 지혜로 착각하는 경향이 있는 것 같다. 지식은 어떤 사물이나 작용에 있어서 정확하고 확실하게 안다. 라고 했을 때 지식을 갖고 있다. 라고 한다. 그러나 지적(知的)인 지식은 경험이 주어지지 않은 상태로 이론적 논리 일 경우가 많다. 그래서 타당성이 떨어진다.

반면, 지혜는 이러한 이론적 지적인 지식을 바탕으로 경험에 의해 얻어진 사물에 대한 지식과 작용, 이치 등을 경험적으로 아는 것이다.

지적인 지혜는 우리가 책을 통해서 또는 다른 사람들의 말을 통해서 얻을 수 있다. 그러나 이것을 마치 자신이 스스로 터득한 지식인양 말하면서 지혜 있는 사람처럼 말한다면 이것은 커다란 오류를 범하는 것이다. 책을 읽고 혹은 다른 사람들의 말을 듣고 이론적으로 지적인 수준에서 이해하였다고 해서 자신의 지식이 될 수 없다. 그것은 단지 앵무새처럼 흉내만 내는 모방과 흉내일 뿐이다.

그래서 이샤 우빠니샤드에서는 실천이 없는 맹목적인 지혜의 추구는 무지(avidya) 보다 더한 깊은 어둠에 빠질 수 있다고 경고하고 있다.

"andham tamah pravisanti yo'vidyam upasate
 tato bhuya iva te tamo ya u vidyayam ratah.
Into blinding darkness enter those who worship ignorance and
those who delight in knowledge enter into still greater darkness, as

it were.

'무지(Avidya)를 숭배하는 자들은 어둠 속으로 빠져들고, 지혜만을 숭배하는 자들은 그보다 더 깊은 어둠 속으로 빠져들 것이다.'

지적인 지식은 아무리 축적을 하더라도 금방 증발해 버리는 얕은 개울물과 같고, 우리 인간이 갖고 태어난 혹은 살아가면서 겪는 삶에 대한 고뇌와 번민 등에 대한 근본적인 해답을 주지 못하고 항상 빈곤감을 느끼게 한다.

따라서 요가에서 추구하는 지혜는 많은 책을 통해서 혹은 오랜 세월을 지나오면서 생활 속에서 터득 되어진 생활의 지혜에서 얻어지는 단순한 지적(知的)인 지식이나 지혜를 말하는 것이 아니라, 오랜 고행과 수련이 바탕이 되어 경험하고 체득되어진 영적(靈的) 지혜를 말한다.

단순한 지식이나 지혜는 우주와 자연의 이치나 섭리 그리고 삶의 본질적인 의문에 대한 해답을 주지 못한다.

그렇지만 오랜 정신적 수련이 바탕이 되어 경험에 의해 체득되어진 영적 지혜는 삶의 본질적인 의문과 자연과 우주의 순리와 이치에 대한 해답을 준다.

따라서 우리는 단순한 지식과 지혜로부터 영적 지혜를 구분 할 수 있어야 한다. 그래서 베다에서는 '아뿌루세야(apuruseya)'라고 하면서 '베다'를 영적 지혜를 얻은 선인(仙人)들의 작품이라고 말하면서 영적 지혜를 얻은 사람들만이 읽을 수 있고 이해 할 수 있다고 하는 것이다.

그렇다면 지혜의 요가(Jnana yoga)에서 지혜를 가지고 영적 통찰력

96   Yoga Marga (요가의 길)

을 얻은 사람은 어떤 사람이냐? 고 했을 때, 바그바드 기따에서는 영적
지혜를 얻은 사람을 다음과 같다고 말하고 있다.

"duhkhesv anudvignamanahnsukhesu vigatasprhah/
vita raga bhaya krodhah sthitadhir munir ucyate//
He whose mind is not perturbed by adversity, who does not crave
for happiness, who is free from fondness, fear and anger, is the
Muni of constant wisdom.

— Bhagavad Gita, 2장 56절 —

'어떤 역경 속에서도 마음이 흔들리지 않고 즐겁고 두려움 속에서도 탐욕과
집착, 노여움으로부터 자유로우면서 지혜가 끊임없는 '무니(muni)'가 지혜
로운 사람이다.' 라고 했다.

그리고,

"vihaya kaman yah sarvan pumams carati nihsprhah/
nir mamo nir ahamkarah sa santim addhigaccati//
That man attains Peace who lives devoid of longing, freed from all
desires and without the feeling of "I" and "mine."

— Bhagavad Gita, 2장 71절 —

'지혜로운 사람은 나와 내 것이라는 지각없이 모든 욕망으로부터 자유롭고
애착과 갈망으로부터 멀어져 마음의 평화를 얻은 사람이 지혜의 요가
를 성취한 사람이다.' 라고 했다.

97

4) 라자요가(Raja yoga)

라자요가는 하타요가(Hatha yoga)의 대표적인 경전인 ≪하타(요가) 쁘라디피카≫에 나오는 말로서, '하타요가'가 아사나(자세, 동작) 위주의 육체적인 수련에 주안점을 두었다면 '라자요가'는 정신적인 수련 위주의 수행 방법이라고 말하고 있다.

일반적으로 하타 요가는 아스탕가요가(Astanga yoga)의 야마 (Yama)에서부터 쁘라나야마(Pranayama)까지를 일컫는 말이고, 라자 요가는 쁘라뜨야하라(Pratyahara)부터 사마디(Samadhi)) 까지를 두고 하는 말이다.

그러나 '아스탕가요가'는 빠딴잘리의 ≪요가수트라≫에서 요가의 총체적인 수련체계를 얘기 할 때 아스탕가 요가(요가의 8단계)라고 말하고, 아스탕가 요가의 8단계 중 하타요가에 해당되는 부분은 1)야마(Yama) 2)니야마(Niyama) 3)아사나(Asana) 4)쁘라나야마 (Pranayama)까지로 소위 우리 신체를 다루는 육체적인 수련을 하타요 가라고 하고, 다음 단계들인 5)쁘라뜨야하라(Pratyahara) 6)다라나 (Dhrana) 7)드야나(Dhyana) 8)사마디(Samadi)까지를 정신적인 수행 단계인 라자요가 혹은 '아스탕가요가'를 수련한다고 말한다.

그러나 이 말은 라자 요가가 더 상위의 요가이고, 하타요가는 저급한 하위의 요가라는 개념은 아니다. 따라서 요가를 수련해 주는데 있어서 '라자요가' 즉 '아스탕가 요가'를 완성해 주기 위해서는 '하타요가'를 완성 해 주어야 하고, 이를 바탕으로 라자요가를 완성해 주어야 한다고 말하고 있다. 그래서 요가의 최상 경지인 라자요가를 완성해 주기 위해서는 하타요가와 라자요가 수행을 병행하여 지고한 깨달음을 얻은 후라야 비로소'라자요가'를 이루었다고 할 수 있다.

따라서 하타요가의 고전 ≪하타쁘라디피카≫에 보면,
'hatham vina rajayoga rajayogom vina hatha/
na siddhyati tato yugmamanispatteh samabhyaset'
Neither can Hatha(Yoga) be perfected without Raja yoga nor Raja yoga be attained without practising Hatha(Yoga). Hence one should practice both until the stage of Nispatti(is reached).
'라자요가 없이 하타요가를 완성해 줄 수 없고, 또한 하타요가를 수련 하지 않고 라자요가를 완성 할 수 가 없다.' 라고 분명히 말하고 있다.
(18, 19, 20)

− ≪Hatha(yoga)pradipika, 2장 76절≫ −

하타(요가)쁘라디피카의 저자, 스와뜨마라마는
'하타요가'는 '라자요가'를 수련해 주기 위해서는 꼭 거쳐야 할 과정이 라고 하면서 라자요가를 성취하기까지 아사나들과 꿈바카(Pranayama), 무드라(Mudra)와 같은 '하타요가'를 수련해 주어야 한다. 고 말하고 있 다.

"pithani kumbhakascitra divyani karanani ca/

"sarvanyapi hathabhyase rajayogaphalavadhi//
Asanas, various Kumbhakas and the Hatha until the fruit i.e. Raja
yoga, is attained.
≪Hathapradipika 1장 67절≫

계속해서, ≪하타쁘라디피카≫에는
처음부터 라자요가를 성취해 주기 위한 준비과정으로 하타요가의 지식을
설해 준다고 스와뜨마라마는 말하고 있으면서,
'sri Adinathaya namostu tasmai yenopadista hathayogavidya/
vibhrajate pronntarajayogamarodhumicchoradhirohiniva'
I bow the Almighty who taught the lore of Hatha Yoga, which is
held in high esteem as if were a flight of steps for him (the aspirant)
who looks forward to climbing the highest peak of Raja
yoga(spiritual achievement).

 − ≪Hathapradipika, 1장 1절≫

덧붙여서,
'pranamya srigurum natham svatmaramena yogina/
kevalam rajayogaya hathavidiyopadisyate'
After paying respects to his revered Guru, Svatmarama is
expounding this lore of Hatha only (as a preperation) for Rajayoga.

 − ≪Hathapradipika. 1장 2절≫ −

스승에게 존경을 표한 후에, 스와뜨마라마는 하타요가의 상세한 설명
을 오직 라자요가를 성취해 주기 위함이라고 밝히고 있다.

따라서 라자요가를 수련해 준다고 해서 하타요가를 등한시해서는 안된다는 것을 여러 차례 강조하여 말하고 있다.

육체를 위한 요가수련인 하타요가와 마음과 정신을 위한 수련인 라자요가를 통해 육체와 마음을 단련시키고 정화시켜 결국에는 자신을 정복하여 자기 자신에 대한 진정한 주인이 되어 자기 자신을 완전하게 지배를 할 수 있게 되었을 때 진정한 '라자((Raja=왕)' 즉 '왕'의 요가를 완성하였다고 말 할 수 있는 것이다.

라자요가의 완성은 영적(靈的) 정신적(精神的) 요가의 완성을 의미한다.

영적 정신적 요가의 완성은 의식의 확장을 가져 온다.

의식의 확장은 단순한 지적인 이해 수준에서 가능한 것이 아니라 오랜 실천수행에 의해 경험으로만 가능한 것이다.

따라서 라자요가의 완성은 구루(스승)의 인가(認可)가 필요하다.

5장

아스탕가 요가

(Astanga Yoga, 요가의 8단계)

1. 아스탕가 요가(Astanga Yoga, 요가의 8단계)

B. C 2세기경의 요가 성인 빠딴잘리(Patanjali)는 인도에서 인류문명의 발생 이전부터 계승 발전되어 전해 내려오던 요가의 모든 핵심 사상과 철학을 체계적으로 한권의 경전으로 결집해 놓았는데, 이것이 바로 요가수트라(Yoga sutra)이다.

요가수트라는 요가 경전 중 가장 오래되었으면서도 가장 체계적으로, 요가에 대한 전반적인 수련 방법과 수련 중 일어나는 현상들, 그리고 그 이후 얻어지는 사마디 등에 대하여 아주 간결하면서도 축약적인 경구로 구성되어 있다.

따라서 누구든지 하나의 총체적인 요가 수련 체계인 '아스탕가요가'의 8단계를 순서대로 수련 해 준다면, 모든 요가인들이 추구하는 요가의 최종 목적지까지도 도달 할 수 있다. 그래서 많은 요가의 대가들이 '아스탕가요가'를 '요가의 왕도(王道)'라고 말하고 있다.

아스탕가(Astanga)의 '아스(Ast)'는 8을, '앙가(anga)'는 '단계' 또는 '가지'라는 뜻을 가지고 있다.

요가를 수행할 때 가장 적합한 방법으로 계단을 하나씩 올라가듯 요가의 최상경지에 이르기까지의 단계를 '빠딴잘리'는 여덟 단계로 구분하여 설명하고 있다.

'아스탕가요가'의 여덟 단계는
1) 야마 (Yama)
2) 니야마 (Niyama)

3) 아사나 (Asana)

4) 쁘라나야마 (Pranayama)

5) 쁘라뜨야하라 (Pratyahara)

6) 다라나 (Dharana)

7) 드야나 (Dhyana)

8) 사마디 (Samadhi)이다.

'아스탕가요가'에 대해서는

요가의 근본 경전인 ≪요가수트라≫제2장 'Sadhanapada' 즉 실수행편에서 소개되고 있다.

yama-niyamasana-pranayama-pratyahara-dharana-dhyana-samadhayo'stvagani/

Yama, niyama, asana, pranayama, pratyahara, dharana, dhyana (and) samadhi (are) the eight members (of the systematic discipline of yoga, as presented by Patanjali).

　　　　　　　　　　　　　　　　　　　　－Yoga sutra 2장 29절－

'야마(yama), 니야마(nIyama), 아사나(asana), 쁘라나야마(pranayama), 쁘라뜨야하라(pratyahara), 다라나(dhrana), 드야나(dhyana), 사마디(samadhi)가 빠딴잘리에 의해 설명되어진 요가 체계의 8가지 원리이다.'

1 단계 - 야마 (yama)

'야마'는 '금계(禁戒)'라는 의미를 가진 사회적 공동체를 형성하고 있는 구성원으로서의 인간이 지켜야 할 보편적인 윤리 규범이다.

따라서 '야마'는 사람이 지켜야할 사회적 규범으로서 스스로 몸과 마음의 수양을 해서 지켜주어야 함께하고 있는 공동체 사회가 별 무리 없이 평온하게 유지 될 것이기 때문이다.

요가의 선지자들이나 철학자 등 어느 누구를 막론하고, 또 어느 책을 보더라도 '야마'와 '니야마'를 지켜 줄 것을 강조하고 있는데, 이것은 인간이면 누구나 스스로가 갖추고 있어야 할 기본적인 덕목(德目)으로 특히 요가 수행자는 더욱더 올바른 마음가짐과 신체적 품성이 바탕이 되어 있을 때 외적으로는 사회의 한 구성원으로서 조화와 화목을 이룰 수 있고, 내적으로는 '사마디'에 이르고 깨달음을 얻기 위한 바탕이 되는 것이다.

따라서 야마와 니야마가 바탕에 깔려있지 않으면 아사나와 삼야마 (samyama)를 아무리 많이 실천을 해 주어도 신체적 정신적 정화가 일어 날 수가 없다.

설사 정화가 일어난다할 지라도 완전할 수가 없다. 왜냐면 이미 바탕이 오염이 되어 있기 때문이다. 모래로 기초를 다지고 그 위에 건축을 하는 것과 같다. 따라서 이러한 바탕위에서 수련을 하는 요기들은 그들이 원하는 요가의 최종 목적지에 도달할 수도 없을뿐더러 이르렀다고 하더라도 완전할 수 가 없다.

일반적으로 야마와 니야마, 아사나, 쁘라나야마 까지를 하타요가 (Hatha-yoga)라고 칭하는데 그렇다고 해서 야마와 니야마가 하타요가 수련자들에게 만 국한되는 것은 아니다.

야마와 니야마는 하타요가와 라자요가 모두에 동시에 해당되며 그 밑바탕으로 깔려 있어야 할 덕목이다.

하타요가에 만 지켜져야 할 사회적 규범과 개인적 계율이 아니라 하타요기 든 라자요기 든 누구나가 다 지켜야 할 규범이고 계율이고 인간이면 누구나 가져야 할 양심이기도 하다.

'야마'에는 다섯 가지가 있고 불교의 오계(五戒)와 거의 흡사하다. 야마(yama)의 다섯가지는,

1) 아힘사 (ahimsa, 비폭력)

2) 사뜨야 (satya, 진실)

3) 아스떼야 (asteya, 불탐)

4) 브라흐마짜르야 (brahmacharya, 금욕, 절제)

5) 아빠리그라하 (aparigraha, 무소유)로 구성되어 있다.

[불교의 五戒]

「불교에서의 오계(五戒)는 판차실라(pañca-śīla)를 번역한 말로서, 불교도라면, 누구나 다섯 가지(Pancha Sila)의 계율을 받아 그것을 지킬 것을 언약하는데, 계(戒)란, 자기 행위에 대한 '경계와 규범'을 가리키며, 출가자(出家者)를 비롯하여 재가자(在家者) 등 불교도라면 모두가 지켜야 하는 가장 기본적인 생활규범이다. 따라서

①불살생(不殺生) - 살아 있는 것을 죽이지 않는다.

②불투도(不偸盜) - 도둑질하지 않는다.

① 아힘사(Ahimsa)

'힘사(himsa)' 즉 '살생, 폭력'이라는 말에 부정을 뜻하는 '아(A)'가
붙어 반대말이 되면서 '비폭력, 불살생'의 의미가 된다.

요가수행자는 물론 일반인들도 폭력과 살생을 하지 말아야 하는 것은
당연하다. 폭력에는 물리적인 폭력이나 살인 등도 있지만 언어적 폭력
과 마음속의 증오심이나 저주와 같이 겉으로 드러나지 않는 폭력에 대
한 것도 경계하고 있다. 드러나지 않은 폭력은 언젠가는 밖으로 표출될
수 있는 잠재력을 가지고 있고 잠재되어 있는 동안 자신을 더욱 상하게
한다.

마음속으로 남에게 욕을 하고 저주를 하더라도 자신에게 그에 대한
까르마가 우리 몸에 고스란히 쌓이게 되고 그 까르마는 우리 몸과 마음
을 상하게 한다.

이런 부정적인 에너지는 요가를 수련하는 수행자에게는 근본 바탕에
서부터 그 에너지를 흔들어 놓기 때문에 결코 있어서는 안 되겠다.

또한 그러한 부정적인 에너지는 다른 사람들에게도 나쁜 파장을
미치게 한다.

그 사람에게서 어떤 에너지가 풍겨져 나오는가에 따라 다른 사람에게

도 악영향을 미칠 수가 있고 좋은 영향을 미칠 수가 있는 것이다.

요가가 좋은 것이고 의식의 확장을 통한 정신세계의 최고 절정인 해탈이나 깨달음을 추구하는 것이라면 요가를 수련하는 사람에게서 좋은 에너지가 나와야 하는 것은 당연한 것이고 이러한 좋은 에너지가 주변 사람들에게도 전달되어 사회가 조화와 평화가 이루어 질수 있을 때 진정한 요가 수련자가 되는 것이다.

다른 한편으로 하지 말라는 부정적인 견해보다는 역으로 이러한 것을 하지 말라는 것은 그만큼 사랑을 하라는 긍정적인 의미를 강하게 내포하고 있다는 것을 알아야 한다.

사랑을 하게 되면 폭력은 자연히 사라지는 것은 당연하다.

따라서 요가수행자는 어떠한 경우의 폭력이라도 제어하고 통제해 주기 위하여 몸과 마음의 수련을 해 주어야 하며 의식이 깨어 있어야 한다.

그래서 요가수행자는 육식을 금하고 채식을 할 것을 권장한다.

물론 채식주의자라고 해서 모두 다 선량하고 착하고 비폭력적인 사람으로 된다고 볼 수는 없지만 음식으로 인해 우리 몸과 마음의 기질변화에 조금이라도 영향을 받는다면 나쁜 영향을 조금이라도 줄여주기 위함이다.

또 우리가 육식을 하게 되면 이것도 간접적인 살생이 될 수 있고 이 또한 야마에 포함되기 때문이다.

이와 같은 마음 다스림으로 개인이나 사회에 미치는 나쁜 영향을 스스로 맑고 깨끗하게 정화해서 다른 사람들에게도 밝고 건강한 삶을 영위 할 수 있도록 앞장서야 할 것이다.

오래하고 숙달된 요가수행자는 요가와 명상의 수련으로 온화한 에너지가 다른 사람들 뿐 만 아니라 미물들에게도 그러한 에너지를 느끼게 해 주어야 한다.

'야마', '니야마'에 대한 의미 부여는 아무리 강조를 하여도 지나침이 없다.

이것은 인간이 되라고 하는 얘기이다.

인간이 된다는 것은 인간이 가진 동물적인 속성에서 벗어나는 것이고. 이러한 동물적인 속성에서 벗어난 다음에야 일반적인 인간보다 나은 초인간(超人間)으로 나아 갈 수 있기 때문이다.

따라서 요가는 동물성을 가진 인간이 동물성을 극복하고 인간의 한계를 뛰어넘어 초인간이 되는 길이며 결국에는 모든 고통과 번민, 즐겁고 슬픈 감각기관들로부터 해방되어 진정한 행복을 누리는 대자유인이 되는 길이 요가인 것이다.

② 사뜨야(satya)

'진실', 혹은 '不妄語' 즉 거짓말하지 말고 진실만 말하라는 것이다.

'사뜨야'에서의 핵심은 진실한 말과 행동이다.

말이란 항상 진실에 근거해서 해야 하고, 좋은 의도로 해야 하고, 또 항상 받아들일 수 있는 말로 해야 힌디.

거짓말을 해서도 안 되고, 거짓 행동도 해서는 안 된다는 것이다.

말이란 무서운 힘을 지니고 있다.

꾸며낸 말 한마디는 엄청난 재앙을 가져오기도 한다.

말 한마디로 천 냥 빚을 갚는다고도 했고 살인까지도 초래할 수 있다.

이것이 말의 힘인데, 이것을 확대해서 요가에 접목시켜보면 '만뜨라 요가(mantra yoga)'라고 할 수 있다.

말에 에너지를 넣어 암송하면 원하는 바가 이루어진다고 하니 이것이 바로 '만뜨라 요가'의 원리이기도 하다.

〖 ≪yogatattvopanisad≫에 보면 만뜨라 요가는 라야요가, 하타요가, 라자요가와 더불어 4대 요가 중의 하나라고 한다. 만뜨라는 '성스러운 말' 또는 '단어'라는 뜻으로 이러한 말 또는 단어를 반복적으로 암송함으로 해서 만뜨라 요가가 형성이 되는 것이다.

이렇게 성스러운 말이나 단어를 반복적으로 암송하는 것을 자빠(japa)라고도 하는데, 어떻게 암송을 하는가에 따라 세 가지 자빠로 나누어진다.

1) 큰 소리로 암송을 하게 되면 우짜이(uccaih)라고 하고

2) 입안에서 중얼거리면서 하게 되면 우빰수(upamsu)라고 하고,

3) 마음속으로 하는 것을 마나사(manasa)라고 한다.

바시스타 상히타(Vasistha Samhita) 1장 65절에 보면 "낮은 목소리로 암송하는 것이 큰소리로 암송하는 것 보다 천배니 났고, 비슷하게 마음으로 암송하는 만뜨라가 낮은 소리로 암송하는 것 보다 천배나 낫다

고 하고 있다.

"uccairjapadupamsusca sahasragunamucyate,

sahasragunamutkrstam tasmadapi ca manasah.

A low voice muttering is thousand time better than a loud voice.

Similarly, mental repetition is thousand time better than the former.

- Vasistha Samhita 1장 65절 -

만뜨라는 여러 가지가 있을 수 있는데 그 중에 "옴"이 가장 기초적 만뜨라면서 근원 만뜨라(mulamantra) 라고 한다.

그 외의 만뜨라는 고도의 정신 수양을 쌓은 스승으로부터 전수 받는다고 하는데 특히 음절이나 발음 등이 정확하게 해야 한다고 한다. 왜냐면 정확한 그 음절과 발음에 의해 만뜨라가 가지고 있는 에너지와 암송을 하고 있는 수행자의 에너지가 일치가 되었을 때 만뜨라를 통해 원하는 목적을 이룰 수 있기 때문이다.

궁극적으로 만뜨라의 암송을 통해 의식의 확장을 가져와 깨달음에 이르는 것이 목적이지만 만뜨라 요가를 수련하다보면 다른 요가 즉 쿤달리니 요가에서도 말하지만 부수적으로 공중을 날 수 있다 던지, 몸을 아주 작게 만들 수 있는 능력이 생긴다던지, 보이지도 않는 것을 알아맞히는 초자연적인 능력이 개발 된다고 하였다.

그러나 이러한 초 자연력이 본질적인 만뜨라 요가의 목적이 아니다.

반복적으로 만뜨라를 암송하고 그 만뜨라에 집중을 해 주다보면 사마디에도 들어갈 수가 있다. 따라서 만뜨라나 기도 혹은 명상은 그 목표가 같다.

따라서 결국 방법이 다를 뿐 같은 셈이며, 명상이나 기도와 마찬가지

로 어떻게, 얼마나 집중을 잘하느냐에 달려 있다. ▯

만뜨라도 결국은 말이고 소리이다. 소리는 공간을 의미하고 공간은 만물의 생성의 원천인 아까시(Akash)이다. 따라서 말은 즉 '소리'는 엄청난 잠재력을 가지고 있다.

소리는 파동으로 이루어져 있고, 파동은 에너지를 가지고 있다. 에너지는 창조의 힘이다. 그래서 인도철학에서는 아까시와 창조의 신 브라흐만을 동격으로 여긴다.

따라서 에너지를 가지고 있는 말은 절제(節制)와 통제가 필요하다. 말의 절제와 통제가 가능해지면, 어느 정도 마음의 절제도 가능한 경봐도 무방하기 때문이다.

진실이란 것은 요가수행자를 순수하게 자신을 유지하게 해 주는 원천 아엥가 선생은 말하고 있고, 또 아엥가 선생은 철광석을 녹여서 불순물을 제거하고 나면 순수하게 정제된 금만이 남게 되듯이 거짓이 꾸밈이 없는 요가수행자는 순수하게 남아 있을 수 있다고 했다. 이러한 순수함이 요가의 목적지인 해탈에 이르게 하는 지름길이 된다. ⌟

③ 아스테야(Asteya) −
'도둑질하지 말라(不偸盜)'
남의 것을 훔치고 탐하는 행위(行爲)뿐만 아니라
말이나 생각으로도 그렇게 해서는 안 된다는 것이다.

마음속에서 타인의 것을 훔치고 탐하는 행위조차도
실제로 훔치고 탐하는 것과 다를 바 없다는 것이다.

요가수행자에게 요구되는 것은 필요하지 않은 것을 소유하거나, 필요한 것 보다 더 축적해 놓고 있다던가, 내가 가진 권력을 악용하거나 남용하고 가진 것을 과소비하는 것, 권력이나 명예를 탐하는 것과 남의 신뢰를 잃어버리는 것도 포함이 된다고 했다.

여기서는 어떠한 불순물이 하나도 섞이지 않은 순수한 마음을 의미한다.

이와 같은 마음가짐을 가지고 있을 때 요가수행자가 원하는 절대 경지인 '사마디'에 이르기가 용이해 지고 궁극적인 목적인 Moksa(해탈)에 더욱 가까워 질 수 있기 때문이다.

명예욕과 탐욕으로 가득 찬 마음은 일시적으로 물질적인 것은 얻을 수 있을지 모르나 오래가지 못하고 응분의 대가를 치르게 될 것이다. 이것이 까르마 요가의 원리이다.

또한, 요가수행자가 원하는 지고한 행복과 함께 요가의 목적지까지 도달하기는 어려울 것이다.

'아스테야'의 실천은 요가수행자는 물론 그 누구든지 고결한 인품의 소유자가 될 수 있게 할 것이다.

④ 브라흐마짜르야(Brahmacharya) −
금욕(禁慾), 절제(節制), 극기라는 뜻으로 '브라흐마짜르야'를 실천하는 사람을 '브라흐마짜리(Brahmachari)'라고 한다.

일반적으로 브라흐마짜르야라고 하면 결혼생활을 회피한다거나 완전한 금욕생활을 생각하는 경우가 많으나, 이는 결코 그렇지 않다. 이는 과한 에너지 소비는 수명을 단축시키고 힘의 낭비를 가져오고 깨달음과 지고한 행복, 정신적 혹은 영적인 길로 나아가는데 있어서 그것이 장애가 되고 멀어지기 때문에 절제하라는 것이지, 결혼생활 자체를 해서는 안 된다는 것은 아니다.

요가를 수련해 주고 진리를 추구하는 길로 나아가기 위해서는 충분한 에너지가 필요하기 때문에 금욕과 절제, 극기를 요구하고 있다. 우파니샤드에는 성행위 뿐 만 아니라 성적인 음담패설이나 생각까지도 멀리하고 절제를 하라고 말하고 있긴 하지만, 결혼생활을 하지 말라는 것은 아니다. 이렇게 축적된 에너지는 정신적, 영적(靈的)인 삶을 더욱 신장시켜 줄 수 있기 때문이다.

Prasna Upanisad 13절에 보면

"ratro vai praja-patih, tasyahar eva prano rratrir eva rayih; pranam va ete praskandanti ye diva ratya samyujyam te brahmacaryam eva tad yad ratrau ratya samyujyante."

Day and night are, verily, the lord of creation. Of this, day indeed is life and the night verily is matter. They who join in sexual intercourse by day spill their life; that they join in sexual intercourse by night is chastity indeed.

이것으로 미루어 보았을 때 브라흐마짜르야란 성생활의 극단적인 억제라기보다는 자연의 순리에 따라 절제와 조절을 의미한다는 것이 확실하나.

'브라흐마짜르야' 즉 금욕적인 삶의 기원은 마누법전(Lows of Manu)의 '아쉬라마(ashrama)'제도에서부터 시작한다.

이것은 베다의 존엄성을 간직하고 브라흐만 자신들의 우월성을 유지하고 종족을 보존하기 위한 방편으로 자신들의 가장 이상적이라고 생각하는 삶을 4단계로 설계를 해 놓고 있다.

1)브라흐마짜르야(brahmacharya, 학생기), 2)그리하스타(grihastha, 가주기), 3)바나쁘라스타(vanaprastha, 임서기), 4)산야사(sannyasa, 유랑기) 등이다. 자세한 내용은 베다와 우빠니샤드의 이해 편을 참고하기 바란다.

⑤ 아빠리그라하(Aparigraha) - 불탐(不貪), 무소유(無所有).

'아빠리그라하'에서 '아'를 빼면 '빠리그라하'가 되는데 '저장, 축적'의 뜻이 된다.

그러나 여기에 '아'가 붙으면 반대말이 되어 '무소유'가 된다. 이 말은 '아스테야'와 비슷한 의미를 가지는데 요가수행자는 어떤 종류의 재산도 소유하지 않도록 해야 한다는 것이다.

물질이나 재산을 갖고자하는 소유욕은 요가수행자에게 장애가 된다.

모든 세속적인 소유는 오직 현세에만 해당하며 다음 생에는 가지고 갈 수 없다. 올바른 수행자라면 가지고 있다는 것이 얼마나 불편한지 절실하게 느낄 것이다. 이것은 가진 것이 없음으로 해서 느끼는 자유이고 편안함이다.

만약 지금 현재 무엇인가 부족한 빈곤감에 빠져있다면 이것이 마음의 빈곤에서 오는 것은 아닌지 스스로 자신을 성찰해 볼 필요가 있다.

무엇인가 자꾸만 가지고 싶다는 마음이 생기는 것은 그 만큼 무엇인가가 부족하다는 것인데, 수행에 관한 부족함을 느끼는 것이라면 수행자에게 아주 바람직한 일이나 만약 그것이 물질과 욕망에 의한 탐욕이라면 수행자로서의 자질에 문제가 있으며 그럴 경우 의식 변화에 필요한 수련이 필요하다.

물질적 빈곤보다 마음에서 오는 빈곤감은 자신을 더욱 비참하게 만든다. 빈곤감을 느낀다는 것은 만족하지 못하는 것을 의미한다.

만족하지 못한다고 했을 때 사람은 항상 허전함을 느끼며, 그 무엇인가를 갖고자 갈망한다.

그래서 이 빈곤감에는 물질적인 빈곤감과 영혼이 빈곤한 정신적인 빈곤감이 있는데, 물질은 풍부한데 정신과 영혼의 빈곤감을 가지고 있다면 아무리 물질로 그 빈곤감을 채우려고 해도 그 허전함을 채울 수가 없어 항상 한 쪽 가슴이 비어있음을 느끼고 무엇인가 새로운 것을 찾게 되고 안정감이 없이 삶 자체가 불안하고 산만한 혼돈 그 자체 일 것이다.

이 또한 비참한 일이다. 그러나 이러한 것조차 무엇에 기인을 한 원인인지 그 당사자인 자기 자신은 모를 수도 있다.

이것이 바로 무지(avidya)에 기인한 것이다. 특히 언제나 불평불만에 가득 차 있으며, 긍정적인 사고보다 부정적인 사고를 가지고 오직 자기 세계에만 빠져 있는 사람은 더 무지하다.

이런 사람들은 아무리 말로 떠들어도 알아든지 못하고 또 들어보려 하지도 않는 경우가 많다. 그러면서 힘들어한다. "나는 왜 이렇게 살며, 왜 삶이 풀리지 않는 것일까?" 고민을 하면서 세상을 한탄하기만 하는 사람들도 있다.

이러한 것이 정작 원인은 자기 자신의 업장과 짊어진 십자가의 무게 때문이라는 것을 모르고 있는 사람에게는 무엇보다 정신적인 의식변화 가 필요하다.

이러한 변화는 물론 어떤 기계의 부속품을 갈아 끼우듯 그렇게 우리 의 의식도 쉽게 고칠 수 있다면 좋겠지만 그렇게 할 수가 없다.

그런데 어떤 계기가 있어 충격을 받음으로 해서 스스로 변화의 계기 를 받게 되면 그것보다 좋은 경우는 없다.

그렇지 않다면 시간도 오래 걸리고, 불행하게도 영원히 변화를 하지 못할 수도 있다.

이는 어느 누구도 고쳐 줄 수 없고 자기 자신만이 가능한 일이다.

이것은 또 인성과도 관련이 있다.

탐한다는 것은 소유하고자하는 욕망이다.

계속 소유하겠다는 것은 만족이 안 된다는 애기이다.

만족을 모른다는 것은 이 세상의 이치를 조금도 이해하지 못하는 무 지(avidya)로 가득 차 있기 때문이다.

요가수행자도 마찬가지로 자신의 요가 수행에 스스로 만족을 하지 못 하면 계속 자신의 지식에 대한 갈증을 느낀다.

그런데 잘못된 것은 요가를 수련하는 사람이 이러한 갈증을 풀기위해 요가공부를 통해서 요가의 깊이로서 그 갈증을 푸는 것이 아니라, 요 가가 아닌 다른 것들을 접목시켜 요가와는 전혀 다른 보가(bhoga)를 가르치던가 아니면, 밥벌이에 바쁜 장돌뱅이처럼 이곳저곳을 기웃거리면서 색다른 뭔가를 찾아서 헤맨다.

요가의 모든 비법은 이미 전수되었다.

특별한 사람이 특별한 곳에서 특별하게 가르치는 것이 아니다. 요가의 모든 비법은 이미 오래전부터 수많은 책들과 요가 선지자들에 의해 전수되어 모두가 알고 있지만 정작 자신들은 모르는 경우가 많다.

그 이유는 요가를 요가답게 제대로 수련을 해 보지 못했기 때문에 전체적인 흐름을 알지 못해서이다.

요가의 비법은 아스탕가 요가의 실천 수련에 있다.

장돌뱅이처럼 주워들은 지식은 그 깊이가 얕아 오래가지 못한다. 얕은 개울물은 금방 바닥이 드러나고 증발해 버리고 만다. 그래서 다시 새로운 우물을 찾아 이곳저곳을 또 헤매게 만든다.

그러면서 자신은 항상 부족함을 느끼고 때로는 요가에 대한 비법(秘法)은 따로 있는 것이 아닌가하고 착각을 하는 수행자들을 볼 수 있는데, 어떤 공부도 마찬가지겠지만 특히 요가에 있어서의 비법은 자신이 스스로 공부해서 터득하지 않으면 안 된다. 그래서 요가는 실천 철학이라고 한다.

목마른 사람이 물을 마셔야 하고, 병이 난 사람이 약을 먹어야 낫는 것이지 다른 사람이 아무리 물을 마시고 약을 먹어봐야 소용없는 노릇이다. 정신적, 영적인 만족을 아는 사람만이 참된 무소유의 의미인 '아빠리그라하'의 참 뜻을 알 수가 있다.

비움과 무소유 속에서 채워지는 충만한 행복감이 명상이다.

'사뜨야'도 마찬가지고 '아스테야'도 '브라흐마짜리야'도 마찬가지이다.

모두가 마음의 만족을 얻지 못한 것에서 오는 마음의 불균형이다.

마음이 균형 있게 평정심(平靜心)으로 흔들림이 없다면 이러한 문제들을 걱정할 것이 없다.

꾸준한 수련은 무엇이나 때가 되면 다 얻어지는 법이다.

'아빠리그라하' 즉 '무소유', '무욕(無慾)'의 의미를 진실로 깨달은 사람은 영적인 만족감을 가진 사람이고, 이 사람의 얼굴에는 평온함과 만족감이 보일 것이다.

≪사마디 붇다≫

"꽃에 향기가 있듯이 사람에게도 그 사람의 인성(人性)이 있다"고 소크라테스는 말했다.

신선한 꽃에서는 신선한 꽃향기가 나고 썩은 꽃에서는 지독한 냄새가 난다.

사람은 자신의 인성을 잘 가꾸어 주어야 한다.

자신의 인성을 어떻게 가꾸느냐에 따라 그 사람에게서도 풍기는 에너지가 다를 것이다.

2 단계 — 니야마 (Niyama)

'야마(yama)'가 개인이 사회 구성원으로서의 지켜야할 보편적이고 일반적인 규범이라고 하면, '니야마(Niyama)'는 수행을 하기 위해서 몸과 마음을 정화해 주는 개인에 대한 계율과 규칙이다.

따라서 '야마'와 '니야마'는 '개인적 계율'과 '사회적 보편적인 규범'으로서 개개인의 인성을 갖추므로 해서 요가의 길을 가는데 있어서 가장 중요한 밑바탕이 된다.

아스탕가 요가 첫 단계의 '야마'와 둘째 단계인 '니야마'는 수행이라기 보다는 요가수행자의 마음가짐과 행동양식으로 개개인의 인격(人格)과 심성(心性), 품성(品性)으로 자기 자신을 위해서나 자신이 속해있는 사회 공동체의 순리(順理)나 이치(理致)에 한 치의 어긋남이 없도록 해서 요가의 목적지인 해탈에 이르는 바탕이 되어준다.

이러한 도덕적 밑바탕이 없다면 그 어떤 것도 성취해 주기가 어렵다.

야마와 니야마의 수련은 화가가 자신이 그릴 캔버스 위에 바탕작업을 하는 것과 같다. 요가에 있어서도 야마와 니야마의 수련은 자기 자신에 대한 바탕작업이다.

자기 스스로를 반성하고 돌아보았을 때 부족함을 느끼고 윤리와 도덕적으로 깨끗하지 못한 상황에서는 그 무엇을 하더라도 완성을 하기는 어렵다. 그것은 마치 이미 그려진 그림위에 덧칠하여 그리는 그림과 같다.

'야마'와 '니야마'가 갖추어졌을 때 요가수행자는 자기가 원하는 그 어떤 그림이라도 그릴 수가 있고, 자기가 짓고자 설계한 어떤 구조의 건축물일 지라도 지을 수가 있을 것이다.

이러한 바탕위에서 요가의 최상경지를 경험하고 난 후에라야 비로소 누군가에게 그림 그리는 법 내지는 건물은 어떻게 짓는 것이라고 남들 앞에 나가서 말 할 수도 가르칠 수도 있는 선생이라 할 수 있을 것이다.

요가지도자는 사회의 지도층으로 존경받아야 한다. 요가를 단순히 돈벌이 수단으로 만 생각한다면 진정한 요가인이 될 수 없다. 요가는 자기 자신을 완성하는 길이고 인류의 진정한 행복을 위해 봉사한다는 사명감을 가지고 수련해야 한다.

요가는 남에게 보여주고 자랑하기 위해서 수련해서는 결코 안 된다. 벼가 잘 익으면 그 무게를 견디지 못해 고개를 숙인다. 요가 수행자 역시 수행의 깊이가 깊으면 깊을수록 자연의 순리와 이치를 알아 자연의 이치를 거스르지 않기 위해 겸허하게 자신을 낮추어야 한다.

다른 사람에게도 그러한 느낌이 전달되어 그와 같은 삶을 자신과 다른 사람, 그리고 사회 전체가 공유 할 수 있도록 해야 올바른 요가 수행자라 할 수 있을 것이다.

'니야마'에는 다섯 가지의 계율(戒律)로 나누어져 있다.
  1)사우차(saucha, 청결, 정화)
  2)산토사(santosa, 만족)

3)타파스(tapas, 고행)

4)스와드야야(svadhyaya, 학습)

5)이스와라 쁘라니다나(isvarapranidhana, 신에 대한 헌신)로 구성
되어 있다.

① 사우차(saucha) - 청결, 정화, 맑음.

사우차란, 육체는 물론 영혼까지도 순수하고 깨끗함을 말한다.

영혼이란 말은 마음 일수도 있고 정신일수도 있는 이 두 가지 모두를
포함하는 말이다. 청결은 물과 흙(요즘은 비누가 있지만 옛날에는 진흙
으로 씻었다)으로 몸을 씻어내는 외적인 청결과 아사나, 쁘라나야마를
통한 우리 육체의 내적 기관들의 청결과 그리고 명상을 통한 내적(내면)
청결이 있다.

이러한 것들은 꾸준한 훈련과 수련을 통해 우리가 원하는 것을 얻을
수가 있는데, 일반적으로 정화작용이라 한다. 몸과 마음의 정화작용은
정신세계의 의식의 확장을 가져오는 밑바탕이 되는 아주 중요한 작업이
다.

목욕은 우리 신체의 외적 청결을 유지해 주고, 아사나의 수련은
우리 신체의 내적 기관과 혈액 및 임파선과 같은 우리 몸의 체액의
순환을 도와 독소와 불순물을 제거하고 새로운 세포의 재생과 생성
을 도우며, 쁘라나야마는 폐를 맑게 하고 충분한 산소를 공급하고
신경을 정화시킨다.

한편 명상은 마음을 정화시켜 주면서 분노와 욕망, 탐욕 등 우리 인간의 감정을 다스려 주면서 내적 정화로 평화로움을 가져다준다.

물론 이렇게 청결한 목욕이나 수련을 통한 정화도 중요하지만 근본적으로 오염이 되는 것을 예방해 주는 것에도 힘을 쓰야 할 것이다.
이러한 예방법이 바로 '야마'와 '니야마'를 실천해 주는 것이다.
그래서 요가수행자는 산 좋고 물 좋은 공기 맑은 곳에서 '아빠리그라하'의 검소함과 '브라흐마짜르야'의 금욕적인 생활을 하면서 맑고 싱싱한 채소 위주로 먹으면서 요가의 목적지에 더욱 가까이 가려고 애를 쓰는 것이다.

② 산토사(santosa) - 만족

'산토사'는 '만족'이라는 뜻으로 '야마'의 '아빠리그라하'의 무소유와 그 맥(脈)을 같이 한다고 할 수 있다.
만족하는 사람은 소유하고픈 마음이 없는데 무슨 애착과 욕구가 일어나 축적하면서 살기를 원하겠는가?

산토사의 반대는 '갈증'이라는 뜻을 가진 '아산토사(asantosa)'이다. 목마른 사람이 물을 마시고 싶은 충동을 느끼듯이 물욕에 찌든 사람의 소유욕은 탐욕의 갈증이라고 했다.
만족할 줄 아는 사람은 안정감을 느끼나 만족하지 못하는 사람은 불안감을 느낀다. 그래서 괴롭고 혼란스러운 갈등으로 고통을 받는다. 물질적 빈곤과 마음, 영혼의 빈곤감으로 만족하지 못하는 사람들은 스스로도 피곤하고 비참한 일이다.

　만족하지 못하는 사람은 언제나 불평불만이 많으며 남을 탓하기를 좋아하는 것이 특징이다. 남의 탓으로 돌리는 것 역시 자신의 업(業)과 결국은 자신의 부족함으로 인해 발생한다는 것을 모르는 무지(avidya)함에서 비롯된다. 만족이라는 것 역시 노력 없이는 이루어 질 수 없다는 것 또한 진리이다. 사람이 아무리 축복받은 환경에서 태어났다하더라도 만족 할 수는 없다.

　제 나름의 부족함과 번뇌와 고뇌는 있기 마련이다. 그래서 '타파스'라는 고행이 있다. 진정한 자유인이 되기 전에는 누구를 막론하고 고통을 겪는 것이 인간세상이다. 그래서 고행을 통해 고통을 본질적으로 해결해 보고자 했던 수행법이 타파스이다.

③ 타파스(tapas) - 고행

　'타파스'는 '고행, 또는 불꽃이 일어나다.' 라는 뜻을 가지고 있다.

　이는 목표를 성취해 주기 위한 자기 자신의 절제(節制)와 정화(淨化), 노력(努力)이라고 할 수 있다. 그러면서 작은 성취에 만족하지 않고 지속적인 수행에 정진함을 의미한다.

　고행이란, '탐욕(貪慾)을 태워 버리는 노력'이라고 했다.

　탐욕은 그렇게 쉽게 없어지지 않는다.

　강한 불꽃과 같은 열정적인 고행만이 탐욕을 억제할 수 있고

　자신을 맑게 정화할 수 있다.

그래서 한때 고대 인도에서 수행법으로 오직 고행만이 있었던 시기가 있었다.

사람이 나고, 늙고, 병들고, 고통 받아 죽으면서 윤회의 연속성 속에서 갈등과 고통스런 삶에서 벗어나 목사(moksa)를 이루어 해탈을 해서 자유인으로 살고자하는 극단적인 수행법으로서 고통을 고통으로 해결해 보고자 했던 옛 인도 정신세계의 선현(先賢)들의 수행법이 '타파스'였던 것이다.

그래서 붇다 역시도 6년이라는 고행의 시간을 겪고 비로소 보리수 나무아래에서 깨달음을 이룬 것이다.

<<붇다의 고행상 파키스탄 라호르 박물관소장>>

옛날 선인들은 '타파스' 즉 '고행'없이는 결코 그 무엇도 이룰 수 없다고 믿었던 것이다.

이 세상에는 그냥 얻어지는 것은 없다.

그것이 물질적인 것이든 정신적인 것이든 '타파스'가 필요한 것이다. 물질적인 것을 얻고자 한다면 일을 해야 하고, 자신의 몸과 마음의 평화를 얻기 위해서는 아사나를 하고 명상을 해야 한다.

거기에는 여러 가지 기술이 접목되어 있다.

아사나에는 동작과 호흡(pranayama), 무드라(mudra) 그리고 끄리야(kriya) 등이 있으며, 이러한 과정을 마스터하면 감각을 다스리고 의식을 관찰하는 명상을 통해 자신을 맑게 정화하고자 하는 노력을 해야 한다.

이러한 정화작용에는 아사나와 호흡법, 무드라, 끄리야를 수련해 주는 것이 육체의 정화이고, 남을 헐뜯지 않고, 공손한 말, 진실한 말만을 사용하는 것을 '언어의 타파스'라고 했으며, 어떤 일에도 동요하지 않는 평정심(平靜心)을 이루어 주는 것이 마음의 정화라고 했다.

그래서 요가수트라에,

"samadhibhavanarthahbklesatanukaranarthasca/
(kriyayoga is to be practised) for (producing) the state of inner sphere (facilitatory) for samadhi and enfeeblement (diminution) of klesas.

                                               - Y. S, 2장 2절 -

'끄리야 요가의 수련은 끌레샤를 약화시키고 사마디를 이루기 위한 내면의 상태를 확립해 주는데 있다.'[27]고 하였다.

끌레샤란, 사람이 태어나면서 가지고 태어나는 것으로 다섯 가지 기

127

질을 말한다. 1)아비드야(Avidya, 무지 혹은 무명), 2)아스미따 (asmita, 이기심), 3)라가(Raga, 집착), 4)드웨샤(Dvesa, 혐오), 5)아비니웨샤(Avbhinivesa, 삶에 대한 애착)이다.

모든 현상은 끌레샤가 원인으로 작용하고 있기 때문에 가장 먼저 끌레샤를 제거 또는 억제 해 주어야 한다. 따라서 끌레샤가 작용하고 있는 이상 사마디를 이룰 수 없다.

반대로 사마디에 들어감으로 해서 끌레샤의 작용이 사라진다. 이때 업장(業障)도 소멸되고 진정한 정화작용이 일어난다.   .

이러한 고행(tapas)과 노력의 결과 수행자의 몸과 마음은 맑게 정화되어 요가의 목적지에 이르게 해 주는 기반이 된다.

④ 스와드야야(svadhyaya) - 학습

'sva'는 '자기 자신, '자아' 그리고 'adhyaya'는 '교육, '학습' 이라는 뜻을 가지고 있다.

'스와드야야'는 자기 스스로 교육하고 학습하는 것을 의미한다.

이는 선조들로부터 혹은 깨달음을 얻은 성인들에 의해 저술되어 전해 내려오던 경전을 읽고 암송하면서 자아를 실현해가는 과정을 말한다.

그러나 아무리 좋은 책이 있어도 읽지 않고, 읽는다 하더라도 지적으로만 이해하고 실천해 주지 않으며, 아무리 좋은 수행법이 있어도 공부하지 않고 실천수련하지 않는다면 무슨 소용이 있으며, 아무리 좋은 격언과 금언, 진리가 있다 하더라도 실천하고 따르지 않는다면 아무른 소용이 없다.

이러한 경전을 읽고 거기에서 뜻하는 바를 실천 수련해서 서로 영적 교감(靈的交感)을 이루어 사아(自我)를 향상시켜 줄때 제대로 학습을 해 주는 것이다.

경전을 읽고 옛 선현들을 따른다는 것은 믿음이 뒷받침이 되어야 한다. 따라서 요가 또한 믿음을 가지고 수련해 주어야한다.

물론 어떤 일이든지 믿음을 갖고 해 주면 더욱 좋은 일이고, 그리고 '타파스' 즉 열심히 간절히 노력해야 한다.

헌신적으로 박티 요가를 실천하고 까르마 요가로 더 이상의 삼스까라(samskara)의 축적을 억제하면서 타파스로 자신의 몸과 마음을 정화시켜 마음작용이 억제가 되면 지혜가 생기면서 지혜의 요가가 완성되는 것이다.

경전이나 진리서, 속담, 격언이 모두가 한 가지도 틀린 말이 없고 다 좋은 말이라고 하면서도 사람들은 머리로만 이해하고 건성으로 듣고 실천하지 않는다.

구슬이 세말이라도 꿰어야 보배라고 했다.

그런데 모든 능력을 물질로 환산하는 물질만능에 가치를 둔 시류(時

流)의 흐름은 사람들의 품성을 더욱 경쟁과 대립, 투쟁적으로 만들고 있다.

경전과 옛 성현들의 말씀이 물론 좋은 말이라고는 느끼지만, 세상이 너무 자극적인 향락과 물질적이고 외적인 쾌락에만 도취해 있다 보니 정말 무엇이 중요한 것인가를 모르고 있는 것이다.

오직 물질적 향락에만 몰두 하다 보니 사람들은 싫증을 빨리 내고, 점점 더 재미있고 자극적인 것만을 찾게 된다.

이렇게 향락적이고 즐거움만 추구하는 것을 보고 '보가(bhoga)'라고 한다.

'요가' 역시도 시대의 흐름에 따라 '보가'로 요가의 본질이 왜곡되고 있다.

따라서 요가를 더욱 요가답게 계승 발전시켜 후손들에게 전해 주어야 하는 임무는 현재 요가를 가르치는 요가 지도자들에게 달려 있다. '보가'가 양(量)과 쾌락을 추구하는 것이라면 '요가'는 질(質)과 행복, 영생을 추구한다. 세상에서 그냥 주어지는 것은 아무 것도 없다. 때로는 자기 자신의 한계를 극복해야 얻을 수도 있는 아주 힘든 것도 있다.

과학과 산업의 발달로 편하고 쉬운 외적 즐거움만을 선호하는 현대인들에게 본질적인 요가 수련은 상당히 어려운 일이기는 하나 요가를 수련하고 지도하는 사람들만이라도 적어도 깨어있는 의식으로 왜곡되지 않은 요가의 전통을 알고는 있어야 하겠다.

⑤ 이스와라 쁘라니다나(Isvara pranidhana) - 신에 대한
  헌신(요가에 대한 헌신)

'이스와라'는 일반적으로 '신(神)' 또는 '자재신(自在神)'이라고 표현하
는데, 신이기는 하나 결혼도 하고 애도 낳고 성도 내고 기쁘기도 하고
슬프기도 하는 사람과 성격이 비슷한 인격을 가지고 있는 신으로 인도
특유의 신관(神觀)이라 보면 된다.

　그래서 속성이 있는 신(神), 사구나 브라흐만(Saguna Brahman)이
라고 한다.

　정확하게 말하면 세상을 창조하거나 우주를 창조한 신이 아니고
　어떤 절대적인 힘을 나타내는 상징적인 말이다.
　따라서 일반적으로 여러 가지 책을 보면 요가를 수행해서
　최고의 경지에 오르면 신과의 합일(合一)이 이루어진다고 한다.

　그러나 여기서 말하고 추구하는 요가는 결코 '신과의 합일'이 아니다.
　여기서 말하고 싶은 것은 인간이 어떤 일을 해 줄 때 거기에는 목표의
식이 있고 없고에 따라 많은 차이가 있다.
　신과의 합일이 있다고 하면 일반적인 인간으로서는 신은 아무나 볼
수 있는 쉬운 대상이 아니기에 매력적으로 들릴 수도 있다.
　실지로 요가의 최고 경지에 오르게 되면 '신과의 합일'도 이루어질 수
도 있을 것이다. 그러나 신을 보는 것과 신과의 합일을 이루는 것은 엄
밀히 구별되어야 한다.
　신을 보는 것은 그렇게 어려운 것이 아니다. 그러나 신과의 합일이 이

루어 졌다는 것은 최고의 경지를 의미하고, 실제로 어느 한 분야에서 최고의 경지에 올랐다면 신의 경지에 올랐다고 하면서 신(神)이라는 호칭을 넣어준다.

그래서 바둑에서도 9단까지 오르면 입신(入神) 즉 신의 지위에 올랐다라고 한다.

요가에서 나오는 모든 '이스와라'는 절대자 신이 아닌 요가의 최고 경지 그것은 절대 경지를 나타내는 말을 상징한다.

다시 말해서 '사마디' 상태에서 느껴 얻을 수 있는 '절대적인 경지'인 것이다. 이 절대 경지인 사마디 상태에서 일어나는 현상은 그 누구도 정확하게 표현할 수 없다.

그 현상은 미묘하고 영묘 할 뿐만 아니라, 사람마다 그 현상이 다르게 나타날 수 있기 때문이다. [30] 그래서 말로 표현되지 않는 것은 경험에 의해 체득(體得)되어 져야 한다고 오쇼 라즈니쉬는 말한다.

'pranidhana'는 '집중'이라는 뜻으로 말 그대로 신에게 몸과 마음을 바쳐 헌신하는 것이다. 이것은 '사마디'를 얻기 위해 노력하는 헌신적인 마음을 의미한다.

따라서 총체적인 '이스와라 쁘라니다나'의 의미는, '자신이 믿고 따르는 신과 같이 헌신적인 마음으로 요가에 전념하여 신과의 합일이 이루어지는 절대 경지를 체득하고 입신(入神)의 경지에 오르는 것'을 의미한다.

이러한 경지를 확인하는 작업은 구루(Guru, 스승)의 인가(認可)를 필요로 한다.

만약 제대로 된 스승의 인가가 없으면 자승자박(自繩自縛)에 빠지는 것을 경계해야 한다.

3 단계 - 아사나 (asana, 자세)

요가에서 그 세 번째 단계는 대부분의 사람들이 '요가'라고 하면 일반적으로 떠올리는 '아사나(자세, 동작)'이다. 하지만 '아사나'는 아스탕가 요가의 여덟 단계 중 하나인 세 번째 단계에 지나지 않는다.

'아사나'는 실천적 요가 수행에 가장 기본적이고 효과 빠른 누구나 다 수련해야 하는 필수 단계로 동물이나 식물, 특정한 사물과 인간 또는 신의 특유한 동작과 자세를 응용하여 이루어져 있다. <이 책 2장 3편 참조>

이러한 자세나 동작들은 여러 가지 원인으로 인해서 구조적 불균형을 이루고 있는 우리 몸과 마음의 조화와 균형을 되찾을 수 있게 바로 잡아 주면서 불균형으로 인해 발생하는 여러 가지 질환에 대한, 우리 인체가 가진 자연치유 능력을 최대화시켜서 우리 몸에 새로운 재생 능력을 가져오는 효과가 있다.

뿐만 아니라 이러한 구조적 불균형은 우리 몸의 생리학적 기능 장애를 유발시켜 우리 몸에 정체현상을 일으켜 혈액 순환장애와 체액의 정체현상으로 독성물질의 침착으로 많은 부작용이 발생한다. 요가 아사나의 효과는 이러한 불균형을 바로잡으면서 독성물질을 배출시켜 정화해 주는데 탁월한 효과가 있다. [31]

또한 우리 몸의 내 분비샘을 자극시켜 호르몬 작용과 같은 화학적인 변화를 일으켜 면역성을 강화시켜 줄 뿐만 아니라 질병에 대한 예방과 치유 효과도 가져다준다.

우리 인간은 몸과 마음, 영혼이라는 세 가지의 유기적 복합체로 구성되어 있다.

‘아사나’는 종합적인 조절능력을 키워 주는 훈련 과정이다.

육체적인 수련은 자세 하나하나에 집중력을 가지고 수련하면서 구조적인 불균형을 바로잡아주고, 구조적인 불균형에서 오는 생리적인 정체 현상에 대한 정화효과로 생리적인 효과의 극대화 그리고 자세의 안정감을 통해 심리적인 평온을 얻고 나아가 정신적인 영적 체험을 통해 의식의 확장이라는 변화를 가져오는 것이다.

따라서 ≪하타쁘라디피카≫ 보면

"asanam sthairyamarogyam cangalaghavam//

'Asana brings (mental as well as physical) steadiness, health and (a feeling of) lightness.' -1장 17절 -

‘아사나는 육체적, 정신적인 건강함뿐만 아니라 안정감도 같이 온다.' 라고 했다.

≪요가수트라≫에 따르면 ‘아사나’의 수련은 육체를 아름답게 해 주는 효과도 있지만, <Y. G. 3/46절>

인드리야(Indriyas, 감각기관)에 대한 지배력도 얻고, <Y. G. 3/47절> 최종적으로는 의식과 자아가 똑같이 순수해지면 깨달음도 이루어진다. <Y. G. 3/55절> 라고 말하고 있다.

띠리서 요가를 수련하면서 얻어지는 육체적인 아름다움이나 건강 그리고 초능력은 ‘아사나’의 수련 과정 중에 부수적으로 얻을 수 있는 것이지 결코 그것이 최종 목적이 될 수는 없다.

아사나란, 의미가 자세와 동작이라는 의미도 있지만 '좌법(坐法)'이라고도 한다. 좌법이란 그냥 앉아 있다고만 해서 좌법이 되는 것이 아니다.

오랜 시간 동안 수련을 해서 '아사나(동작, 자세)'에 숙달이 되어 온몸의 긴장이 풀어지고 이완이 되어 긴 시간 동안 앉아서 명상을 해 줄 수 있는 몸과 마음의 준비가 되었을 때 비로소 좌법(坐法)이 완성되는 것이다.

≪싣다 아사나≫

요가의 최상 경지를 경험 해 보기위해서는 명상을 하지 않으면 안된다. 명상을 수행하려면 오랜 시간 앉아 있어야 하는데, '아사나'로 우리 몸의 균형과 조화를 얻게 되면, 오랜 시간을 편안하게 앉아서 명상에 몰두할 수 있게 된다. 다시 말해서 '아사나'의 수련은 정신적 수행에 적합한 신체를 만들어 주기 위함이다. 그래서 ≪하타쁘라디피카≫에도 라자요가를 성취해 주기 위해 하타요가를 수련해 주는 것이라 했다.(H. P. 1/2절)

그러는 한편으로는 하타요가노 라자요가를 완성해 해탈을 이루기까

지는 병행해 주어야 한다고 강조하고 있다. (H. P. 1/67절, 2/76절)

하타요가는 신체적인 요가로 아사나와 무드라, 호흡법, 등으로 구성되어 있다. 일반적으로 요가 하면 이 하타요가를 가르키고 하타요가를 대표하는 수련법이 '아사나'이다. 아사나는 이미 앞에서 열거한대로 주로 신체를 활용하는 동작 내지는 자세로 이루어져 있다. 그래서 그 효과를 느끼는 것에서 가장 빠른 변화와 효과를 느낄 수 있기 때문에 초보자들이 선호하는 수련법이다.

'하타'라는 말뜻은 여러 가지가 있다.

하타(Hatha)는 '하(Ha)와 타(tha)'라는 두 단어의 합성으로 이루어져 있다.

'하(Ha)'는 '태양', '타(Tha)'는 '달'이라는 뜻을 가지고 있다. '해'와 '달'은 '우주 음양의 조화'를 뜻하고, 우리 인체도 음양의 조화로 이루어져 있다.는 것을 뜻한다. 따라서 하타요가는 우주의 조화를 나타내기도 하지만 우리 인체의 조화와 균형을 추구한다.

요가에서 '태양'은 '핑갈라 나디'를 뜻하고 '달'은 '이다 나디'를 상징한다. 이 두 나디는 우리 인체의 에너지 흐름을 관장하는 대표적인 나디들이다. 따라서 이 두 '나디'의 조화와 균형은 수행자의 전체적인 에너지 흐름을 조화롭게 해서 나아가 요가의 목적지인 해탈에 이를 수 있게 하는 바탕이 된다고 했다.

그래서 하타요가는 '음양요가'라고 표현하기도 한다. 결국 음양의 조화를 알면 우주의 조화를 아는 것이고, 이러한 조화를 아는 것이 요가의 최상경지에 도달하는 비탕이 되어 줄 것이다.

한편, '하타(Hatha)'는 '억지로 하다'라는 뜻도 가지고 있다. 실지로 '하타요가'를 해 보면 결코 그렇게 쉬운 것은 아니라는 것을 알 수 있다.

몸이 굳어 있어서 마음대로 동작이 되지 않는 것은 물론이고 균형 잡기 또한 힘들 뿐만 아니라 그 와중에 호흡도 거칠어진다.

몸이 굳어 있다는 것은 그 만큼 관절의 가동력과 순환기계에 장애가 있다는 말이기도 하다.

따라서 아사나의 수련은 굳어있는 관절에 윤활유와 같은 효과를 주고 정체되어 있는 순환기계에 활력을 불어넣어 수련 후 사지의 편안함과 육체에 신선한 활기를 느끼게 한다.

요가에 단련이 되고 적응이 되어 요가의 혜택이 체득되기까지는 꽤 오랜 시간이 지나야 한다. 그래서 의지력 없이 요가를 수행한다는 것은 어려운 일이다.

굳은 의지를 가지고 때로는 억지로 해 주어야 하는 것이 요가이다. 이러한 의지가 몸과 마음을 통제하는 바탕이 된다.

4 단계 - 쁘라나야마 (pranayama, 호흡법)

'쁘라나야마'는 '호흡법' 또는 '운기법'이라고만 알려져 있는데 이것은 의미가 충분하게 표현되지 않았다고 할 수 있다. '쁘라나야마'라는 말은 여러 가지 합성어로 되어있다.

'쁘라나(prana)'는 크게는 '생명 에너지'혹은 '생명력' 작게는 '호흡, 공기'라고 번역할 수 있다. '아야마(ayama)'는 '연장' 혹은 '획징'이라는 뜻이다. 따라서 '쁘라나(prana)'+'아야마(ayama)'는 '생명 에너지'의 연장 또는 확장을 의미한다.

그렇다면, 이 '생명 에너지'는 무엇인가? 이것은 생명이 있는 것이든 없는 것이든 그것을 존재하게 해 주는 힘이다.

이것은 눈에 보이지 않으면서 어디에나 존재하며, 공기처럼 어디에나 흐르는 에너지이다. 일부에서는 산소라고도 하는데 엄밀히 산소도 아니다. 공기를 들이마시듯이 공기와 함께 마시니까 공기 속에 들어 있는 산소라고 할 수도 있는데 엄밀히 말해서 산소는 아니지만 산소도 '쁘라나' 속에 포함된다.

따라서 이 에너지는 공기가 존재하지 않는 장소에서도 존재한다. 일반적으로 공기처럼 이 에너지가 존재하기 때문에 우리는 공기를 마시면서 이 에너지도 같이 마시는 것이다. 공기를 마시므로 산소를 흡입하듯이. 따라서 이 에너지를 흡입해서 우리 몸에 축적하는 방법이 바로 '쁘라나야마'인 것이다.

'쁘라나야마'의 형태는 기본적으로 세 가지가 있다.
들이쉬는 것을 '뿌라카(puraka)'
내어 쉬는 것을 '레차카(rechaka)'
멈추는 것을 '꿈바카(kumbaka)'라고 한다.

그리고 멈추어 주는 '꿈바카'에 두 가지 형태가 있다.
들이마시고 멈추어 주는 것을 '안타라 꿈바카(antara kumbaka)'
숨을 완전히 내쉬고 멈추는 것은 '바야 꿈바카(bahya kumbaka)'라고 하다.

'안타라'는 '내부', '바야'는 '외부'라는 뜻이다.

이런 꿈바카의 수련에서 더욱 깊이 들어가면, 다시 두 가지로 나누는데, 사히따 꿈바카(sahita kumbakha)와 깨왈라 꿈바카(kevala kumbakha)가 있다.

사히따 꿈바카는 우리가 일반적으로 해 주는 안타라 꿈바카나 바야 꿈바카를 말하는 것이고, 이러한 사히따 꿈바카가 숙달되어 절정에 달해 무의식속 즉 사마디 속에서 이루어지는 꿈바카를 깨왈라 꿈바카라고 한다.

일반적으로 사람들은 요가의 '아사나'를 수련할 때 호흡은 어떻게 조절해 주는가 하고 물어오는 경우가 많은데 '아사나'를 수련하면서 호흡을 걱정할 필요가 없다.

그냥 자연스럽게 해 주면 되는 것이다.

어떤 동작을 할 때 호흡을 어떻게 들이 쉬고 내쉬는가를 고민할 필요없이 자연스럽게 호흡해 주도록 노력만 하면 그것으로 충분하다.

요가를 수련할 때 '아사나'와 별개로 '쁘라나야마'를 배워야 하는 것이지 '아사나'를 수련하면서 해주는 호흡법은 엄밀히 말해서 '쁘라나야마'가 아니다. '아사나'를 수련할 때 호흡과 동작이 엇갈리게 되면 결림, 두통, 불안한 느낌의 원인이 되므로 그러한 것만 조심해 주면 된다.

그래서 우선 동작도 제대로 되지 않는데 호흡에 신경을 쓸 여력이 없고 또 실제로 동작을 하면서 자연스러운 호흡 또한 어렵다는 것을 알 수있다.

따라서 '아사나'가 어느 정도 숙달이 되고 안정감이 생기면 그 때 호흡을 생각해도 늦지 않으므로 요가 아사나 수련 중에는 항상 자연스러운 호흡을 강조하는 것이다.

경전≪요가 수트라≫ 에도
"tasmin-sati svasa-prasvasa-yor-gati-vicchedah pranayamah/
While being in that (asana or dvandanabhighata) the break in the
(regular rhythmic) movement of inhalation and (/or)
exhalation(both)(is) pranayama.   - 2장 49절 -
'쁘라나야마'는 '아사나'가 숙련된 후에 들숨과 날숨, 꿈바카를 수련해야 한다.'고 했다.
따라서 '쁘라나야마'는 그렇게 서둘러서 수련해 줄 일이 아니다.
대부분의 요가수련자들이 요가 수련이 아직 성숙하지도 않은 상태에서 '쁘라나야마'를 수련하려 하는 경우가 많은데 이것은 욕심이다.
잘못된 '쁘라나야마'의 수련은 여러 가지 질환을 유발할 수 있고 심지어 수련자의 생명까지도 위협한다고 ≪하타쁘라디피카≫에서는 경고하고 있다.
"pranayamena yuktena sarvarogaksayo bhavet/
ayuktabhayasayogena sarvarogasamudhavah//
By proper practice of Pranayama all diseases are annihilated.
Improper practice of pranayama (on the other hand) gives rise to all
sorts of diseases.   - H. P. 2장 16절 -

따라서 '쁘라나야마'의 수련은 아사나 수련이 충분히 이루어졌을 때

해 주어도 늦지 않고 '아사나' 수련이 어느 정도 완성이 되었을 때 해 주는 것이 당연한 것이다.

'쁘라나야마'를 수련해 보면 생각보다 쉽지 않다는 것을 알 수 있다. 그냥 대충 해 주는 간단한 것이 아니라는 것을 금방 알 수 있을 뿐만 아니라 훌륭한 지도 선생님 밑에서 별도의 시간을 내어서 해 주어야한다.

그래도 굳이 아사나 수련 중에 기본적으로 해 줄 수 있는 호흡법은 확장시키거나 신전 시킬 때는 들이 쉬고 수축이나 숙이는 동작에서는 가볍게 내어 쉬면서 해 줄 수가 있다. 그렇지 않을 때에는 항상 자연스러우면서 고른 호흡을 할 수 있도록 해야 한다.

좀 더 구체적이고 상세한 쁘라나야마의 수련법은 별도의 10장 쁘라나야마 편을 참고하기 바란다.

5 단계 - 쁘라뜨야하라 (pratyahara, 제감)

우리 인간에게 있어서 가장 크게 작용하는 것이 우리 인간이 가진 외적 감각기관이다. 다시 말해서 눈(시각), 귀(청각), 코(후각), 입(혀), 촉각 등이다.

따라서 우리 인간은 이 외적 감각기관에 의존해 산다고 해도 과언이 아닌데, 이러한 감각기관에 우리 인간이 너무 의존하고, 감각기관에 얽매어 살다보니 감각기관의 노예나 다름없이 감각기관의 작용에 휘둘리며 감각기관에 의해 모든 삶이 이루어지는 실정이다.

이러한 외적 감각기관의 욕구는 끝이 없고 한계가 없다.

그래서 맛있는 것에 길들여진 혀끝은 더 맛있는 것을 찾게 되고, 예쁘고 아름다운 것에 길들여진 눈은 더 아름다운 것, 더 보기 좋은 것만 찾게 되고, 부드러운 것에 길들여진 촉각은 더 부드러운 것만을 찾게 된다.

사람의 심성(心性)이나 감정도 마찬가지로 즐거움에 길들여진 감정은 더욱 더 쾌락적이고 자극적인 것을 찾고 더 난폭해 지고 잔인해진다.
이제 폭력적이고 스릴 넘치는 것이 영화나 드라마에서만 나타나는 것이 아니고 이제는 실제로 오락의 한 장르로 격투기에서도 나타난다.
그기에 사람들은 흥분하고 열광한다. 그런데 여기에 그치지 않고 더 자극적이고 관능적이면서 잔인해지고 있는데, 그 강도가 더욱더 심해지고 있다.

이것이 우리 감각기관들의 장난에 놀아나는 것이다. 그래서 요가에서는 '쁘라뜨야하라'라는 수행법이 있는데, 이것은 감각 기관과 감정, 욕망을 멀리하고 통제하는 것으로 감각기관에 우리가 휘둘려 감각기관의 작용에 놀아나는 것이 아니라 우리 스스로가 감각기관을 통제하고 조절해서 우리 자신이 원하는 쪽으로 감각기관을 내 스스로 끌고 가는 형국을 요가에서는 추구한다. 이것이 '쁘라뜨야하라'이다.

물론 이것은 쉬운 일이 아니다.
욕망과, 감정, 감각으로부터 초연 할 수 있다고 하면 벌써 그 사람은 어느 정도 경지에 도달해 있는 상태이다.

요가에서는 감각기관을 '인드리야(Indriya)'라고 한다.

'인드리야'에 의한 마음 작용이 정지된 상태를 말하거나 혹은 마음 작용을 멀리하는 것을 '쁘라뜨야하라'라고 한다.

흔히 가장 많이 쓰는 말 중에 요가수트라에 나오는 말로서, '찌따 브르띠 니로다'라는 말이 있는데 이것이 바로 '사마디' 상태 일수도 있고 '쁘라뜨야하라'의 경지, 혹은 그 상태 인 것이다. ≪요가수트라 1/2절≫

이것이 '사마디'로 나아가게 하는 첫 걸음이다.

따라서 '쁘라뜨야하라'는 '수행'이라고 할 수도 있고 '상태'라고도 표현할 수가 있는데,

이러한 '인드리야'를 아사나와 쁘라나야마 그리고 삼야마(samyama)의 수련을 통해 멀리하려는 노력, 또는 이것을 수행하는 것을 '쁘라뜨야하라'라고 한다.

이러한 노력과 수련으로 어느 정도 감각기관의 절제와 통제가 가능해진다.

이것은 호흡 조절과 내적 수련이 깊어지면 '인드리야'의 지배를 받기보다는 내적 아름다움과 깊이를 추구하게 되고 감각기관들의 지배로부터 벗어나게 된다는 의미이다.

따라서 이러한 '인드리야'를 멀리 해서 마음의 평정과, 의식의 명료함을 유지하려고 노력하는 것 자체는 수련이라고 할 수 있고 이러한 수련을 통해 감각기관의 통제와 절제가 가능한 상태, 또는 수련하는 것을 '쁘라뜨야하라'라고 하는 것이다.

≪붇다 사마디≫

한편, 인도 전통 의학 아유르베다에 따르면 우리 인간은 3가지 속성
(gunas)을 가지고 태어난다고 한다. 이것을 체질과 성품, 성향이라
고 하는데, 이것을 '트리구나(tri guna), '라자스(Rajas)', '타마스
(Tamas)', '사뜨와(Satva)'라고 한다.

라자스적인 성격을 가진 사람을 보면 밝고 활동적이고 의지적이라 하
고, 타마스적인 사람은 늘 어둡고 비활동적이고 게으른 편이고 생기가
없고 악성에 이른다고 했다.

그런데 이 '쁘라뜨야하라'는 '라자스'와 '타마스'가 조화를 이루고 안
정된 상태인 '사뜨와'의 상태를 말하고, 그러한 상태로 나아가기 위한
노력 혹은 수련인 것이 '쁘라뜨야하라'인 것이다.
따라서 '사뜨와'는 밝고 순수하며 정신적 평온함과 안정된 상태를 말
한다.
물론 이 세 구나의 특성은 사람이라면 누구나 가지고 있지만 어느 쪽

성향이 강한가에 따라 겉으로 드러나는 성향도 다르게 나타나는 것이다.

요기도 또한 인간이기 때문에 당연히 이 세 구나들의 영향을 받는다.

그러나 끊임없는 수련으로 라자스적, 타마스적 성향을 제거하고 조화와 균형으로 안정을 이루는 사뜨와적 성향을 갖도록 해 주어야 한결 요가의 최종 목적지에 이르는데 가까워질 수가 있다.

6 단계 - 다라나 (dharana, 집중)

사실 '쁘라뜨야하라', '다라나', '드야나', '사마디', 이러한 말들은 개념 정리조차 하기 힘든 용어들이다.

왜냐하면 이러한 내용들은 숱한 요가 책들을 통해 읽고 들어서 머리로는 이해를 하고 있으나 체험해 보기 전까지는 실지로는 정확하게 그 뜻을 파악하기란 쉽지 않기 때문이다. 따라서 어느 정도 수련을 해 보아서 체험을 해 본 사람만이 이해하기가 쉽다.

책이나 말을 통해 머리로만 이해하는 것과 실지로 경험해서 체득해 본다는 것은 많은 차이가 난다. 그래서 진리는 경험을 바탕으로 체득되어져야 하는 것이지 머리로만 이해했다고 함부로 진리를 논해서는 안 된다.

그래서 항상 강조하는 말이지만 요가는 머리로만 이해하는 것이 아니라 행동으로 실천하는 실천철학인 것이다.

'다라나'는 보통 '집중'이나 '응념(應念)'이라는 말로 해석한다.

집중이나 응념이라는 말은, 명상을 시작하는 가장 초보단계로, 누구나 명상을 하게 되면 먼저 명상자세로 앉게 된다. 이때 사람들은 어느 한 곳 혹은 어느 한 대상에 집중을 하게 되는데, 이때가 명상의 시작 다라나(Dharana)인 것이다.

훈련되지 않고 정제(整齊)되지 않은 우리 마음이나 정신은 일반적으로 산만하고 혼란스럽고 갈피를 못 잡고 과거와 미래를 자유자재로 떠돌면서 한곳에 혹은 현실에 머물기를 거부한다.

그래서 이때 사람들의 마음과 머리 속은 많은 상념과 잡념들로 스트레스를 받으면서 집중하려는 자신과 한곳에 집중하기를 거부하는 또 다른 자기 자신과의 기나긴 투쟁이 시작된다.

집중하려는 자아와 현실에 머물기를 거부하는 자아와의 싸움이 시작이면서 사마디 상태에 들어가기 위한 첫 번째 관문으로서 집중력의 훈련 단계로서 우리의 의식을 하나의 대상에 집중을 해 주는 훈련을 말한다.

이러한 이중적 혹은 다중적인 마음을 집중이라는 것을 통해 현재 지금 이 순간에 우리의 의식 혹은 마음을 붙잡아 하나로 엮어 놓으려는 노력이 '다라나(Dharana)'이다.

다라나의 수련 즉 집중력을 키워주기 위한 방법으로는 여러 가지가 있는데, 의식을 호흡에 집중을 해 주거나, 자신의 양미간사이 이마에 집중을 해 주거나 바람 한 점 없는 어두운 공간에서 촛불을 밝히고 촛불에 집중을 해 주거나, '옴'이라는 '만뜨라'를 계속해서 암송을 해 주거나, 동그란 일원상에 집중을 해 주거나, 단전에 의식을 집중해 주는,. 등의 다양한 방법으로 집중력 훈련을 해 준다.

이것을 보고 사람들은 명상을 한다. 라고 말한다.

이러한 집중력의 훈련으로 마음이 가라앉고 현재에 머무르게 되면서 이중적, 다중적인 의식의 흐름이 시간이 지나면서 하나로 모이게 되면, 이것을 '에까그라(ekagra, 하나에 일치된 마음)'가 되면서, 이것이 '드야나(Dhyana)'로 이어지고, 여기서 다시 '사마디'로 나아가게 해 주는 바탕이 되는 것이다.

7 단계 - 드야나 (dhyana, 선정)

일반적으로 '드야나'는 선정(禪定) 또는 정려(靜慮)라고 한다.

어떤 하나의 대상에 대한 '다라나'의 집중력 훈련이 성공을 하여, 의식이 그 집중하는 대상과 하나 즉 일치(ekagra)가 되었을 때의 상태를 '드야나'라 한다.

이때 말로 표현 할 수 없는 영묘(靈妙)한 집중하는 대상과의 일체감과 더불어 열반적정(涅槃寂靜)을 느낀다.

이 집중의 상태가 끊어지거나 방해받음이 없이 하나의 물줄기가 이어져 바다로 연결되듯이 궁극에는 '사마디'로 이어지는 것을 말한다.

따라서 '다라나'와 '드야나'의 차이점은 '다라나'가 대상과 하나가 되고자 하는 노력의 일환으로 집중력을 키워주는 훈련 과정으로 혼돈과 혼신의 노력의 연속이라면, '드야나'는 다라나 상태에서 의식의 혼돈 상태에서 대상과 집중하는 내가 하나로 모아지는 몰입의 상태를 말한다.

이 몰입의 상태가 대상과 하나가 되면 그 대상과 집중하는 내가 일치감(oneness)을 느끼게 된다. 이때를 불교에서는 선정(禪定) 내지는 열반적정 상태라 한다. 이 일치감이 꾸준히 이어지면서 깊이를 더해 가게 되면, 나를 포함한 모든 것이 우주와 하나가 되는 '사마디'로 이어지게 된다.

이 하나 됨의 최종 목적지는 '사마디'라고 할 수 있는데, 집중을 통해 자신을 완전히 잊어버리고 '무아의 상태', '무아의 경지,' '자연과 우주가 나와의 합일',에 이른 상태를 '사마디'라 한다.

불이(不二)는 이세상의 모든 현상과 이치는 둘이 아닌 하나로 귀결된다는 의미이다. 그 하나 됨이 무엇인지는 각자의 숙제로 공부해 보면 알 수 있게 된다.

8 단계 - 사마디 (samadhi, 삼매)

<Mahamevuna Park in Anuradhapura,Sri Lanka>

사마디는 아스탕가 요가의 마지막 단계로서 요가수행자뿐만 아니라 정신세계를 추구하는 모든 구도자들의 궁극적 목적지이다.

그렇다면 왜 '사마디'를 이루어주는 것이 요가의 목적지가 되는가 하면, '사마디' 상태에서는 의식의 확장이 일어난다.

의식의 확장을 통해 요기는 자신이 가지고 있던 무의식내의 잠재력을 개발하게 된다.

이 잠재력이 어떤 식으로 개발이 될지는 알 수가 없으며 각 사람마다 개발 되는 것이 다르게 나타난다.

따라서 의식의 확장은 부분적으로 혹은 일시적으로 초능력의 개발로도 이어질 수 있고 더 나아가 깨달음에 이를 수 있다. 그러나 초능력의 개발은 깨달음을 성취하는 과정에서 하나의 현상으로 일어날 수는 있지만 결코 요가의 목적이 될 수 없음을 명심해야 한다.

이렇게 '사마디'를 이루게 되면 한꺼번에 전부는 아니지만 일부이기는 하나 우주의 이치나 원리, 에너지 흐름을 조금이나마 깨닫게 되고, 예지력(叡智力)을 갖게 된다.

이것을 우리는 직관(直觀)이라고 한다. 직관은 깨달은 사람들에게서만 나올 수 있는 통찰력이다.

부분적인 의식의 확장과 꾸준한 수련이 쌓여 궁극에는 전체를 알 수 있는 큰(大覺) 깨달음에 이르는 것이다. 이러한 깨달음을 통해 완전한 의식의 확장이 일어나면 대 자유인으로 우리가 너무나 잘 아는 붇다나 예수, 마하비라와 같은 성인이 탄생하게 되는 것이다.

따라서 '사마디'라는 단계를 거쳐야 깨달음을 이루고 도인(道人)이 되고 현자(賢者)가 될 수 있다.

수행하는 과정에 체험하게 되는 사마디는 깊고 얕음의 차이와 느껴지는 현상에 차이가 있다. 따라서 '사마디'에는

'유상삼매(有想三昧, samprajnath samadi)'와

'무상삼매(無想三昧, asamprajnath samadi)'가 있다.

유상삼매에서는 말 그대로 '상(想)'이 느껴지는 것을 말하고, 무상삼매는 '상(想)'이 인지되지 않는 것을 말 한다. 따라서 상이 느껴지지 않는 무상삼매가 유상삼매보다는 깊은 사마디 상태를 의미한다.

요가의 궁극적인 목적지인 사마디(samadhi)에 이르기까지의 과정은 야마(yama)와 니야마(niyama)로 우리 자신의 내적 외적 양심과 품성을 갖추고 자신의 양심에 부끄러움이 없게 한 다음, 아사나(asana)와 쁘라나야마(pranayam)로 몸과 마음의 정화와 '쁘라뜨야하라

(pratyahara)'의 수련으로 감각기 기관의 통제를 바탕으로 감각기관으로부터 멀어지고, 감각기관과의 관계가 어느 정도 극복이 되면 요가 수행자는 내, 외부의 자극에도 흔들림이 없어지고 평정심을 갖게 되면서 모든 이중성과 다양성, 분별심으로 부터 해방이 된다.

그래서 수행자는 어떠한 내. 외부의 자극에도 흔들림 없는 마음의 안정감을 갖게 되고, 이것을 '다라나(darana)'로 집중력을 높이고, 다라나가 완성됨과 더불어 '드야나(dhyana)'로 이어져서 결국 우주와 내가 하나가(梵我一如) 되어 요가수행자는 무아(無我)의 경지인 사마디(samadhi)에 들게 된다.

이 '사마디' 상태에서 요가수행자는 자신의 참모습인 참 자아(atman)를 발견하게 되고 지고한 행복(ananda)을 느끼게 된다.

이것이 우리 인간이 물질적인 성취감으로는 얻을 수 없는 정신적인 즐거움이고 행복감으로 말로 표현 할 수 없는 황홀(ecstasy)함과 환희를 느끼게 된다.

그 정신적인 황홀감을 느낌과 동시에 자연의 섭리와 우주의 이치(理致)도 함께 깨우치고 나아가 해탈에 이르게 된다.

이러한 체험을 통해 수행자는 의식의 확장을 경험하게 된다.

이 의식의 확장을 통해 부처가 되고 예수가 되는 것이다.

지금까지 오랜 세월을 거치면서 수많은 구도자들이 각자(覺者)가 되고 현자(賢者)가 되고자 노력하였지만 이와 같이 겨우 손가락 몇 개를 꼽을 정도 밖에 되지 않는다.

실제로 한사람의 현자가 탄생하기까지는 보석에 비교할 바는 아니지만, 귀하고 소중한 보석은 항상 깊은 광산 속에서 여러 번의 정제를 거쳐서야 겨우 보석으로 탄생할 수 있는 것과 같은 이치이다. 그만큼 이러한 경험은 쉽게 이루어지지 않는다.

따라서 요가의 8단계 아스탕가요가(Astangayoga)의 수련은 우리 내면(內面)에 들어있는 완전하면서도 순수의식인 아뜨만(뿌루사)을 체계적으로 찾아 해탈에 이르게 하면서 결국 무지(avidya)로부터 벗어나 지혜를 얻어 살아서는 자유인(自由人)으로 죽어서는 윤회에서 벗어나 불멸(不滅)로 나아가게 한다. 그래서 아스탕가 요가가 모든 요가의 근본이고 요가의 비전(secrets)은 바로 아스탕가 요가에 있다.

인도의 국화(國花)인 연꽃은 그 피어나는 과정이 인간이 많은 역경과 오랜 수련을 거쳐 깨달음을 얻는 과정과 흡사하다하여 인도에서는 정신세계를 추구하는 사람들에게는 깨달음의 세계를 나타내는 중요한 상징물이다.

'옴 샨띠 샨띠 샨띠'

6장

베다(Veda)의 이해

베다(Veda)의 이해 -

요가를 배우는데 베다는 왜 알아야 하나 할 수도 있겠지만, 우리가 베다를 알아야 하는 이유는, 요가는 철학이고 요가철학 또한 인도 철학의 한 부분이며 모든 인도철학의 바탕에는 베다가 있기 때문이다.

따라서 인도 철학에서 요가라는 한 부분만 알고 베다를 모른다면 여러 눈먼 소경이 코끼리 다리를 제각각 잡고서 서로 다른 말을 하는 것과 같은 우(愚)를 범할 수 있고 이를 막기 위해 전반적인 인도철학을 이해하기 위해서는 베다를 필히 알아야만 그러한 우(愚)를 막을 수 있다.

나아가 베다뿐만 아니라 우빠니샤드를 알고 바그바드기따를 알고 있을 때 우리는 인도철학의 전체적인 흐름을 파악하고 요가의 위치는 어디쯤인가를 확실하게 알게 되면서 인도 철학이라는 거대한 숲에 들어가도 길을 잃는 일이 없을 것이다.

인도 철학에서 베다(veda)는 인도역사의 문학적 시작이다. 그리고 종교 사상의 변화와 발달과정을 보여준다.[7, 12]

인도의 모든 종교, 철학, 문학의 근원(根源)이 되는 베다를 알고 있을 때 우리는 요가와 베다의 기원(起源)을 서로 비교해 가면서 그 생성(生成)의 역사를 정확하게 파악 할 수 있게 된다.

요가를 하는 사람들, 특히 현재의 요가지도자들은 이 요가의 시작과 끝 다시 말해서 뿌리와 줄기, 가지, 그리고 잎이 트고 꽃이 피고 열매가 맺는 과정을 모르다보니 요가의 정체성을 잃고 항상 스스로가 부족함을 느끼면서 사괴감에 빠져 있는 경우가 대부분인 것 같다.

그래서 마치 커다란 숲 속에서 길을 잃고 숲 속을 헤매는 나그네와 같다. 전체적인 숲을 이해하고 있을 때 방향감각을 잃고 길을 헤맬 이유가 없을 것이다.

그래서 이 책을 쓰고자 하는 목적도 그러한 사람들을 위해 그 길을 내 나름대로 안내 해 주지는 목적으로 쓰는 것이기도 하다. 그래서 이 책의 제목역시 요가 마르가(Yoga marga) 즉 '요가의 길'인 것이다.

베다(veda)라는 말은 '알다'라는 의미를 가진 어근 'vid'라는 말에서 파생된 명사로서 '지식'이라 풀이하고, 그것은 지식은 지식인데 특히 '성스러운 지식 혹은 종교적인 지식'을 말한다.

그리고 나아가 이러한 지식을 담고 있는 성전(聖典)을 베다라고도 한다. 따라서 베다는 위와 같이 두 가지 의미가 있다.

베다를 다른 말로 하면 '스루띠(sruti)'라고도 하는데 이 말은 천계서(天啓書)라고 한다.

왜? 천계서라고 하냐면 그것은 인간의 작품이 아니라 하늘의 계시를 받아 쓰여 졌다고 믿기 때문이다.

그래서 성선(聖仙)들 즉 성인들이 오랜 수행 끝에 얻어진 영적(靈的)이고 신비적인 영감(靈感)에 의해서 쓰여 진 것이라고 믿는 것에서 이러한 문학을 천계문학(天啓文學) 혹은 성전문학(聖傳文學)이라고 한다.

이러한 성전 문학을 스므르띠(smrti)라고도 한다.

그런데 왜 이런 문학을 천계 혹은 성전이라 하고 성인들에 의해서 쓰여 졌다고 하는가 하면, 그 내용들이 평범하고 범상치 않아서이다.

다시 말해서 이 말은 우리가 생각하는 일반적인 지식에 의해서 쓰여진 것이 아니라, 일반적인 지식을 뛰어넘는 직관(直觀)에 의해서 쓰여 졌기 때문이다.

이 직관은 아무나 가질 수 있는 능력이 아니다. 직관은 오랜 수련으로 일반적인 의식이 의식의 확장으로 인해 우주의식으로 바뀐 뒤에 나오는 직관적 통찰력이다.

그래서 아뿌루세야(Apuruseya)라고 하면서 베다는 '인간의 작품이 아니다'라고 한 것이다.[14]

베다에 대한 공부를 하면서 기억해야 할 것은 인간이 최초로 우주의 신비를 이해하고 이것을 언어나 문자로 표현하고 나타내려고 한 최초의 시도였고, 인간이 내 놓은 최고(最古)의 문헌이라는 것에 큰 의미가 있다.

따라서 이 베다의 내용들은 선인(仙人)들이 먼저 실천 수련한 결과 얻어진 경험을 통해 체득되어진 직관과 통찰력에 의해 쓰여 졌기 때문에 모든 사람들 또한 그 누구라도 그러한 경험을 토대로 영적 영감을 얻을 수 있다는 것 또한 잊어서는 안 된다.

따라서 현재의 요가인들도 옛 전통을 거울삼아 총체적인 요가에 대한 이론적 지식과 실천수련을 겸비하여 단순한 결실 없는 하타까르마(결실 없는 노력)가 아닌 영적 영감을 얻어 의식의 확장을 이루어 진정한 요가인으로 거듭날 수 있도록 노력해야 할 것이다.

1. 베다의 연대

베다는 일반적으로는 마하바라타를 편집한 브야사(Vyasa)라는 사람이 편집 한 것으로 알려져 있다.

따라서 베다의 형성 시기를 B. C. 1500년에서 B. C. 600년으로 잡는다.

물론 B. C. 1500년 이라는 것도 추측에 불과하지만, B. C. 600년 전이라는 것은 확실하다. 왜냐면 불교가 인도에서 발생한 것이 B. C. 500년경인데 불교에서 베다의 내용을 인용하고 있으므로 해서, 베다가 불교이전에 이미 형성되어 있었다는 사실은 부정할 수 없기 때문이다.[7, 12] 다른 한편으로는 베다의 핵심인 '리그베다 상히따(Samhita-본집)' 부분은 아리안들이 자신들의 본고장에서 인도로 이동해 오면서부터 가지고 와서 이것이 인도 땅에서 계승 발전되어 오늘에까지 이른다고 믿고 있다.

인도에 아리안들이 언제 들어왔는가? 하는 문제도 여러 학설이 있지만 일반적으로 B. C. 1500년경으로 추측한다.

B. C 1500년경에 아리안들에 의해 중앙아시아 쪽에서 가져온 베다는 B. C 500년 붇다 시대에까지 형성되어 있었던 것이다.

따라서 이것을 역으로 거슬러 올라가면 1천년이라는 시간적 차이가 주어지는데 베다 문헌의 방대함이나 깊이와 다양성을 본다면 이 1천년이라는 시간적 차이(gap)를 두고서 발달해온 베다의 형성은 아무 것도 아니라는 것이다.

베다의 역사는 1천년을 두고 형성되어 왔지만 아직도 미완성이라고 하며, 아직도 베다 문학은 현재에도 진행이 되고 있다. 라고 말하고 있다.

베다 뿐 마아니라 육파철학을 포함한 모든 철학 파들의 발달과정은 인도의 다른 학파들의 공격으로부터 자신들을 방어하고, 반대로 다른 학파들을 공격하기 위해서 자신들의 철학적 사유(思惟)의 깊이를 더욱 더해 가는 과정에서 그 철학적 사고의 깊이를 발전시켜 왔다.

지금도 각 학파의 사상가들이나 주석가들에 의하여 그들의 학설은 발전을 거듭하고 있다.

그래서 아직도 인도 철학은 미완성이면서 현재 진행형이라고 하는 것이다.

2. 베다의 구성

베다의 구성은 리그베다(rig veda), 사마베다(sama veda), 야주르베다(yajur veda), 아타르와 베다(atharva veda) 네 가지가 있다. 이것을 보고 본집(本集, samhita)이라고 한다.

각각의 본집은 주로 만뜨라(Mantra, 주문)와 찬가로 이루어져 있고, 이 본집은 다시 브라흐마나(Brahmana, 제의서), 아란야까(Aranyaka, 삼림서), 우빠니사드(Upanisad, 오의서)라 부르는 네 부분으로 나누어져 있다.

앞의 세 베다 즉 리그베다, 사마베다, 야주르베다는 순수하게 제 의식과 주문, 찬가를 다루고 있다는 점에서 공통적이며, 연대기(年代記)는 어느 베다든지 확실한 것은 없다.

이중에 리그베다만 아리안들이 B. C 1500년경에 인도를 침략해 들어오면서 스스로 가지고 온 것으로 가장 오래 되었다고 믿으며, 사마베다가 그 다음으로 여겨진다.

리그베다는 주로 사세집단이나 그 가족들에 의해 신들에게 엄숙한 제사를 지낼 때 암송되고 영창 되던 주문(mantra)과 찬가의 모음집으로서 어느 한사람이 집전을 하고 관리 하던 것이 아니라서 자연적으로 그 역사적인 연대기는 빈약하다.

만뜨라(Mantra, 주문)는 각각의 글자와 문구마다 의미가 함축되어 있으며, 힘과 에너지를 담고 있어서 계속해서 반복적으로 암송하면 만 뜨라의 힘을 얻을 수도 있다고 믿는다. 그리고 신에 대한 찬가들은 그 당시 주신으로 모셔진 인드라(Indra, 신들의 제왕)와 수르야(Surya, 태양신), 아그니(Agni, 불의 신) 등과 같은 특정한 신들에게 바쳐졌다.

사마베다(Samaveda)와 야주르베다(Yajurveda)는 리그베다와 일치 되는 부분이 많아 특별한 것이 없다. 특히 사마(Sama)라는 뜻은 멜로디 (melody, 선율 가곡, 아름다운 음악)라는 뜻으로 풀이 한다.

'사마 상히따'라는 말은 아름다운 선율이나 노래를 모아놓은 전집이란 뜻으로 주로 리그베다의 내용을 그대로 인용하여 리그베다 자체를 찬양 하는 베다로 리그베다의 축소판으로 간주된다.

따라서 1603개의 음악적 시구가 남아 있는 사마베다의 내용은 이미 리그베다와 중복과 반복에 불과해 문학적으로나 역사적으로 사마베다의 가치는 거의 없다고 봐도 무방하다.

따라서 사마베다는 독립된 문집으로는 거의 보지 않는다.

단지 중요한 것은 그 뒤를 이어 나오는 아란야까나 우빠니샤드는 그 나름대로의 철학적 사상을 담고 있으므로 결코 간과해서는 안 된다.

한편, 야주르베다 또한 본집부분에 있어서 노래나 주문 등이 리그베 다와 중복되는 부분이 많아 리그베다의 축소판으로 여겨지나, 특정 사제계급들에 의해 많이 사용되어진 제사나 종교의식에 대한 부분으로 인해 제사나 종교의식의 가이드북이라고 할 수 있다.

한편 아타르와 베다는 위의 세 베다와는 달리 독자적인 내용을 담고 있다.

아타르와 베다는 다른 베다에 비해 그 연대기는 확실하게 뒤떨어지면서 마지막에 형성된 베다이다. 그러나 내용상은 결코 무시할 수 없는 대중성을 띠고 있다. 왜냐면,

전체적인 아타르와 베다는 리그베다뿐만 아니라 다른 베다들의 찬가들도 담고 있으면서 다른 베다들에서는 받아들이지 않고 배제되었던 저속한 주문뿐만 아니라 마법이나 주술 등도 받아들이면서 독자적인 전통을 세워 자신만의 전통을 오래 간직하고 있었다. 이로 인해 저속하면서도 미신적 요소나 마법, 주술 등으로 인해 오랫동안 브라만들로부터 인정을 받지 못하다가 브라흐만교 적인 종교의식 또한 시간이 지나면서 서서히 저속한 미신적인 요소에 까지 확대되어 아타르와 베다의 미신적 요소나 마술적 주문까지도 점차 인정받게 되면서 사제계급에서도 필요에 의해 결국 하나의 베다로 인정받기에 이르렀다.

특히 아타르와 베다는 일반 대중들의 대중적 종교의식에서 없어서는 안 되는 전통으로 계승 발전되었고, 이러한 이유로 해서 사제 계급에서는 아타르와 베다에 대한 배척과 여러 가지 왜곡된 인식으로 일부분만 인정받고 전래되어 왔지만 보잘 것 없는 일반서민들에게 있어서는 비록 미신적이지만 대중들에게는 널리 신앙되어 온 가장 중요한 베다로 자리 잡으면서 오늘날까지 제 4의 베다로 인정받으면서 전해져 내려오고 있다.

베다의 구성에서 본집인 상히따(samhita)는 주로 만뜨라(mantra, 주문)와 찬가로 구성되어 있고, 이것은 베다 성인들의 영적 감각의 산물이라 한다.

브라흐마나(brahmana, 제의식)는 제사의 법식과 형식, 종교적인 의무를 담고 있고, 이 브라흐마나의 끝 부분에 해당하는 것이 아란야까와 우빠니사드로서 신성(神性)과 철학적 문제를 논하고 있다.

브라흐마나의 집전은 지배 계층인 아리안 브라흐만 제관들의 소관이기도 하나 제관이 아니더라도 브라흐만 가장이 집에 머물면서 제사의 법식과 종교적 의무를 다하는 것으로 제관들의 업무도 보았다.

절대적이던 베다의 권위는 시간이 흐르면서 베다적 신앙이나 종교의식이 형식적이고 무미건조해 지면서 그에 대한 반발과 실천적 수행 결과로 이루어진 영적 지혜인 베다의 근본정신에 대한 회귀로 아란야까와 우빠니사드가 발생하였다.

따라서 아란야까는 형식적인 제사의식보다는 신에 의지해 진리를 추구하고, 나아가 요가와 명상 등의 실천 수행에 의해 결실을 맺는 우빠니샤드의 철학적 사유의 결정체로 나아가는 가교(架橋) 역할을 하게 된다.

베다의 끝부분을 이루고 있는 우빠니사드는 무미건조해진 베다에 반발한 철학자들의 명상과 사유에 의한 산물(産物)로서 베다의 맨 끝 부분을 이루고 있다.

따라서 우빠니사드가 베다의 끝부분을 형성하고 있다는 뜻으로 베단타(Vedanta)라고 한다.

베단타(Vedanta)란, 베다(veda)+안타(anta, 끝)의 합성어로 '베다의 끝'이라는 의미이다.

베다의 끝인 우빠니샤드는 말 그대로 베다의 끝부분이기도 하지만, 베다에서 더 이상 논할 의의가 없는 베다의 최고봉이라는 의미로 베다 철학자들의 명상과 사유의 결정체인 베다의 정수(精髓)라는 의미가 더 강하게 내포되어 있다.

아란야까와 우빠니사드가 형성하게 된 배경에는 처음에는 아리안 자신들 만의 문화와 종교를 유지하고 순수혈통을 지키기 위해 본집인 상히따 만을 신성한 문헌들로 집성을 하고, 카스트제도도 만들었으나 시간이 지날수록 베다 성인들의 실천 수련에 의한 영적 경험으로 이루어진 초기의 베다적 정신은 사라지고 신(神)들은 서로 뒤섞여 만신전(萬神展)의 형태가 되고, 베다 또한 후기에 성립된 아타르와 베다처럼 미워하는 사람에 대한 저주나 자식을 얻기 위한 주문, 질병을 예방하고 오래 살기 위한 주문과 마법 등의 주술적인 성격들이 더욱 강해지고 모든게 혼란스러워지면서 의식 있고 뜻있는 사람들로 하여금 회의(懷疑)와 반감(反感)을 사게 되어 결국 그 사람들을 깊은 삼림(森林) 속으로 내 모는 계기가 되었고 이것은 오히려 철학적 깊이를 더하게 하는 동기부여가 되어 베다 철학의 결정체인 우빠니사드가 탄생하였다.

≪만신전≫

　한편, 이러한 베다를 구성하고 있는 네 부분은 결국 베다 적 아리안들의 일생을 네 부분으로 나누어 베다의 권위를 더욱 확고하게 하는 체제를 확립하기에 이르러 자신들의 삶을 베다와 연결시켜 아쉬라마(Ashrama)제도가 형성된다.

　아쉬라마 제도는 베다 적 아리안들의 삶을 베다를 구성하고 있는 네 가지로 나누어 그들의 삶도 네 단계로 나누었는데,

　　1) 브라흐마짜린(Brahmacarin, 학생기)

　　2) 그르하스타(Grhastha, 가주기)

3) 바나쁘라스타(Bhanaprasta, 임서기)

4) 산야신(Sanyasin, 유랑기)이다.

1. 브라흐마짜린(Brahmacarin)은 학생 기(學生期) 혹은 범행 기(梵 行期)라 해서 아이가 태어나서 보통 7–8세 때가 되면 어느 특정 한 스승을 정해서 가정을 떠나 그의 아쉬람(ashram, 수련원)에 거주(居住)하면서 스승을 봉양하고 베다를 배우는 시기이다. 이때 베다를 포함한 모든 경전들을 학습하고 제 의식(brahmana) 등을 배우고 요가를 실천 수련하였다.

   그리고 공부를 어느 정도 마치는 20세 전후 결혼시기를 기점으로 해서 가정을 꾸려 "그르하스타" 가주기(家住期)로 나아갈 것인 지 아니면 계속 아쉬람에 머물면서 공부를 계속 할 것인지를 결정 하게 된다.

2. "그르하스타(Grhastha)"는 가주기(家住期)라 해서 일정기간 베 다를 배우고 나서 나이가 들면 가정을 꾸리고 자식을 낳고 조상을 섬기면서 부모를 봉양하고 사회적 의무와 제 의식에 대한 임무를 수행하는 시기이다.

   이때 베다의 브라흐마나의 법식에 따라 만뜨라와 찬가를 암송하면 서 신과 가족을 부양하고 사회적 의무도 다하는 것이다.

3. "바나쁘라스타(Bhanaprasta)"는 임서기(林棲期)라 해서 자식 이 성장해 나이가 들어 아쉬람에서 돌아와 가정을 꾸리고 가계를 이어받을 나이가 되면, 가계를 자식에게 물려주고 산으로 수행을 하러(즉 '아란야가' 숲 속에서의 삶)들어가 요가나 단식, 고행을 해서 깨달음을 추구하는 시기이다.

4. "산야신(sanyasin)"은 유랑기(流浪期)라 해서 그동안의 수행의
결과를 토대로 모든 형식과 틀을 벗어버리고 정처 없이 방랑과

유랑을 하면서 자신이 수행하면서 체득한 영적 경험을 남에게
전파하고 나누어 주다가 결국에는 흔적도 없이 이 세상에서 사
라져 가는 시기(時期)를 산야신(Sanyasin)이라 한다.

《산야신》

이러한 베다의 전체적인 구성 흐름을 두고 라다크리쉬난은 이 베다의
본집 찬가를 자연종교(自然宗敎)라고 했고, 이것이 브라흐만교로 넘어
가면서 제식 종교(祭式宗敎)라고 했다.

다시 이것이 우빠니샤드로 넘어가면서 영성 종교(靈性宗敎)가 되었다
라고 했다.

앞에서도 잠시 언급을 하였지만, 해가 뜨고 지는 것에 대한 놀라움,
달과 별 하늘, 천둥이나 번개... 이러한 자연현상들은 그 당시의 사람들
에게는 두렵고, 무서운 놀라움의 대상으로 충분하였고 그러한 두려움과

경외심으로 숭배한 것이 베다적 종교이면서 자연종교로서의 최초 형태인 것이다.

이것이 시간이 지남에 따라 세속적 관계들이 얽히면서 형식화와 의식화가 되어 제식종교로 변하였다가 그 본래의 뜻(철학적 양상)을 지켜나가는 사람들에 의해 영적인 성취를 이루어, 영성 종교가 되었노라고 말한다.

이것을 16세기 후반 독일의 철학자 헤겔은 종교는 자연종교에서 예술종교로 예술종교에서 계시종교로 완성되었다고 하는데, 이 말은 라다크쉬난의 말과 일맥상통하는 말로서 의미심장하다. (7, 12)

요가도 이와 같은 발전 단계를 거쳐야 한다고 보는데, 요가의 시작은 자연에서 동, 식물이나 특정 사물들의 자연그대로의 모방에서 시작하는 **자연적인 요가**에서 이것이 좀 더 원숙해 지면 요가가 예술적으로 된다. 이렇게 **예술 적 요가**가 우리의 마음과 연결되면서 심리적인 안정감으로 다가오면 이때 **심리적인 요가**가 되는 것이다. 심리적인 요가가 정신과 영혼이 연결이 되면서 어떤 영적 정신적 경험을 통해 깨달음에 이르게 되면 이것이 **정신적인 요가**, 다시 말해 영성요가가 되는 것이다.

따라서 요가 역시 자연적인 요가에서 예술적인 요가로 예술적인 요가에서 심리적인 요가, 심리적인 요가에서 정신적인 요가로 정신적인 요가가 영성요가로 발전해 나아가야 한다.

≪우빠니사드≫

3. 요가와 베다의 관계

요가와 베다의 관련성에 있어서 베다의 역사는 인도에서 아리안들이 베다를 가지고 인도로 내려온 B. C. 1,500년경부터라고 추측 하지만, 요가는 아리안 들이 가지고 온 것이 아니라 이미 그 이전에 거주하던 토착민들의 것으로, 요가의 역사는 베다 시대 이전으로 거슬러 올라간다.

그러나 요가가 하나의 학파로 체계화 된 것은 B. C. 200년경의 빠딴 잘리에 의해 쓰여진 요가수트라(Yoga sutra)의 편찬에서부터 시작된다.

따라서 요가의 역사는 베다 보다 앞설지라도 그 철학적 영향은 어차피 육파 철학이 성립하면서 베다에 그 뿌리를 두고 있으므로 해서 요가 역시 베다의 영향을 받았다. 하여 인도 철학의 정통 육파 중의 하나로 인식되어 지고 있다.

모든 지식과 지혜는 이론과 실제라는 두 가지 측면을 가지고 있기 마련으로 요가의 이론적 배경 역시 아리안들의 지혜인 베다에 바탕을 두고 있다고는 하지만 요가의 실질적인 이론적 바탕은 전적으로 아리안들의 것만은 아니다. 왜냐면 이미 요가는 아리안 이전의 드라비다인들의 문화로서 토속민들 사이에서 구전되어 내려오던 이론과 실제가 존재하고 있었기 때문에 아리안들의 지혜인 베다와 접목되면서 베다적 사고와 사상으로 각색되고 첨삭(添削)되어졌을 뿐이다.

물론 베다의 형성시기에 대한 이견들이 많이 있긴 하지만, 이견들과는 관계없이 베다는 지구상에서 가장 오래된 문헌으로서32) 인정받고 있는 이상 요가가 이 경전에 나온다는 것은 요가의 역사성과 최고성(最古性)을 입증해 주는데 있어서는 더할 나위 없이 좋은 증거 자료이다.

요가가 인류최고의 문헌에 나온다는 것은 이미 요가가 베다 이전에 성행하고 있었다고 추측하는 것은 그렇게 어려운 일이 아니다.

따라서 요가가 베다 문화의 한 부분으로 귀속되고 종속된다는 생각은 버려야 한다.

요가의 역사는 베다를 넘어 역사 이전으로 거슬러 올라간다는 것은 확실하기 때문이다.

따라서 요가는 어떤 문화적, 철학적, 종교적 사상과 이념들로부터도 기본적으로 자유롭고 초월해 있다. 요가는 요가 일 뿐 힌두교 뿐 아니라 인도의 그 어떤 종교와도 연관성이 없으며 독립적이었다는 것이 확실하다. 단지 요가의 효용성으로 인해 자신들의 편리에 따라 제 각각의 종교들이 요가를 접목시켜 사유화시킨 것뿐이다.

사람들은 산이 있어 산에 오른다고 말한다. 각자의 능력에 따라 산을 오르듯이 인도의 요가 역시 각 철학과 종파들은 그들 나름대로의 편의에 따라서 요가를 접목시키고 적용시켰을 뿐이다. 요가가 다가간 것이 아니라 그들이 다가와 그들 스스로 자기네들의 정서에 맞게 응용하고 적용했을 뿐이다.

카스트제도

「인도 사람들에 있어서 계급사회(Cast system)는 처음에는 카스트제도가 아닌 원래 전해내려 오던 "자띠"라는 제도가 있었다. "자띠"는 계급보다는 "태생" 다시 말해 출신을 뜻 하는 말이었는데, 이 자띠를 바탕으로 카스트제도가 발전하게 되었다.

이 카스트 제도는 정복자 아리안들과 피 정복민인 드라비다 인들과의 관계에서 처음 발생한 것이다. 아리안들의 인도 정복 후 시간이 지남에 따라 생활이 복잡해지고 다양한 종족들이 함께 더불어 살다보니 자신들의 종족보존에 대한 본능에 의해서 먼저 아리안들 사이에서 계급의 분화가 일어난 것이다.

아리안 들은 나름대로 학식과 지혜를 갖추고 사색적이었고 정복 민으로서의 우월 의식을 가지고 있다 보니 제사의식에서 중요한 일을 담당하면서 최상층인 사제계급이 되고, 이와 같은 영적인 일을 담당하다 보니 자연스럽게 모든 면에서 생존경쟁의 대열에서 면제를 받게 되었고 특별한 대접을 받게 되었다.

한편으로 이 특권 계층을 유지하고 보호받기 위해서는 자신들을 보호해 줄 특정계층이 필요했는데, 이들은 원주민이면서 그들 나름대로의 권력기반을 가지고 있었던 지방 토후 세력을 왕으로 추대해 주면서 자신들은 왕의 보호를 받고 권력기반을 보존할 수 있는 크샤트리야 계급을 만들었다.

크샤트리야는 본래 원주민들의 지배 계층으로 아리안들은 이들과의 연대가 필수였고 이들의 기득권을 인정해 주면서 자신들도 토착민들로부터 보호를 받았던 것이다.

크샤트리야는 '크샤트라' 라는 말에서 파생된 것으로 통치, 지배라는 뜻이다.

그 외의 농사를 짓고 장사를 하는 평민들은 '바이샤'라고 하고 그 외의 토착민들은 '수드라'라고 부르면서 천민으로 대우를 받았다.

그리고 원래 바이샤라는 말은 사성 계급이 형성되기 전 아리안들 전체를 두고 부를 때 바이샤라고 불렸는데, 계급이 형성되고 나서는 일반 평민들을 향해 그렇게 부르게 된 것이다.

원래는 이것이 직능에 의한 구분이었던 호칭이었으나, 이것이 영구적으로 세습이 되면서, 이러한 세습화는 사회와 국가의 발전에 커다란 장애물로 전락하였던 반면 자신들의 종족 보존이나 다른 민족을 정복했을 때 피정복 민들의 문화나 민족 자체를 말살하는 것보다는 이 카스트라는 제도에 의해서 정복민이든 피정복 민이든 그들 자신의 종족과 문화를 독립적으로 보존, 유지 할 수 있었다는 장점으로도 작용하였다. (7, 12) 」

7장

우빠니샤드 (Upanisad)

1. 우빠니샤드의 역사와 어원 그리고 의미

우빠니샤드(Upanisad)의 기원은 베다에서 찾을 수 있다.

학자들 간에 견해 차이는 있으나 그 형성시기는 초기 우빠니샤드를 B. C 1,000년 ~ B. C 600년 사이 혹은 B. C. 800 ~ B. C. 300년으로 추정하며, 이 이후의 우빠니샤드는 후기 우빠니샤드라고 한다.(7, 14)

우빠니샤드는 뚜렷한 지은이나 편집자가 없다.

물론 몇몇 브라흐만들과 크샤트리야 계급의 왕들의 이름이 나오기는 하나 어디까지나 이 사람들 역시 지은이라기보다는 등장인물에 불과하다.

그럼에도 불구하고 우빠니샤드는 고대 인도의 천계문학(天啓文學)으로 오랜 세월에 걸쳐 많은 리시(rsi, 성인)들의 철학적 사고의 영적 결과물로 인도의 정통, 비 정통 철학의 연원(淵源)이다.

우빠니샤드(Upanisad)의 '우빠(upa)'는 '가까이 접근하다' '니(ni)'는 '아래로' '샤드(sad)'는 '앉다' 혹은 '추구하다.' 라는 어원으로 '가까이 앉다'를 의미하며 이는 스승과 제자가 가까이에 앉아 제자가 스승에게 의심나는 것을 질문하면 스승은 그기에 대한 답변을 해 주면서 가르침을 주고, 받으면서 진리를 추구한다는 뜻이다. 7. 12. 14)

초기의 우빠니샤드는 원뜻 그대로 스승과 제자가 서로 가까이 마주 앉아 가르침을 주고받는 것이었지만 그 후 우빠니샤드의 의미는 확대되어 그 가르침에 대한 교제 또한 우빠니샤드라고 부르게 되었다.

≪우빠니샤드≫

우빠니샤드는 인간이 탐구해온 자아추구의 노력 가운데 얻어진 가장 훌륭한 결과물로서 자아에 대한 능동적 탐구심이 불러일으킨 사색의 결과물이다.

이와 같은 결과로 우빠니샤드는 거대한 유기체와도 같은 인도 철학사상의 젖줄로서 육파 철학은 물론 비정통인 불교와 자이나교 등과 같은 아스티카(astika, 외도)들의 철학적 근원 역시 우빠니샤드에 있다.

우빠니샤드의 영향은 여기에 그치지 않고 불교와 힌두교를 통해 인도를 넘어 북으로는 중앙아시아를 넘어 티벳, 중국, 한국, 일본에 이르고 남쪽으로는 실론, 미얀마, 태국, 말레이 반도 등지로 전파되어 이 지역 사람들의 철학적 정신세계의 사고의 폭을 넓히는데 커다란 영향을 미쳤다.

우빠니샤드를 다른 말로 '베단타(vedanta)'라고 한다.

'베단타'는 '베다(veda,지식)'와 '끝'을 의미하는 안타(anta), 즉 '베다

+안타(anta)'의 합성어로 '베다의 끝' 이란 뜻이다.

이는 우빠니샤드가 '베다'의 마지막 부분에 쓰여 졌기 때문이기도 하지만 실제로는 '베다의 끝'이라기보다는 베다 수행의 결정체 '베다의 정수(精髓) 혹은 최고봉'이 라는 의미이다.

다시 말하면 베다란 지혜를 뜻하고 지혜의 끝이니 더 이상의 우리 인간이 가질 수 있는 지혜란 없다는 의미로서 인간의 정신세계와 자아추구의 이상적 목적지를 의미 한다.

2. 우빠니샤드의 구성

우빠니샤드는 끊임없이 나고 병들고, 죽는 가운데에 느끼는 인간 존재에의 불안에서 오는 허망함, 나는 어떻게 태어나게 되었으며, 나는 어떠한 존재이며, 죽어서는 육신과 정신은 어떻게 되는 것이며, 내생은 있는 것인지, 죽지 않을 수는 없는 것인지?

또한 살아도 보람 있고 행복한 삶 보다는 고통과 번민, 허무함이 만연한 이 세상에서 어떻게 살아야하는 것이며, 이러한 삶을 영위하는 '나는 누구이며?'

이러한 삶 속에 사는 내가 속해 있는 자연과 우주로 구성되어 있는 이 세상은 어떤 이치(理致)와 원리(原理)로 이루어져 있는가에 대한 본질적인 의문과 이에 대한 해답으로 구성되어 있다.

3. 우빠니샤드가 추구하는 이상과 목적

우빠니샤드에서는 이 세상과 육신(인간)은 신의 환영력(Maya)으로 만들어졌다.

≪브르하드 아란야까 우빠니샤드, 2장/5편/19절≫

이러한 환영력은 아비드야(avidya, 무명, 무지)에 의해 우리 인간의 의식(citta) 세계를 가리고 있어서 마야(Maya)라는 가 현상적(假 現象 的)인 현실을 알지 못하고 실세인 줄 안다.

따라서 지혜로서 이러한 무지를 타파하고 마야라는 가 현상세계의 장막을 걷어내고 우주의 이치(理致)와 자연의 섭리(攝理)를 깨달아 이 세상에 만연한 불안과 번민, 고통에서 벗어나는 것이다.

이러한 가 현상세계의 마야를 지혜의 요가(Jnana yoga)로 타파하고, 까르마 요가(Karma yoga)로 반복되는 고통스런 삶과 죽음에서 벗어나 해탈(moksa)을 이루는 것을 우빠니샤드의 이상과 목적이다.

따라서 이러한 현상들을 초월하기 위한 실천적 방법으로 제시된 것이 바로 요가수행이고, 요가 수련 속에서 그 해답을 얻을 수 있다.

4. 우빠니샤드의 내용

많은 현존하는 제 각각의 우빠니샤드는 어느 한사람이 서술한 것이 아니라 오랜 세월에 걸쳐 여러 사람들에 의해 다양하게 쓰여진 것들이기 때문에 때로는 중복되기도 하고 비과학적이며 모순되기도 하는 등의 여러 단점들이 있지만, 우빠니샤드의 근본사상은 '지이탐구'라는 공통점에 있다.

철학이나 종교, 영적인 세계를 추구하는 사람들의 욕구와 의구심을 재기하고 그기에 대한 해답을 충족시키기에 충분한 내용으로 되어 있다.

우빠니샤드는 베다문학의 하나의 가지(branch)로서 신화적(神話的)으로는 브라흐만의 호흡을 통해서 세상 밖으로 나온 것으로 여긴다.

따라서 이것을 아무나 읽을 수 있는 것이 아니고 오직 베다 적 깨달음을 가진 성인의 눈으로만 읽을 수 있다고 믿었다.

이것을 다시 인간의 언어로 기록을 한 것이라고 믿으며, 그래서 '아뿌루세야(apuruseya)' 즉 인간이 만든 것이 아니라고 불린다.[2, 14]

그러나 실질적인 우빠니샤드가 형성된 배경은 베다의 철학적 사고(思考)의 최절정을 나타내는 것이긴 하지만 그 철학적 형성배경은 사뭇 그 의미가 다르다.

리그베다 시절부터 이미 우빠니샤드적인 경향은 있었다고 보지만, 시간이 흐르면서 베다의 종교적인 제식과 형식적인 의식에 식상한 베다철학의 지식인들이 반종교적 반 의식주의적 성향을 띠면서 타락한 베다에 반발하여 베다의 진정한 근본정신을 계승 발전시키려는 열정과 사명감을 가진 수행자들이 오랜 시간 동안 사색한 결과물이 우빠니샤드이다.

우빠니샤드의 발전은 사제계급 뿐 아니라 다른 계층의 사람들이 시도한 철학적 사색활동이 상당부분 차지하고 있다.

그중에 가장 중요한 선구자 역할을 한 그룹이 크샤트리야 계층(무사 및 관리, 토착지배계층)의 지식인들로서 이들은 단순히 지배계급으로서 권력을 누리면서 통치만 한 것이 아니라 그들 나름대로의 자아발견을 통한 자아 완성을 위한 노력이 우빠니샤드를 통해 나타나고 있다.

사제계급이 아닌 사회를 통치하는 지배계층이면서 지적활동이 왕성한 크샤트리야들은 깊은 사색으로 자신들을 발전시켜 철학적으로도 브라흐만들을 능가하는 우월함을 얻으려고 시도하였던 것이다.
이러한 시도는 여러 문헌에 수록되어 있으며 실제로 브라흐만보다 뛰어난 크샤트리야 들을 여러 문헌에서 찾아 볼 수가 있다.

우리가 잘 아는 붇다(Buddha)나 마하비라(Mahavira)도 크샤트리야 계급으로서 우빠니샤드의 배경 하에 성장 하였고, 모든 우빠니샤드에서 제기되어온 문제들을 해결하기 위해 왕이라는 절대 권력과 명예를 뿌리치고 구도(求道)의 길로 나아가 요가와 명상으로 결국은 깨달음을 이루어 붇다가 되고 마하비라가 된 것이다.

따라서 브라흐만과 크샤트리야 사이의 다양한 철학적 대화에서 지적인 크샤트리야 왕들이 오히려 브라흐만들에게 가르침을 주는 기록들을 우빠니샤드에서 자주 발견할 수가 있다.
찬도갸 우빠니샤드 5장 3편에서는 빤짤라국의 쁘라와하나 왕이 브라흐만들에게 사람은 죽어서 어디로 가며, 다시 세상을 돌아 올 때는 어떻게 돌아오는지 등에 대한 가르침을 주고 있다.
또 같은 우빠니샤드 5장 11~24편에는 아스와빠띠 카이께야 왕이 브라흐만들에게 아뜨만(atman)이 무엇이며 브라흐마는 누구인지에

대하여 가르침을 주는 것을 볼 수가 있다. [4, 14]

<우빠니샤드>

5. 우빠니샤드의 종류

현존하는 우빠니샤드는 200개[14]가 넘는다는 학자도 있고 108개 [7] 정도라고 말하는 학자들도 있다. 이 중에 붇다(Buddha) 혹은 B. C. 300년 이전에 작성된 우빠니샤드를 초기 우빠니샤드라하고 그 이후에 작성된 것은 후기 우빠니샤드라 한다.

우빠니샤드를 초기와 후기로 구별하는 이유는 베다적인 순수한 사상적 가치가 있느냐 없느냐에 따라 나누는데, 그 이유는 초기 우빠니샤드들은 어느 종파나 철학적 사상에 편중되어 있지 않고 철학적 사상이 순수한 가치를 지니고 있어서이다.

후기의 대다수 우빠니샤드들은 자신들이 헌신하고, 신봉하는 특정 종파의 교리나 철학 사상을 옹호하고 찬양하는 편협 된 사상의 내용들로 이루어져 있기 때문에 순수성이 결여되어 있다.

시바를 신봉하는 사람들은 시바(Siva)를 찬양하는 우빠니샤드를 썼고, 비스누를 추종하는 비스누파는 비스누(Visnu)신을 위한 우빠니샤드를 쓰고 요가를 신봉하는 사람들은 요가에 대한 우빠니샤드를 기술하고 있다. 그럼에도 불구하고 이러한 모든 우빠니샤드는 베다문학의 일부로 인정되고 있다.

실제로 베다와 직접적인 관련이 있는 우빠니샤드는

아이따레야 우빠니샤드 (Aitareya Upanisad),
까우쉬따끼우빠니샤드 (Kaushitaki Upanisad),
따이띠리야 우빠니샤드 (Taittiriya Upanisad),
께나 우빠니샤드 (Kena Upanisad),
챤도갸 우빠니샤드 (Chhandogya Upanisad),
브리하다란야까 우빠니샤드 (Brihadaranyaka Upanisad),
까타 우빠니샤드 (Katha Upanisad),
스웨따스와따라 우빠니샤드 (Svetasvetara Upanisad),
마하나라야나 우빠니샤드 (Mahanarayana Upanisad),
이샤 우빠니샤드 (Isa Upanisad),
문다까 우빠니샤드 (Mundaka Upanisad),
쁘라스나 우빠니샤드 (Prasna Upanisad),

마이뜨라야니야 우빠니샤드 (Maitrayaniya Upanisad),
만두꺄 우빠니샤드 (Mandukya Upanisad) 등 14가지가 있다.[14]

6. 요가 우빠니샤드

후기 우빠니샤드들은 자신들이 믿고 신봉하는 신에 대한 찬양이나
요가와 같은 개인적인 수행 등을 기술한 것으로 베다와는 무관한 것
들이 대부분이다.
따라서 요가를 추종하는 사람들에 의해 요가만을 찬양하는 우빠니샤
드들을 서술하고 있는 요가 우빠니샤드 만하여도 30~40여종에 이른다.
그러나 요가의 경우에는 후기에 작성된 요가 우빠니샤드 뿐만 아니라
초기 우빠니샤드에 속하면서도 베다적인 순수정신을 갖추고 있는 현존
하는 200여종의 우빠니샤드 중에도 요가를 핵심으로 서술되어 있는 대
표적인 우빠니샤드들도 많다. 그들 중 몇몇은 다음과 같다.

스웨따스웨따라 우빠니샤드 (Svetasvetara Upanisad)
까타 우빠니샤드 (Katha Upanisad)
이샤 우빠니샤드 (Isa Upanisad)
문다까 우빠니샤드(Mundaka Upanisad)
브리하다란야까 우빠니샤드 (Brihadaranyaka Upanisad) 등이 있
다.

요사에 대한 내용으로 그 하나하나 중요한 구절들을 인용해 보면,.

스웨따스와따라 우빠니샤드에는

"pranan prapidyeha samyukta-cestah ksine prane nasikayo'
cchvasita dustasva-yuktam iva vaham enam vidvan mano dharyeta
pramattah".

Repressing his breathings here(in the body), let him who has
controlled all movements, breath through his nostrils, with
diminished breath ; let the wise man restrain his mind vigilantly
as(he would) a chariot yoked with vicious horses.

≪스웨따스와따라 우빠니샤드 2장 9절≫

'숨을 억제하고 모든 움직임을 조절하면서 코를 통해 호흡을 하라,
현명한 사람은 감소된 호흡과 함께 조심스럽게 거친 말들이 끄는 마차를 모
는 마부처럼 자신의 마음도 억제해야 한다.'

요가는 마음을 조절하는 과학이다.

마음을 조절하고 감각을 조절하는 것은 누가 해 주는 것이 아니라 자
기 자신이 스스로 해야 하는 것이다.

지혜로운 자는 거친 말이 끄는 마차의 마부처럼 신중하게 마음을
다룰 수 있어야 한다. [22)]

이 구절은 쁘라나야마를 해 줄 때 아주 중요한 구절로서 호흡이 절제
가 되고 통제가 된다는 말은 자신의 마음도 절제와 통제가 된다는 말로
서 마음도 이와 같이 조절 해 줄 수 있어야 한다는 것이다.

또 다른 구절로는

'prthvyapyatejo'nilakhe samutthite pancatmake yoga-gune pravrtte.

181

na tasya rogo na jara na mrtyuh praptasya yogagni−mayam
sariram.'

When the fivefold quality of yoga is produced, as earth, water, fire,
air and ether arise, then there is no longer sickness, no old age, no
death to him who has obtained a body made of the fire of Yoga.

≪스웨따스와따라 우빠니샤드2장 12절≫

'요가로 다섯 가지 속성(地. 水. 火. 風, 空)을 느끼게 되면, 요가의 불로 달
구어진 강한 몸을 갖게 되어 더 이상 늙고 병들고, 죽음을 겪지 않게 된다.'

요가와 명상을 꾸준히 수련을 하게 되면 삼라만상을 포함한 우주가
지, 수, 화, 풍, 공의 속성으로 이루어져 있다는 진리를 깨닫게 된다. 이
렇게 되기까지는 요가로 잘 단련된 후라야 가능해 지겠지만 이렇게 되
면 질병에 대한 면역력이 생기고 노화를 지연시킬 수 있으며 죽음까지
도 연장이 가능해 지면서 죽음조차도 타파할 수 있다고 한다.

한편,

"laghutvam   arogyam   alolupatvam   varna−prasadam
svara−sausthavam ca. gandhas subho mutra−purisam alpam
yoga−pravrttim prathamam vadanti."

Lightness, healthiness, steadiness, clearness of complexion,
pleasantness of voice, sweetness of odour, and slight excretions,
these, they say, are the first results of the progress of yoga.

≪스웨따스와따라 우빠니샤드2장 13절≫

'요가를 꾸준히 해 주다보면 초기 현상으로 몸이 가벼워지고, 질병이 없어지

고, 차분해지며 안색이 맑아지고, 목소리는 듣기 좋게 변하고, 몸에서 좋은
냄새가 나고, 배설물이 작아진다.'

이 구절은 하타(요가)쁘라디피카에도 인용이 되어 나오는 구절로
서 요가 인들이 즐겨 인용하는 구절이기도 하다.

까타 우빠니샤드(Katha Upanisad)에는
요가라는 말뜻은 말에 멍에를 씌우는 유즈(yuj)라는 어원에서 왔다.
따라서 까타 우빠니샤드에서는 사람의 마음을 다섯 마리의 말이 끄는
마차에 비유하면서 마음과 육체의 조화로운 결합을 요가라고 하고
있다.

'atmanam rathinam viddhi, sariram ratham eva tu buddhim tu
saradhim viddhi, manah pragraham eva ca.'
Know the (individual) self as the master of the chariot, and the body
as the chariot. Know the intellect as the charioteer, and the
mind as, verily the bridle reins.[5]

≪까타 우빠니샤드, 1장 3편 3절≫
'자아(아뜨만)는 마차의 주인이고, 마차는 육체이다.
마부는 지성이고 고삐는 마음이라는 것을 아는가!'

마차는 마부의 손(지성)에 의해 고삐(마음)를 어디로 당기느냐에 따라
움직인다.
따라서 몸과 마음은 마부의 손에 달린 것이지 마차의 주인 아뜨만과
는 아무 상관없이 움직인다. 이 말은 지성과 마음은 항상 이리저리 흔들

릴 수 있지만 본래의 마음 아뜨만은 전혀 흔들리지 않는다. 라는 말이다.

<아르쥬나 전차>

'indriyani hayan ahur visayams tesu gocaram,
atmendriya-mano-yuktam bhokteti ahur manisinah.'
The senses, they say, are the horses; the objects of sense the paths (they range over); (the self) associated with the body, the senses and the mind – wise men declare – is the enjoyer.[4]

≪까타 우빠니샤드, 1장 3편 4절≫

'감각들은 말이라고 하고, 감각의 대상은 그들(말)이 향해 가는 길이며, 육신과 함께 감각과 마음을 현자들은 즐기는 사람이라고 한다.'
여기서 즐기는 사람은 순수의식으로서의 아뜨만이다.
계속해서,
'vijnanasarathir yastu manah pragrahavam narah,

so'dhvanah param apnoti tad visnoh paramam padam.'
He who has as the understanding for the driver of the chariot and
controls the rein of his mind, he reaches the end of the journey,
that supreme abode of the all-pervading.

≪까타 우빠니샤드, 1장 3편 9절≫
'마음의 고삐를 어떻게 조절하고 마차를 어떻게 몰아야하는지를 알아 최종
목적지에 이르게 되면 그 사람은 비스누(Vishnu)가 머무는 최상의 자리에
머물게 된다.'

아뜨만은 마차의 주인에 비유되고, 마차는 우리 인간의 육체를 나타
내고 지성은 마부를 뜻한다. 말들은 다섯 감각들을 나타내고, 마음은 지
성에 의해 조절되는 감각들을 통제하는 고삐를 상징한다.

이와 같은 원리 속에,
"yada pancavatisthante jnanani manasa saha,
buddhis ca na vicestati, tam ahuh paramam gatim."
When the five (senses) knowledges together with the mind
cease (from their normal activites) and the intellect itself does not
stir, that, they say, is the highest state.

≪Katha Upanisad 2장 3부 10절≫
마음과 함께 다섯 감각의 활동이 정지되고 지성의 움직임도 멈출 때, 그것
을 최상의 경지라고 말한다.
최상의 경지에 오른 요가 수행자의 상태는,
"tam yogam iti manyante sthiram indriya-dharanam

apramattas tada bhavati, yogo hi prabhavayayau."

This, they consider to be Yoga, the steady control of the senses.

Then one becomes undistracted for Yoga comes and goes.

≪Katha Upanisad 2장 3부 11절≫

감각을 안정감 있게 조절하는 것이 요가라고 하고, 나타났다, 사라지는 변화를 거듭하더라도 수행자는 흔들림이 없게 된다.

한편 실천을 통한 체험이 없이 지적(知的)으로만 수련하는 지적이론가들을 향한 경고의 메시지도 보이는데, 이샤 우빠니사드에는 실천 없는 지적인 요가로 스스로 지혜의 요기라고 말하는 사람들에게

"andham tamah pravisanti yo'vidyam upasate

 tato bhuya iva te tamah ya u vidyayam ratah.

Into blinding darkness enter those who worship ignorance and those who delight in knowledge enter into still greater darkness, as it were. ≪이샤 우빠니사드 9절, 브리하다란야까 우빠니샤드 4장 4/10≫

'무지(Avidya)를 숭배하는 자들은 어둠 속으로 빠져들고, 지혜만을 숭배하는 자들은 그보다 더 깊은 어둠 속으로 빠져들 것이다.' 라고 말하면서 이는 실천수행을 무시한 채 맹목적인 지혜만을 위한 지혜의 추구는 완전할 수 없으며, 겸손함이 없이 오만을 드러내는 지혜는 비뚤어지고 절름발이 지혜일 뿐, 이러한 지혜는 차라리 없는 것이 낫다고 하는 것이다. 또한 가지고 있는 지혜가 올바르지 못하다면 이것 또한 없는 것이 낫다고 했다.

지혜의 요가(Jnana yoga)에 대한 잘못된 수련에 대한 경고를 하고 있는 구절로서, 지혜가 단순히 아는 것에 끝나지 않고 실천과 동시에 안과 밖(內外)의 조화가 이루어져야 함을 강조하고 있다.

　한편 죽음을 통한 윤회는,
"vayur anilam amrtam athedam bhasmantam sariram aum krato smara krtam smara krato smara krtam smara."
May this life enter into the immortal breath ; then may this body end in ashes. O Intelligence, remember, remember what has been done. Remember, O Intelligence, what has been done, Remember.

≪이샤 우빠니샤드 17절≫

'이 생명이 영원불멸의 호흡 속으로 들어가기를 기원 합니다. 그리고 이 몸은 한줌의 재로 마감하게 하시고, 오! 지성이여 기억하고 기억하라 지나간 날에 무엇을 했는가를...'

　이 말은 까르마 요가로 인해 지난날의 행위에 대한 앙금들이 남아있지 않았을 때 윤회의 사슬에서 벗어 날 수 있기 때문에 윤회의 사슬을 만들지 않기 위해서는 지난날의 행위를 기억하고 기억하라는 것이다. 되풀이 되는 업을 짓지 않기 위해서...

　문다까 우빠니샤드에서 말하는 지혜의 요가(Jnana yoga)는,
avidyayam antare varttamanah svayam dhirah panditam manyamanah janghanyamanah pariyanti mudhah andhenaiva niyamana yathandhah.

Steeped in ignorance and error, and thinking themselves to be learned and knowers of the self, these deluded people are constantly afflicted and they wander endlessly, like the blind being led by the blind.

Abiding in the midst of ignorance, wise their own esteem, thinking themselves to be learned, fools, afflicted with troubles, go about like blind men led by one who is himself blind.

≪문다카 우빠니샤드 1장 2/8절, 카타 우빠니샤드 1장 2/5절≫

'지속적인 무지 속에 스스로 현명하다는 자만심과 배웠다고 생각하는 그들은 어리석게도 장님이 장님을 안내하는 것과 같이 많은 문제들로 고통을 받게 된다.[4, 14, 23]

스스로 지혜 있는 사람이라고 자만하는 사람에 대한 경고로 올바른 지혜의 요가(Jnana yoga) 수련을 강조하고 있다.

이어서,

avidyayam bahudha varttamanah vayam krtartha ityabhimanyanti balah

yat karmino na pravedayanti ragat tenaturah ksinalokascyavante.

Steeped in ignorance and error with many notions, these immature people think, 'we are well informed'. Because they do not know the self due to their longing for worldly ends, they are constantly afflicted and fall from heaven when their punya is exhausted.'

≪문다카 우빠니샤드 1장 2편 9절≫

많은 생각과 함께 무지와 착각 속에 빠져 있는 어리석은 사람들은 '우리는 박식한 사람이다.' 라고 생각 한다. 왜냐면 그 사람들은 세속적인 목적에 대한 갈망 때문에 스스로를 알지 못하기 때문이다.

따라서 그들은 그들의 선행이 소진되고 나면 끊임없는 고통을 당하고, 천국으로 부터 멀어지게 된다.

이 말은 아집과 자만, 집착과 애착으로 가득 찬 지혜는 오래가지 못하고, 그동안 쌓아 두었던 선행의 결과로 천국에서 누렸던 행복이 결국은 다하고 만다는 뜻으로 올바른 지혜의 요가수련과 결과에 대한 기대 없는 집착과 애착에서 벗어난 까르마 요가(Karma yoga)의 올바른 수행을 의미하고 있다. 올바른 지혜의 획득은 실천이 바탕이 되어 경험에서 얻어지는 지혜가 진정한 지혜이다. 세속적인 지혜의 한계와 덧없음을 나타낸다.

까르마 요가에 대한 더욱 선명한 정의는

....중략.. iti, sa yathakamo bhavati, tat kratur bhavati, yat kratur bhavati, tat karma kurute, yat karma kurute, ta abhisampadyate.

≪브리하다란야까 우빠니샤드 4장 4/5절≫

'그의 욕망만큼 의지가 쌓이고, 그 의지만큼 행위가 이루어진다. 따라서 그가 무엇을 하던 그 만큼의 결과를 얻게 되리라.' 이와 같이 자신의 의지에 의해 업(karma)이 쌓여 결국은 그 잔상(samskara)에 의해 다음 세상에도 그 일과 연결되어 다시 태어나고, 계속해서 욕망으로부터 해방된 사람은 스스로 충족되어 숨이 그에게서 떠나지 않으며, 브라흐만이 되어 브라흐만에게 간다. 라고 ≪브리하다란야까 우빠니샤드 4장 4/6절≫에 말하고 있다.

7. 우빠니샤드와 한국불교 그리고 동양문화

우빠니샤드에 나오는 고(tapas, 苦), 열반(nirvana), 해탈(moksa), 윤회(samsara), 업(karma), 잠재인상(samskara) 등 대부분의 개념들이 우리에게는 낯설게 느껴지지 않는 이유는 붓다의 깨달음이 인도를 넘어 북쪽으로 티벳, 중앙아시아, 중국, 한국을 거쳐 일본에까지 전해졌으며 남쪽으로는 스리랑카, 태국, 미얀마 등 말레이반도까지 전파되어 같은 개념을 공유하면서 동양문화의 근간을 이루고 있기 때문이다.

이러한 개념이 불교의 전래를 통해 1600년이라는 긴 시간 동안을 전해져 내려 오다보니 우리는 이미 알게 모르게 선조들을 통해 우빠니샤드의 사상을 접해오고 있었던 것이다.

따라서 요가 역시 불교적이거나 힌두교적 사상이라고 이해를 하고 있는 경우가 많은데 그 배경은 우빠니샤드에 있어서 그 토양은 어쩔 수 없는 것이다.

현대에 들어 현시대는 과학과 기술을 앞세운 서구 문화가 동서양을 막론하고 오감(indriyas)의 지배를 받는 물질과 관능, 쾌락의 문화가 절대 우위를 차지하고 있다. 이로 인한 병폐는 인간들의 편리를 위해 자연을 파괴하고 인간성은 물질만능과 쾌락, 관능에만 집착하는 이상의식 상태로 고착화시켜 순수한 인간성은 왜곡되고 우주의 질서는 혼돈 속으로 빠져들어 결국은 우주를 포함한 인류자체의 생존을 위협하고 있다.

따라서 여기서 무엇보다 중요한 것은 의식의 변화이다. 물질과 관능, 쾌락적인 의식세계를 내적인 정신세계로 이끌어 진정한 행복과 자유가 어떤 것인가를 정신과 의식을 다루는 요가인들은 보여주어야 할 것이다.

8. 우빠니샤드의 용어이해

앞에서 이미 우리는 오랜 전통을 가지고 전래되어온 불교를 통해 우빠니샤드의 사상이 낯설지 않다고 하였는데..좀 더 구체적으로 공통되는 개념을 찾아보면 브라흐만이나 옴, 아뜨만에 대한 개념들의 기원은 베다에서 이미 연유하면서 우빠니샤드에서도 계속적으로 그 용어들이 나온다.

요가도 '유즈(yuj)', '말에게 멍에를 쒸우다'라는 용어에서 온 말로써 리그베다에서 차용된 말이다.

브라흐만과 아뜨만의 의미를 살펴보면, 까타 우빠니샤드에 브라흐만과 아뜨만의 의미를 알고자 한다면 브라흐만과 아뜨만의 상징인 옴(om)이라는 소리를 알아야 한다고 했다.

"etad alambanam srestham etad alambanam param etad alambanam jnatva brahma−loke mahiyate.

This support is the best (of all). This support is the highest ; knowing this support, one becomes great in the world of Brahma.

− Katha upanisad 1장 2부 17절 −

브라흐만의 본질을 나타내기 위해 사용하는 옴(AUM)은 산스크리트어 'A' 와 'U', 'M'이 합쳐진 것으로, 더 세분화시켜보면 'A'는 창조의 신 브라흐마의 끝음절 아(A), 'U'는 유지의 신 비스누의 끝음절 우(U), 'M'은 파괴의 신 시바의 다른 말 마하데브(Mahadev))의 첫음절 음((M)을 상징하는데, 이들이 가진 지고한 전지전능한 절대자라 여기는 속성들을 이 한마디 옴(aum)에 합쳐 놓고, 이 한마디만 암송하면 그들의 구원 속에 원하는 바를 성취할 수 있게끔 만들어 놓은 최상의 음절이다.

그렇게 해서 얻게 된 '옴(aum)'은 '아뜨만'을 알게 하고 '아뜨만'을 알게 되면 '브라흐만'도 알게 되어 궁극에는 오감에서 멀어지고 시작과 끝, 형태도 없는 위대함을 초월해 영원불멸한 것을 알고 죽음으로 부터도 해방되고 윤회를 비롯한 모든 얽매임에서 벗어나 자유인이 된다는 것이다.

'asabdam asparsam arupam avyayam tatha arasam nityam agandhavac ca yat anady anantam mahatah param dhruvam nicayya tam mrtyu-mukhat pramucyate.'

(The self) without sound, without touch and without form, undecaying, is likewise, without taste, eternal, without smell, without beginning, without end, beyond the great, abiding, by discerning that, one is freed from the face of death.

≪Katha upanisad 1장 3부 15절≫

이 말은 아뜨만의 본질을 말해주면서 아스탕가에서 말하는 쁘라뜨야하라의 수련을 의미한다.

'브라흐만'이라는 말은 'Brh' 에서 파생된 말로서 '부풀다, 자라나다, 펼쳐지다, 커지다.' 라는 뜻을 가지고 있고 (Haug) 여성 남성, 중성 중 어디에도 속하지 않으면서 말 그대로 넓게 퍼져있는 세상의 원천으로 어디든지 존재한다는 뜻을 가지고 있다.

한편 아뜨만(atman) 역시 '아뜨'는 '항상 일정하게 움직인다.' 와 '퍼지다'의 의미를 가진 '아퍼' 라는 말에서 유래하여 '항상 일정하게 움직여 널리 퍼지다.'라는 의미를 가지고 있다.

결국 '브라흐만'이나 '아뜨만'은 세상을 구성하는 본질로서 널리 퍼져있다는 말이다.

그래서 우주의 본체를 브라흐만이라 하고 개체적인 본체를 아뜨만이라 한다.

우빠니샤드에서는 이 둘은 다르지 않으며 결국 이 둘은 하나라고 말하고 있다.

이렇게 무한한 존재로서 어디에나 존재하면서 생명력을 부여하는 창조의 원리로서의 때로는 '옴'과 더불어 이 '자아(아뜨만)'를 '브라흐만'과 같은 뜻으로도 쓰인다.

'빛과 함께 영원불멸하는 뿌루사는 이 땅에 있고, 아뜨만에 관해서는 그 몸에서 빛과 함께 영원불멸하는 뿌루사, 그는 사실은 아뜨만이다. 그것은 영원불멸하고, 그것이 브라흐만이며, 모든 것이다.' [4]
≪브리하다란야까 우빠니샤드 2장 5편 1절≫

또 아뜨만(atman)은 보통 '자아'라고 하는데, '자아'에는 현재의 '나'라고 하는 개개인의 '나(jiva)'로서 '자아'가 있고 불생불멸하면서 존재하는 '자아'가 있다.

이것을 보고 '참 자아' 또는 '아뜨만'이라고 한다.

이것은 그 어떤 틀로서도 잡아놓을 수가 없고, 무한하며 인간의 지혜나 그 어떤 개념 밖의 독립된 '자아'인 것이다.

따라서 아뜨만이 창조주 브라흐만과 동격으로 다루어지면서 창조의 원리로도 작용한다.

'atma va idam eka evagra asit, nanyat kin cana misat, sa aiksata lokan nu srja iti.

The self, verily, was (all) this, one only, in the beginning. Nothing else whatsoever winked,. He thought, 'let me now creat the world.'

≪아이따레야 우빠니사드 1장 1편 1절≫

'처음에는 아뜨만 홀로 있었다. 아뜨만 외에는 그 어떤 존재도 없었다. 아뜨만은 스스로 생각했다. 세상이나 창조하자라고,.[4]

그래서 세상이 창조되었다.

그리고 세상을 창조하고 나니 그 세상을 관리해 줄 사람이 필요하여 사람이 창조되었다.

"sa iksata ime nu loka, loka-palan nu srja iti ; so' dbhya eva purusam samuddhrtyamurchayat."

He thaught, here then are the worlds. Let me now create the guardians of the world.' From the waters themselves, he drew forth the person and gave him a shape.

'그는 세상을 창조한 후, 세상을 보호관리 해 줄 관리인을 창조해야겠다고 생각하고서, 물에서 사람을 스스로 생겨나게 하고서, 사람형상을 그에게 주었다.'[4]

≪아이따레야 우빠니사드 1장 1편 3절≫

그런데 이 옴을 알고 브라흐만을 알아서 아뜨만과 같이 하나라는 것을 깨닫지 못하고 심지어는 아뜨만의 존재조차도 알지 못하는 것은 우리 일반인들이 이 세상이 눈에 보이는 현실만이 실제라고 느끼는 것과 같이 우리가 그러한 현실을 직시하고 통찰할 수 있는 지혜의 눈을 가리고 있어서라고 하는데 이것을 무명(無明, avidya) 혹은 무지(無知) 때문이라고 한다.

이러한 무지는 본질적으로 이 세상을 구성하고 있는 현상이 신의 환영 력, 마야(maya) 때문이라는 것이다.

마야는 우리가 살고 있는 이 세상이나 모든 현상이 신의 환영 력(maya)으로 만들어졌다는 것인데, 세상이 창조되기 전에는 아무 것도 없었다.

이 세상에 존재하는 모든 것이 신(절대자)의 힘으로 만들어 졌고, 실재하는 것이 아니라 신의 의지에 의해 만들어 졌다. 는 것이다.

이것을 가현설(假現說)이라고 한다.

허망한 말이지만, 우리는 신이 만들어 놓은 환영 같은 현실세계 속에서 신이 만들어놓은 무대장치 위에서 마치 연극을 하듯이 살아간다는 것이다. 따라서 신의 환영력으로 만들어 졌으니 그의 의지에 따라 언제든지 이 세상이 사라지게 할 수도 있는 이 세상에 존재하는 모든 현실은 결국 하나의 허상이고, 환영이라는 것이다.

그래서 사람들은 덧없는 세상이라고 한다.

그런데 신의 의지대로 이 세상이 사라진다는 말은 실지로 세상자체가 사라질 수도 있겠으나 여기서 세상이 사라진다는 말은 우리 눈앞을 가리고 있는 무지(avidya)가 시리지면서 지혜의 눈이 열린다는 뜻이기도 하다.

세상이 사라진다는 것은, 세상이 허망하게도 아무것도 없는 무(無)나 공(空)으로 돌아가는 것이 아니라, 지혜의 눈을 떠서 직관력을 얻어 자기 성찰을 통해 자아를 완성하는 것을 뜻한다.

그래서 지혜로써 무명, 무지(avidya)를 걷어내고 아뜨만과 브라흐만이 일치되어 하나라는 것을 알게 되면 진정한 자유와 평화, 깨달음에 이룰 수가 있고 윤회(samsara)의 사슬도 끊을 수가 있다.

이것이 산스크리트로 '에까그라(ekagra)'라고 하고 '범아일여(梵我一如)'라고 한다.

이것이 우빠니샤드에서 추구하는 해탈이고 목샤(moksa)인 것이다.

따라서 우리가 비록 마야(maya)라는 가현실 속에서 살고는 있지만 결과에 연연하지 않으면서 박티(bhakti)요가로 적극적으로 열심히 최선을 다해 까르마 요가(Karma Yoga)를 수행해주면 지혜의 눈을 가리고 있던 무지(Avidya)가 타파되면서 지혜의 요가(Jnana Yoga)가 완성되고 결국 우리를 옭아매고 있는 모든 고통과 번뇌, 속박에서부터 벗어나 브라흐만을 이해하고 아뜨만을 알게 되어 마야(maya)라는 가상세계에서 벗어 날 수 있다는 것이 바가바드 기따의 가르침이다.

여기서 요가의 역할은 이 진실을 알 수 있게 깨닫게 해 주는 실천적 수행방법인 동시에 하나의 도구(道具)인 것이다.

우빠니샤드를 포함한 요가 철학은 우주의 원리와 자연의 섭리를 탐구하는 관념론적 일원론적 철학(advaita)이다. 그러나 관념론이라고 하면 흔히 실제의 일을 고려하지 않고 성신적 의식직 관념으로만 생가하면서 주장을 펼치는 것을 관념론이라고 하지만 요가에서는 결코 머릿속으로

만 생각하는 관념론적 일원론이 아니다.

요가는 어떠한 관념적인 이론이라도 관념에서 머물지 않고 실천수행을 통해 관념과 이상을 현실화시키는 동시에 실체를 확인하는 것이 요가이다.

과학과 산업이 발달한 현대에 와서는 주먹구구의 요가 수련보다 몸과 마음을 다루는 첨단과학 기술로 요가의 과학성도 입증되고 있다.

그래서 요가는 실천적 수행을 바탕으로 한 경험론적 일원철학인 동시에 과학인 것이다.

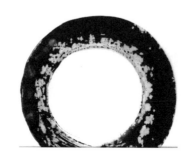

8장

요가철학

1. 서론

요가는 인간과 그리고 우리 인간이 살고 있는 현실세계, 나아가 우리 인간의 능력으로는 알 수 없는 자연의 이치, 우주에 대한 궁극적 진리의 구현과 실체에 대한 확인을 위한 인도 특유의 이론과 실천법이다.

요가는 5천 년 전부터 전해져 내려오고 있는 인도인들의 전통 수행법으로 잘 알려져 있고 현재에도 그 전통은 사라지지 않고 오히려 현대 사회에서 동서양을 막론하고 요가인구의 확대는 더 다양하고 폭넓게 자리를 잡고 있다.

얼마 전까지만 하여도 잘 먹고 잘 입고 잘 살면서 병원에 가지 않고 건강하게 사는 것이 잘 산다. 라고 하던 우리 인간의 행복에 대한 개념이 현대 산업과 과학이 고도로 발달하고 무엇이나 풍족해지고 여유로워지면서 행복과 건강이라는 페러다임(paradigm) 역시도 웰빙(well-being)으로 바뀌었다.

반면에 인간의 지능이 절정에 이르면서 도덕과 윤리는 희미해지고, 사랑과 진리는 호도되고 왜곡되어 인간의 순수한 능력들은 모든게 물질로 환산되면서 인간자체가 컴퓨터 부품을 사고파는 하나의 자원으로 취급을 받는 물질 만능의 시대에 살고 있다.

이러한 물질주의의 만연은 인간들을 물질에 대한 욕심으로 생존을 넘어 부귀영화와 축적을 위한 무한 경쟁의 전쟁터 화하여 환경오염과 정신적, 육체적 스트레스는 극에 달하고, 물질과 감각적인 삶에만 편중되어 있는 기계적이고 편협한 인간성화 하고 있다.

풍요로운 물질에 대한 과도한 욕심은 전 세계 현내인들에게 물질 만능의 탐욕이라는 새로운 질병을 전파시켜 참된 영적인 삶으로부터 눈을 멀게 하고 있다.

이것을 올리버 제임스는 '탐욕바이러스(Affluenza, 2009)'라 불렀다.

이로 인해 만성적인 질병과 정서적이고 정신적인 장애는 증가하여 질병 없고 고통 없이 여유롭고 행복하게 인간답게 살 수 있는 권리에서 스스로 이탈하고 있다.

순환하는 자연의 이치는 거스릴 수 없지만 산업개발과 과학화라는 명목으로 인간이 저지른 자연파괴와 환경오염에 의한 인재(人災)는 인류에게 커다란 재앙으로 다가오고 있다.

따라서 이러한 물질 만능의 시대에 요가의 본질을 아는 사람은 시류에 편승하여 사는 것 보다는 사회 정화의 밀알로서 물질만능과 감각적인 삶에 찌들어 있는 현대인들의 의식 상태를 교정해 어떤 삶이 진정으로 행복한 삶인지 본보기가 되어야 할 것이다.

한때 의식교정과 정서적으로 인간다운 삶에 대한 교화는 종교인들을 비롯한 사회지도층 인사들의 몫이라고 생각했었는데 불행히도 종교계 역시도 탐욕바이스에 물든지 오래다. 물론 몇몇 바이러스에 감염되지 않은 종교인들에 의해 그 명맥을 유지 하고 있으나 요가 인들도 사회 정화위원의 일원으로 스스로의 의식개혁과 함께 사회의 의식개혁과 교화에도 동참해야 할 것이다.

이것은 요가인의 오랜 전통이다. 왜냐면 사회를 주도하고 존경받았던 옛 성현들은 모두 요가에 정통하였고 요가적인 삶을 살면서 존경을 받았기 때문이다.

시대가 바뀌어도 좋은 전통은 물려받아 더욱 발전시켜 후손에게 물려주면서 더욱 아름답고 균형 있는 인류사회를 유지하는 것이 요가 인으로서의 전통을 지키는 것이고 그것이 요가인의 역할이기도 하다.

　요가를 오랜 기간 동안 수행을 했어도 의식의 변화가 없는 요가인은 다만 요가 까르마만 행하였을 뿐 제대로 된 요가 수행을 하지 못하였다는 말이다.

　요가는 경쟁과 대립, 물질의 풍요 속에서 조화와 균형을, 소비와 축적이 미덕인 사회에서 검소하게 소비하고 필요한 만큼 만 가지고 자연을 지키면서 인간성회복을 위한 금욕과 절제를 통해 외적인 풍요로움보다는 내적인 만족을 추구해야 한다.

　따라서 물질 만능의 세계와 감각 지상주의에 살고 있는 현 시점에서 요가를 하는 사람이 사회를 선도해 나가는 지도 계층으로서의 역할을 하기 위해서는 무엇보다 요가의 본질을 바탕으로 스스로의 덕목을 갖추고 요가를 지도하면서 인류사회의 의식 정화와 교화, 교정을 해 주고 건강하고 행복한 인류사회의 건설에 이바지 할 수 있을 때 요가 인으로서의 의무(義務)와 사명(使命)을 다 하는 것이다.

　요가는 철학(哲學)이다.

　그것도 인류 최고(最古)의 전통(傳統)과 역사(歷史)를 가지고 있으면서 인류(人類)가 지금까지 개발해 온 그 어떤 학문이나 철학, 종교, 과학도 해결해 주지 못했던 우리 인간이 가지고 있는 삶에 대한 궁극적이고 본질적(本質的)인 고뇌와 번민에 대한 해답을 가지고 있는 요가는 인류 최고(最高)의 학문이고 철학(哲學)이다.

　물론 인도 철학의 근본 경전이기도 하고 요가경전이기도 한 베다나 우빠니샤드, 바그바드 기따, 요가수트라 등은 한 결 같이 우주의 생성과 기원, 인류의 탄생, 그리고 자연의 이치(理致), 인간의 삶과 죽음, 행복과 고통 등 인간 자신과 인간의 주변을 둘러싸고 있는 모든 환경과 자연현상들을 다루면서 인간을 더욱 인간다우면서 고통 없는 행복한 인류를 만들고자 하고 있기 때문에 요가는 인류의 생의 철학이고 삶의 과학이다.

다른 한편으로 요가 철학 뿐 만 아니라 사람은 한평생을 살아가면서 자기 자신만이 가지고 있는 삶의 철학이 있어야 한다. 요가인은 요가 인으로서의 요가철학도 알아야 하지만 자신만의 철학이 필요하다. 학교 선생님은 선생으로서의 철학.. 그 누구, 그 어떤 업종에 종사하는 사람일지라도, 철학은 자신이 살아가야 할 방향을 제시해주고, 어떻게 살아야 하는지에 대한 방법론을 가르쳐 주고, 자신의 삶에 대한 정체성을 갖게 하고 자신의 삶이 흔들리지 않게 지탱해 주는 정신적 지주이며, 힘이며 에너지 역할을 해 주는 것으로 각자 자신만이 가지고 있는 철학의 효용성이다.

모든 사람들에게 있어서 철학적인 삶은, 자신의 삶에 대한 주체성과 정체성을 가지고 자신 만의 철학이 담긴 삶을 산다면 물질 만능과 감각적인 삶에 찌든 현대인들의 삶에 좀 더 여유와 풍요로운 행복과 평화를 가져 줄 것으로 믿어 의심치 않는다.

한편, 아드바이타 베단타(Advaita Vedanta) 학파의 시조 샹카라는 "철학을 배우려는 사람은 철학적 소양(素養)을 가져야 한다." 고 했다.

그리고 요가는 철학(哲學)이다.

따라서 이 말은, 요가를 가르치는 사람이나 배우려는 사람은 철학적 소양을 필수적으로 갖추어야 하는 것은 당연한 것으로, 특히 지도자로서 가르치는 사람은 더욱더 철학적 자질을 갖추어야 할 덕목(德目)이다.

그래서 철학적 소양은, 우리 인간이 가지고 있는 삶에 대한 본질적인 의문을 가지고 그것을 고민 해 보고 또 그기에 더 나아가 그 문제를 해결해 보려고 한번쯤 시도를 해 보고 몸부림을 쳐 보아야 한다. 이러한 몸부림을 통해 자연의 섭리나 이치, 우주의 에너지 흐름의 원리, 궁극적 실체에 대한 추구와 깨달음에 대한 목표의식이 가능 할 수 있기 때문이다.

그래서 상카라는 철학을 공부하는 사람은

1) '영원(永遠)한 것과 무상(無常)한 것을 구별할 수 있어야 하며,'
2) '다음 생(生)에 대한 기대를 없애야 하며,'
3) '윤리적 도덕적 인격(人格)을 갖추어야 하며,'
4) '해탈(解脫)에 대한 열망(熱望)을 가져야 한다.' 라고 했다.[9,12]

요가는 인류 문명문화의 시작과 함께 발달해온 것으로 요가 자체가 역사(歷史)이자 인류에게 있어서 가장 오래된 철학(哲學)이며 과학이다.

요가는 이미 앞에서도 언급하였지만 그 기원은 5천년에서 1만 년 전으로 거슬러 올라간다.

이것은 역사적으로나 고고학 적으로 인류문명의 발상지인 인더스문명의 하랍파와 모헨 조 다로에 대한 발굴로 이미 증명이 된 사실이다.[17]

인더스문명이 실존하던 그 시대에는 우리가 익히 알고 있듯이 베다(B. C. 1,500경) 뿐만 아니라 그 어떤 학문과 철학, 종교내지 종교적인 의식을 행하였던 흔적을 발견하지 못하였다.

반면 요가 동작으로 보이는 테라코타, 동, 돌로 된 작은 입상과 조상

(彫像)들은 발견되었다.

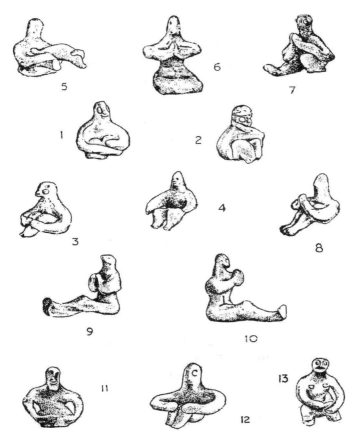

Terracotta figurines in yogic poses from Harappa (1-8)
and Mohenjo-daro (9-13).

인도의 세계적인 고고학 석학 S. R Rao는 하랍파, 모헨 주 다로시
대에 성행한 요가 과학이 리그베다(아리안) 사람들의 정착에 도움

을 주었고,[1, 17] 아리안(리그베다인들)들은 요가의 발전에 지대한 영향을 미쳤다는 것으로 단언하고 있다.

　요가가 아리안들의 베다 문화로부터 기원되었다는 학설도 있으나, 이것은 요가에 대한 왜곡된 여러 가지 학설들 중의 하나 일 뿐, 요가는 이미 아리안들이 인도를 지배하기 이전의 드라비다 인들의 문화 속에서 그 기원이 발견되고 있다.

　아리안들은 요가를 베다 적 지혜 속에 합병시켜 지금과 같은 요가 철학을 완성시킨 것은 아리안들의 공이라고 할 수 있다. [9, 12]

　요가는 육체와 정신, 영혼의 유기체로서 인간이 가진 뇌와 감각기관의 일반적인 기능뿐 만 아니라 또 다른 정신적인 힘이나 초자연적, 영적 능력을 가지고 있다고 믿는다.

　따라서 이러한 힘에 정통한 사람들은 외적감각기관의 도움 없이도 보고 느끼는 힘을 가질 수 있으며 일반적으로 우리 신체의 감각기관과 뇌를 통해 일어난 일들과는 독립적인 것이라고 한다.

　따라서 우리가 일상적으로 알고 있는 것보다 더 넓은 의식과 무의식의 세계가 있으며, 요가의 꾸준한 수련은 우리의 의식과 무의식의 세계에 놀라운 확장이 일어난다고 믿는다.

　따라서 요가는 의식의 확장이다.

　운동선수가 체력을 단련하여 자신의 운동능력을 향상시키는 것과 같이 우리 인간들에게 부과된 일상적인 경험의 한계를 넘어 심리 기관과 영적인 정신세계의 변화와 확장을 통해 보다 고차원적인 의식의 세계에 도달해 인간의 한계를 뛰어 넘을 수 있다는 것을 요가에서는 믿는다.

요가 수련자가 의식의 확장이 없다는 것은 자신의 요가수련에 대하여 되짚어 볼 필요가 있다.

잠재력을 일깨우고 의식의 확장을 통해 자연의 이치를 깨달아 더 넓은 세계를 보고 순리에 순응하며 모든 속박과 얽매임으로부터 해방되어 유유자적 자유와 더불어 삶이 지혜를 가르쳐 주는 것이 요가이고 그러한 요가를 성취하는 것이 요가의 완성이기도 하다.

감각적이고 물질만능의 세계에 살고 있는 현대인들에게는 전혀 다른 세계의 사람들에게나 해당하는 일처럼 낯설게 느껴질 수 있겠으나 요가에서는 물질세계와는 전혀 다른, 신체의 단련과 침묵과 명상, 사색 그리고 고독을 통해 환희와 지고한 행복을 느낄 수 있는 정신세계의 우월성을 강조하고 있다.

그렇다고 요가를 하는 사람은 모두 영적이고 정신적인 삶을 살아야 한다는 것은 아니다.

그렇다고 영적이고 정신적인 삶을 전혀 살수 없다는 얘기도 아니다.

그래서 언제나 그렇듯이 중용(中庸)의 미덕이 있다.

세상에 탐욕과 욕심 없는 사람 어디 있을 것이며, 어리석지 않은 사람 어디 있겠는가?

단지 한쪽으로 지나친 치우침이 없는 소유와 무소유, 지혜와 무지의 조화와 균형으로 적어도 평상(平常)의 이치(理致)를 알고 따를 수만 있다면 더 이상 바랄 것이 무엇이 있겠는가!

중용(中庸)의 미덕이나 붇다(Buddha)의 중도(中道)나 요가에서 말하는 헤탈이린 깃도 모두가 알고 나면 분리될 수 없는 삼위일체라는 것을 알 수 있다.

육체의 부조화와 더불어 무엇이나 마찬가지겠지만 정신세계도 한쪽으로 지나친 치우친 맹신과 광신은 다른 것에 대한 불신으로 어리석음의 극치를 보여 준다.

이러한 어리석음에서 벗어나기 위한 가장 현명하고 지혜로운 방법은 무엇보다 자기 자신을 잘 알아야 한다.

어리석은 것도 자기 자신이고, 지혜로운 것도 자기 자신이고 행복한 것도 자기 자신이고 불행한 것도 자기 자신이다.

이러한 자신에 대한 냉철한 분석과 이해가 필요하다.

요가는 자아 탐구의 철학이자 과학이다.

자아탐구를 통해 자신을 이해하고 자신의 정체성과 주체성을 확립하여 중용과 중도의 이치를 깨달아 최종적으로 해탈(moksa)을 성취하는 것이다.

중용과 중도는 우유부단함의 극치를 의미하는 것이 아니다.

진정한 중용과 중도는 자기 자신의 확고한 주체성과 정체성이 확립되었을 때 완성된다.

주체성과 정체성이 확립되기 위해서는 자기 자신을 알아야 할 필요가 있는데, 자기 자신을 아는 것이 주체성과 정체성의 바탕이 된다.

자기 자신을 알지 못한다는 것은 마치 돌아갈 집이 없는 것과 같다. 따라서 주체성과 정체성이 자리를 잡기 위해서는 자기 자신을 먼저 알아야 한다.

자기 자신을 안다는 것은 내적 지식에 해당한다. 내적 지식은 시공(時空)의 제약을 받는 외적 지식과는 달리 시공의 제약을 받지 않는 무한의 지식을 제공하고 무한한 의식의 확장을 가져 온다. 의식의 확장은 자신을 아는 것으로부터 시작한다.

자신의 본질을 파악하고 나면 이를 바탕으로 자신의 주체성과 정체성이 확립된다.

주체성과 정체성의 확고한 확립은 우리 삶의 모든 분야에서 매우 중요한 일로서 어떠한 일에도 흔들림이 없는 확고부동한 평정심을 유지하게 한다.

이러한 주체성과 정체성의 확실한 확립을 위해서 요가뿐 아니라 인도 철학에서는 자기 자신을 알아 나가는 것이 최우선이 되어야 한다고 강조해서 말한다.

자신을 아는 것이 우주와 자연의 이치를 아는 것이라 하면서 이것을 범아일여(梵我一如)라고 한다.

이것은 요가 뿐 아니라 인도 철학의 바탕이기도 하다.

따라서 이러한 원리를 알아가기 위한 수단으로 요가는 상캬철학으로부터 세계전개설과 25원리를 받아들여 요가의 이론적인 체계를 삼고 상캬는 요가를 실천수행법의 수단으로 받아들인다.

따라서 세계의 전개를 통해 우주와 자연, 그리고 우리 인간과의 연관성을 조명해 보면서 주체성과 정체성을 확립하고 해탈이 무언인가를 따라가 볼 수 있다.

2. 세계전개설(vikash)

인간을 포함한 우주와 자연, 세상의 처음을 논할 때 사람들은 창조와 진화라는 말을 많이 사용하였으나 상캬 철학은 세계는 창조되었다. 혹은 진화되었다. 라는 형식적인 타성에서 벗어나 처음으로 '전개(vikash)'라는 말을 사용함으로 해서, 초월종교의 토대를 뿌리 채 흔들어 놓고 세계는 창조자 신의 행위가 아니라 운동성이 없어 움직일 수는 없지만 무수히 편재되어 있는 순수의식인 뿌루사(purusa)와 의식은 없으나 움직임의 동력인(動力因)인 구나들을 포함하고 있는 운동성을 가진 쁘라끄르띠(prakrti)라고 부르는 잠재되어 있는 두 물질 사이의 결합과 상호 작용의 산물에 의한 '전개(vikash)'라고 말한다.

따라서 세계가 전개 될 때 운동성을 가진 쁘라끄르띠는 세계가 전개되는 근본실체로서 미현현(未顯現) 상태에서 모든 요소들의 궁극적 원리로 작용한다.

이때 작용하는 원리가 뿌루사와의 결합에 의해 이루어지는데, 상캬는 또 다른 궁극적이고 본질적인 원리로서 순수의식인 뿌루사를 설정해 놓고 있다.

이로 인해 상캬는 이원론(二元論, dvaita, dualism)이라 한다.

뿌루사는 운동성이 없고 순수 의식만을 가지고 있고, 쁘라끄르띠는 의식은 결여되어 있지만 운동성을 가지고 있다.

쁘라끄르띠가 가지고 있는 운동성의 동력인으로 작용하는 것이 쁘라끄르띠를 구성하고 있는 사뜨와(satva), 라자스(rajas), 타마스(tamas)라는 트리구나(three gunas)이며, 트리구나의 기질은 쁘라끄르띠의 운동성의 동력인으로서 항상 움직인다.

그러나 전개가 일어나기 전의 태초에는 움직이고는 있으나 균형을 이루고 있으며, 이러한 균형은 우연한 계기로 균열이 생긴다.

이 균열로 인해 새로운 전개의 시작인 뿌루사와 결합을 이루면서 그 첫 번째 산물인 붇디(buddhi, 지성)가 나타난다.

순수의식인 뿌루사와 의식(citta))은 없지만 다양한 동력인을 포함하고 있는 쁘라끄르띠는 제각각 분리되어 있을 때에는 각각의 독립된 개체로서만 존재하지만 두 근본 물질의 결합에 의해 생산된 붇디는 우리 개개인이 가진 지성으로 아무생각 없는 순수의식인 뿌루사에게 모든 일어나는 현상들을 지각하고 경험하고 인지할 수 있게 해 주는 모든 구별성과 차별성 심지어는 오류나 착각이 일어나게 하는 원인으로 작용한다.

그것은 쁘라끄르띠의 두 번째 산물인 '나(我)'라는 의식 즉 아함까라(ahamkara, 자아의식), 개아(jiva)를 각성시켜 실재가 아닌 것을 맞는 것처럼 착각하게 하고 내 것, 네 것 혹은 개아(jiva)와 참 자아(atman)라는 또 다른 개별화의 원리로서 각자가 가진 개성의 토대로 작용하면서 혼란을 야기한다.

뿌루사와 쁘라끄르띠의 결합에 의한 세계 전개에서 그 첫 번째 산물인 붇디는 어디 까지나 기능적이면서 개념적이고 인식적인 것으로 아직까지 나타나지 않은 미 현현인 잠재적 인상의 상태로 존재한다.

그것이 무엇인지 지각하게 하는 지적 양태의 기능을 하는데 있어서의 기능은 붇디의 역할이지 만 실질적으로 우리가 구조적으로 밖으로 표출되고 개별화 되는 것은 붇디에서 생성된 두 번째 산물인 아함까라

(ahamkara, 자아의식)와 세 번째 산물인 마음(mnas) 때문이다.

아함까라는 뿌루사와의 결합 없이는 전개가 이루어질 수 없는 쁘라끄르띠와 마찬가지로 아함까라 역시 스스로는 붇디가 가지고 있는 지적 양태의 잠재적인 미 현현을 실질적인 현현으로 밖으로 표출하기 위해서는 쁘라끄르띠의 세 번째 산물인 마음(manas)이 필요하다.

따라서 마음은 뿌루사와 쁘라끄르띠에 의해 생산된 첫 번째 산물인 붇디(buddhi, 지성)에 의해 그것이 무엇인가에 대한 차별성을 인식하는 원리이고, 두 번째 산물인 아함까라의 자아의식에 의해 그것은 내 것 혹은 네 것이라는 구별과 분별성을 가지고 마음을 통해 미 현현이 비로소 실질적인 그것이 무엇이라는 구체적인 현현으로 지각되어 밖으로 표출 되는 것이다.

예를 들어 어떤 사물을 인식하는데 있어서 지성과 아함까라 만 가지고는 그 대상이 구체적으로 무엇이라고 밖으로 표출되지는 않는다.

그 대상이 마음에 가 닿든지 아니면 마음이 그 대상에 가 닿아야만 비로소 내 연필이구나 혹은 그것은 누구의 무엇이구나 하는 인식이 가능한데, 인식한다는 것은 마음이고 그것이 연필이라는 것은 붇디인 지성의 작용이 있기에 연필과 볼펜의 구분이 가능하고, 자아의식인 아함까라가 존재함으로서 내 것, 네 것 혹은 누구의 것이라는 구별과 분별의식이 가능한 것이다. 이러한 붇디의 구분할 수 있는 지적 작용과 아함까라의 구별작용에 의해 비로소 마음이 '이것은 내 연필이구나' 하고 인식을 하게 되는 것이다.

따라서 이 세 가지 요소를 내적기관(antahkarana)이라 하고, 인간의 모든 심적(내적) 작용의 기반이나. 이것은 마치 등불의 불꽃과 기름, 심지처럼 불가분의 관계를 가지면서 서로 뒤 섞여 분리될 수

없는 존재로서 세계는 전개되고 지각된다. [9. 25)]

그래서 붇디는 인식적(認識的)이고 아함까라는 실천적(實踐的)이라고 말한다.

이와 같이 지금까지의 전개의 결과 어떤 대상이 이것은 연필이다. 라는 결론이 났을 때에 그것이 연필이라고 할 수 밖에 없는 필연적인 이유가 있을 것이다.

연필을 연필이라 할 수 밖에 없고 볼펜을 볼펜이라 할 수 밖에 없으며, 김치를 김치라 할 수 밖에 없고, 마늘을 마늘이라 할 수 밖에 없는 필연적인 이유를 쁘라끄르띠의 네 번째 산물로 요가에서는 딴마뜨라(tanmatra, 미세 요소)라고 한다.

어떤 하나의 사물이 있으면 그 사물을 겉으로 드러난 전체적인 모습을 보고 우리는 판단을 하지 그 사물을 구성하고 있는 하나하나의 속성을 구분해서 분석해서 이것은 무엇, 무엇과 함께 만들어진 것이다. 라고 말하지는 않는다. 그래서 하나의 사물은 여러 가지 복합물의 유기체라고 할 수 있고, 우리가 25원리를 판단할 때에도 25원리 하나하나를 분리해서 판단하기 보다는 전체적인 체계를 통해 이해하는 게 좋다. 그래서 우리는 인체를 유기적 복합체라고 한다.

그래서 어떤 사물은 하얗고 노랗고 빨갛다고 하기도하고 냄새는 어떻고 촉감은 어떻다 등으로 구별한다. 따라서 딴마뜨라(tanmatra)는 색, 성, 향, 미, 촉이라는 다섯 가지가 있는데, 이것을 구분해 줄 수 있는 쁘라끄르띠의 다섯 번째 산물인 다섯 감각 기관(indriyas) 시각(眼), 청각(耳), 후각(鼻), 미각(舌), 촉각(身)을 통해 확인 가능하다.

어떤 사물이 뿌루사와 쁘라끄르띠의 결합으로 생산이 되었다면 그 사물이 그 사물로서의 존재감을 나타내기 위해서는 그 물질이 그 물질일 수밖에 없는 본질적이면서 근본 질료를 딴마뜨라라고 하고 그것을 우리는 다섯 감각기관으로 그것이 빨갛다 노랗다 등으로 확인하는 것이다.

예를 들어, 뿌루사와 쁘라끄르띠의 결합으로 생산된 모든 산물들은 인간의 다섯 감각을 통해 그것이 어떤 물질이라고 판단하게 되지만 그 판단하기 이전에 그 산물은 연필이면 연필, 김치면 김치, 빨간색이면 빨강이라고 할 수 밖에 없는, 노란색이면 노랑이라고 할 수밖에 없고 빨강과 노랑을 구분 할 수밖에 없는 본질적 요소로서 이것은 연필이고, 저것은 빨갛다. 라고 구분가능하게 하는 것이 딴마뜨라인 것이다.

따라서 요가에서 그 사물이나 대상을 구분가능하게 하는 본질적인 요소로서 딴마뜨라를 그 물질에 대한 '존재의 추이'라고 하고, 그보다 먼저 모든 물질을 생산가능하게 하는 동력인으로서의 3구나(gunas)는 '창조의 근본물질'이라 한다.

인간은 쁘라끄르띠의 네 번째 산물인 다섯 딴마뜨라에 의해 그 물질의 형태나 모양, 색깔과 성질, 기질 등을 쁘라끄르띠의 다섯 번째 산물인 다섯 감각기관을 통해 확실하게 파악할 수 있고 그 파악한 결과에 따른 필요에 의해 여섯 번째 산물인 다섯 행동기관(손, 발, 혀, 배설기관, 생식기관)이 만들어 지면서 마무리가 된다. [9]

이 말은 뿌루사와 쁘라끄르띠의 결합에 의해 하나의 개체로 인간이 탄생하였다면 이 사람은 음식을 먹어야 생존을 할 것이다. 이때 또 다른 산물로서 맛있는 과자가 산물로 만들이 졌다면, 배가 고픈 사람에게 그 과자의 맛이 있다, 없다를 구별 짓는 것은 붇디의 역할이고, 맛있다고 느끼는 것은 마음인데 마음은 혀끝을 통해 그 맛을 느끼고, 맛이 있으니 더 먹고 싶다는 욕심을 내는 것은 아함까라 자아의식의 발상이다. 그리고 맛있는 과자를 먹기 위해서는 손이 필요하고 먹었으면 소화시키고 배출하는 것 등이 다섯 행동기관의 역할이다.

따라서 필요한 것이 있으면 분디와 아함까라 등의 불가분의 관계에 의해 그것을 충족시키기 위한 기능을 창조하는 것이다.

이에 쁘라끄르띠의 여섯 번째 산물인 다섯 행동기관(손, 발, 혀, 배설기관, 생식기관)이 만들어지고, 이러한 전개를 통해 어떤 하나의 대상을 완전한 모습으로 만들고 보면 결국은 지(地), 수, 화, 풍, 공이라는 다섯 조대 원소로 이루어져 있다는 것을 알 수 있다.

요가 철학 뿐 아니라 모든 인도 철학에서 만물은 지, 수, 화, 풍, 공이라는 다섯 가지의 조대한 원소(Panch Mahabuthas)로 구성되어 있다고 말한다.

이와 같이 모든 만물을 구성하고 있는 5대 원소가 형성되어지는 과정에서 그 원리를 세분하여 보면 그 근본 바탕에는 '존재의 추이'인 다섯 미세원소인 딴마뜨라와 '창조의 근본물질'인 구나(gunas)를 내포한 쁘라끄르띠가 어느 산물에나 존재한다는 것을 알 수 있다.

이러한 원리를 좀 더 세분하여 구체적으로 풀어보면, 모든 물질을 구성하고 있는 5大 즉 지, 수, 화, 풍, 공에서 '지'는 딴마뜨라의 색, 성, 향, 미, 촉의 다섯 요소가 합쳐져서 형성되어 있고, 이 중에 '향'의 요소가 주요소로 작용하고 있다. 는 것을 알 수 있다.

'수'는 딴마뜨라의 색, 성, 미, 촉의 네 가지 요소로 형성되었으며, 이 중에 '미'의 요소가 주요소이고, '화'는 색, 성, 촉의 세 요소로 이루어졌

215

으며, 주요소는 '색'으로 이루어져 있음을 알 수 있다.

'풍'은 성과 촉으로 형성되어 있으며, 주요소는 '촉'의 딴마뜨라로 형성되어 있다.

마지막으로 '공'은 성(聲)의 요소로 소리로 이루어져 있음을 알 수 있다.

여기서 우리는 아주 중요한 원리가 숨어 있다는 것을 알아야 하는데, 얼핏 생각하기에 '공'이란 공간(akash)을 상징하고 공간은 작은 공간도 있겠으나 광대무변한 어마어마하게 큰 우주공간도 상상할 수 있다.

그러나 세계가 태초에 처음 전개 될 때에는 큰 것부터가 아닌 아주 작은 그것도 개념적으로나 존재하면서 우리가 인지하고 지각할 수도 없는 뿌루사와 쁘라끄르띠의 결합에서부터 시작되었다.

그 시작은 창조의 근원 물질인 동력인 3구나에 의해 시작되는데 구나들은 동력인으로서 끊임없이 움직이며 활동적이다.

무한한 공간(akash)에 셀 수 없이 많은 작은 소립자들인 구나들이 스스로 움직이고 있다고 상상해 보라, 움직임에는 진동이 있고, 진동은 파동을 만들어내고, 파동은 다시 파장을 만들어 낸다.

파동이나 파장은 현대 과학에서 에너지라고 한다.

따라서 이 에너지로 인해 물질이 창조되는 것이다.

결국 이 파동(에너지)은 우주 공간에서 창조의 근원물질들인 3구나들의 진동에 의한 것으로 진동은 파동을 만들어내고 파동은 파장을 만들어 내어서 결국은 어떤 하나의 창조물이 탄생하게 된다.

이때 그 진동으로 형성되는 소리가 만뜨라 '옴'으로 상징된다.

그래서 인도 철학에서는 세계가 처음 창조 될 때 '옴(aum)'이라는 소리와 함께 창조되었다고 믿으며, 인도철학에서 말하는 창조주는 브라흐만(Brahman)인데, 결국 '옴'과 창조주 '브라흐만'은 동격이다.

따라서 '옴'은 공간 속에서 나오는 태초(太初)의 소리이자 창조의 원리이며, 공간(akash) 그 자체이다.

결국 우주를 형성하고 있는 것은 공간(akash)이고 이 공간은 소리이며, 이 소리는 세계를 전개하는 근본 물질인 구나들을 내포하고 있는 쁘라끄르띠의 움직임에 의한 진동인 것으로 그 진동은 '옴(aum)'으로 대변되고 '옴'은 창조주 브라흐만과 동격이고 브라흐만은 아뜨만이고 아뜨만은 뿌루사이다. ≪브리하다란야까 우빠니샤드 2장 5편 1절≫

여기서 창조주 브라흐만과 참 자아면서 소우주인 아뜨만과 세계 전개의 주체인 뿌루사가 둘이 아닌 하나(advaita)인 범아일여(梵我一如) 사상이 완성되는 것이다.

따라서 요가는 상캬의 이원론(뿌루사와 쁘라끄르띠)에서 시작하여 모든 것은 둘이 아닌 하나라는 일원론(一元論)으로 귀결된다.

≪불이≫

따라서 실지로 우리가 해야 하는 공부는 지, 수, 화, 풍, 공이라는 이 다섯 가지 조대 원소로 구성되어 있는 육체를 통해 우리 내면으로 들어가 미세원소(딴마뜨라)의 존재를 파악하고, 너 나아가 붓디와 아함까라, 마음(manas)은 한낱 뿌루사와 쁘라끄르띠의 산물에 불과하고 결국에는 쁘라끄르띠와 뿌루사의 존재감을 깨닫고 경험으로 이 두 근본물질이 분리되어 있다는 것을 확실히 알게 되면, 뿌루사라는 순수 의식 만이 남게 된다. 이때 이 순간이 해탈을 이루는 순간이고 요가수트라에서 말하는 요가의 최상경지를 성취하는 것이다.≪요가 수트라 1장 3절≫

세계전개의 과정을 하나의 도표로 만들어 보면,

뿌루사(purusa, 순수의식) – 쁘라끄르띠(prakrti)

(3guna를 포함하고 있는 동력인)

|

붇디(buddhi, 지성)

|

아함까라(ahamkara, 자아의식)

|

마나스(manas, 마음)

|

5 딴마뜨라(tanmatra, 미세원소)

|

5 감각기관(jnanendriya, 시각, 청각, 후각, 미각, 촉각)

|

5 행동기관(karmendriyani, 손, 발, 혀, 배설, 생식)

|

5 조대원소(mahabhutas. 地, 水, 火, 風, 空)

3. 구나(gunas)

　세계전개를 위한 쁘라끄르띠의 끊임없는 작용은 쁘라끄르띠를 구성하고 있는 3구나들 때문에 일어난다.

　3구나는 지극히 미세한 것으로 말해지면서 삼각형의 기하학적 구조를 가지고 끊임없이 활동하고 변화한다.

　구나들의 운동성은 만물을 창조하는 동력인으로 결코 꺼지지 않는 불꽃과 같은 것으로 전개가 일어나지 않는 균형 잡힌 평형상태에서도 움직임은 계속 된다.

　이것은 현대과학의 양자역학에서 말하는 미시(微示)분자의 양자(量子)들의 성질과 같다.

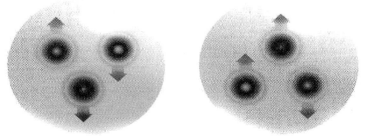

<출처 : The Illustrated A Brief History Of Time. Stephen Hawking, 1988>

　이러한 구나들 사이의 균형상태가 깨어지면, 그때부터 전개가 시작되고, 3구나의 다양한 상호작용은 어느 한 개의 구나의 우세로 나타나고 다른 두 구나 성질은 잠재되면서 우세한 구나의 기질을 가진 객관적인 물질로 현실세계에 나타나게 된다.

사뜨와(sattva), 라자스(rajas), 타마스(tamas)라 불리는 이 구나들은 아주 미세한 구조를 가지고 있어서 구나 그 자체로서 인지되어 지는 것이 아니라 쁘라끄르띠에 의해 생산된 산물들의 특성에 의해 추측되고 인지된다.

따라서 구나들은 기능적이면서 개념적이고 인식적인 것으로 아직까지 나타나지 않은 미 현현인 잠재적 인상의 상태로 존재하면서 쁘라끄르띠를 의식적인 현현으로 유도한다.

쁘라끄르띠의 전개가 시작되면 모든 구나들은 마치 등불의 불꽃과 기름, 심지처럼 불가분의 관계를 유지하면서 서로 뒤 섞여 배타적이거나 독점적이지 않으면서 또한 어느 하나로 합체되거나 어느 하나가 힘을 잃는 경우도 없이 분리될 수 없는 존재들로 공존하면서 상호작용 한다.

쁘라끄르띠를 구성하고 있는 3구나들의 기질은 서로 뚜렷한 개성을 가지고 있다.

따라서 뿌루사와 쁘라끄르띠에 의한 모든 산물들은 3구나로 이루어져 있으면서 제 각각의 산물들이 가지고 있는 고유의 특성과 차별성을 나타내는 것은 이 구나들의 뒤 섞임의 차이에 의한 것이다

따라서 세상의 모든 존재물들은 그 속에 들어 있는 구나들의 우열정도에 따라 분류되고 그 물질의 세포 하나하나에 섞여 결합되어 있다.

원래 구나들은 인간의 심리상태 혹은 체질, 그 사람이 가지고 있는 윤리적인 측면과 정신적인 기질 등을 포함하고 있는 개성을 나타내는 말이었는데, 차츰 그 의미가 확대되어 이 세계가 전개되는 포괄적인 원리로 발전함과 동시에 구나들을 내포하고 있는 쁘라끄르띠가 만물의 근원

(根源)이 된 것이다.

　3구나의 차이점을 구체적으로 비교 분석해 보면, 타마스(tamas)는 검은 색으로 본질적으로 어둡고, 무겁다.

　따라서 밝고 흰색인 사뜨와 적인 기질과는 반대되는 기질로서 나태와 무지, 불신과 무능, 무관심 그리고 굼뜨고 무기력한 인간성을 생산한다.

　따라서 하등의 동물세계와 식물계에 현저하다.

　이러한 타마스적 기질은 사뜨와적 기질과 라자스적인 기질의 발현을 억제시키고, 사뜨와로 나아가고 진리 추구를 위한 본질을 실현하는 장애요소로 작용하기 때문에 적극적으로 극복해야 할 장애요소로 간주 한다.

　라자스(rajas)는 붉은 색을 띤다.

　붉은색은 정서적인 감정상태의 변화를 상징하고 특히 불안을 나타낸다. 불안함은 안정되지 못한 활동성으로 나타난다. 따라서 라자스는 역동적이고, 열정적이며, 활동성이 강해 행동력이 강한 사람에게 현저하다. 때로는 활동성이 정화되어야 할 필요가 있는 악한 행동으로 나타난다.

　이러한 활동성과 행동은 고통을 야기한다.

　라자스는 하등한 동물적 세계인 타마스 보다는 상위이고 고차원적인 신들의 세계인 천상계보다는 낮은 중간단계인 인간세계에 만연한 기질로서 인간만이 지닌 지성과 활동성을 이용하여 진리를 추구하는 동력으로 작용 가능한 것으로 타마스라는 장애(障碍)를 극복하고 정서적인 불안요소를 벗어나 사뜨와라는 본질이 나타나게 하는 힘으로 작용할 수 있는 도구로 이용되어야 하는 기질이다.

사뜨와(sattva)는 흰색으로 흰색은 본질적으로 선하고 밝고, 즐겁고, 참된 것을 나타내고 타마스와는 반대되는 특징을 가지고 있다.

그리고 균형과 안정감, 조화로우면서 사려 깊은 인간성을 나타낸다

따라서 사뜨와는 리쉬(rsi, 현자)와 성인들에게 발달되어 있고, 천상계에 많이 존재하는 성질로서 데와(deva, 신)들에게 현저하게 많다.

따라서 3구나 중 사뜨와는 모든 차별성과 불균형에서 벗어나 본질로 이끌어 주는 힘으로서 우리가 실현해야하는 하는 본질적인 기질이다.

따라서 고도의 수행으로 고차원적인 존재로 나아갈수록 사뜨와는 늘어나고 라자스와 타마스는 줄어든다.

세 구나의 특징을 살펴본바와 같이 본질을 실현하는데 라자스의 활동성(活動性)을 이용하여 장애요소인 무기력하고 동물적 속성을 지닌 타마스를 극복하고 열정적인 힘을 가지고 수련을 통해 인간이라는 한계(限界)를 뛰어넘어 결국 선하고 밝은 본질적인 신들의 세계를 실현하는 것이다.

이렇게 되었을 때 우리는 그 본질을 알고 깨달음을 이루고 해탈을 했다라고 표현하는 것이다.

4. 뿌루사(purusa)

상캬는 세계가 창조되었다는 말 대신 세계가 전개되었다는 논리를 펼치는데 있어서 두 가지의 근본 물질 뿌루사(purusa)와 쁘라끄르띠(prakrti)를 설정하고 있다.

뿌루사(purusa)는 순수정신 혹은 순수의식이라 하고 다른 말로는 영혼이라 풀이한다. 쁘라끄르띠는 의식은 없으나 창조의 동력인으로 이 두 물질의 결합에 의해 세계는 전개 된다.

세상에 의식을 가진 모든 생명체들은 영혼이 존재하고 이러한 다양한 영혼들은 근본적으로 그 본질에서 동일하다고 요가나 상캬에서는 말한다. 그런데 그 동일한 본질이 다르게 느껴지는 것은 그 영혼의 삶을 흐리게 왜곡시키는 물질을 형성하고 있는 조직들에 기인한다.

이 말은 뿌루사와 쁘라끄르띠의 결합에 의해 생산된 전개의 모든 산물들은 결국 3구나들의 조합에 의해 다양한 기질들로 나타나고 그러한 다양성이 마치 영혼(purusa) 자체가 다양한 모양으로 굴절되고 왜곡되어 보이게 한다.

영혼자체가 다양하게 굴절되고 왜곡되는 것 중에 가장 문제가 되는 것은 '자아'에 대한 개념이다.

현실세계에서 내가 누구라고 말하는 나는 뿌루사와 쁘라끄르띠의 산물이기 때문에 왜곡과 굴절은 여기서부터 시작된다.

그래서 요가에서는 참자아인 진아(atman)와 비아(非我)인 개아(jiva, 個我)를 설정하여, 요가수련의 근본 목적을 개아의 현실을 인식하고 자신의 본래 모습인 진아(atman)를 찾아 자아를 완성하는 것이다.

그래서 요가의 기본 모토(motto)이기도 하지만 인도 철학의 핵심은 '아뜨마남 빗디 (atmanam vidhi)' 즉 '자아를 알라' 이다. 상캬에서 말하는 뿌루사는 요가에서는 '참 자아'인 아뜨만(atman)과 '순수의식'인 뿌루사(purusa)를 같은 개념으로 공통으로 사용하고 있다.

따라서 완전한 의식적 신성 뿌루사(purusa)는 기쁨과 슬픔, 고통과 같은 작용, 반작용과 같은 지적 경험에서 벗어나 초월적 존재이다. 지적 경험에서 벗어나지 않는다면 뿌루사는 순수의식이라 할 수가 없다.

아뜨만이나 뿌루사에 대한 어원은 베다의 창조론에서 찾아볼 수 있고, 이후 많은 우빠니사드를 통해 그 어원과 뜻을 유추해 낼 수 있는데, 상캬 역시도 그 어원을 베다와 우빠니사드에서 비롯하고 있다.

그러나 베다나 우빠니사드에서 말하는 창조주로서의 뿌루사의 개념은 상캬에서 말하는 순수의식으로서의 뿌루사의 개념과는 정면으로 상반되는 개념으로 논란의 여지를 남겨놓고 있다.

왜냐면 순수의식이 순수 그자체로 남으려면 의식 자체에 어떠한 부정한 의식이 첨가되어서는 안 되는데 '세상을 창조 한다'라는 의식 역시 순수성을 저해하는 불순한 의도이기 때문이다.

여기서 상캬는 세상을 전개하는 창조의 본질적인 물질로서 또 다른 쁘라끄르띠를 설정해 놓고, 창조의 의식이 쁘라끄르띠의 무의식적인 발상에 의한 우연의 일치로 세상의 전개가 이루어지는 것이다.

여기서부터 첫 번째 산물인 지성인 붇디(budhi)가 생산되고 붇디에 의해 생산된 자아의식(ahamkara)과 마음(manas)에 의해 개아(jiva)가 형성되면서 뿌루사(purusa)는 본래의 모습인 순수싱은 자취를 감추고 개아(jiva)가 마치 내 자신의 주인인양 행세를 하면서 왜곡과 굴절, 혼돈의 연속이 시작되는 것이다.

이때부터 아함까라를 모태로 하고 있는 개아(jiva)로 인해 모든 것은 '나'에게로 집중되고, 실질적인 나의 지배자로서 이후의 산물들인 다섯 감각기관(jnanendriya)과 행동기관(karmendriyani)의 현실적인 노예가 되어 '나는 누구인가'라는 의문과 함께 속박과 번민에 고뇌하면서 반복되는 윤회라는 순환의 고리 속에서 종속되어 살게 된다.

개아(個我)의 특성은 사람을 포함한 모든 산물들에 있어서 각기 다르게 나타남으로 인해 그것은 개성(個性)으로 발현(發現)된다.

개성은 구나의 뒤섞임에 따라 달라지므로 그 다양성은 헤아릴 수가 없이 많다. 그래서 우리는 각자 개성 있게 산다. 혹은 개성대로 산다. 라고 말을 하고 있으면서, 개아는 신축적이면서 무수히 많은 다양성을 띤다.

그러나 뿌루사 혹은 아뜨만, 쁘라끄르띠는 본질적으로 하나이다.

한편 쁘라끄르띠는 본질적으로는 하나이나 구성에 있어서는 다양성을 내포하고 있다.

마치 원자(atom)의 핵 속에 양성자와 중성자로 이루어져 있듯이. 그 다양성 중의 하나가 윤회(samsara)이다.

뿌루사와 쁘라끄르띠의 결합으로 인해 윤회(輪廻)라는 인과(因果) 관계도 형성된다.

왜냐면 뿌루사는 순수 그 자체지만 쁘라끄르띠는 구나들을 내포하고 있고 이 구나들 속에 인과(因果)가 서상되어 있기 때문이다.

뿌루사와 쁘라끄르띠 자체는 윤회의 영향을 받지 않는 존재이나 이

둘의 결합으로 인해 형성된 그 산물들은 윤회의 올가미를 이때부터 덮어쓰고 그 굴레를 벗어날 수가 없다

이러한 혼돈은 참자아인 뿌루사 내지 아뜨만의 존재가 있다는 것을 깨닫는 순간 사라진다. 이것을 요가나 정신세계를 추구하는 사람들에 있어서는 해탈이라 한다.

따라서 사람들은 흔히들 말한다. 윤회에서 벗어나기 위해서는 해탈을 해야 한다고...

그래서 개개인이 가지고 있는 자아는 뿌루사와 쁘라끄르띠의 일시적인 결합이며, 요가에서 말하는 해탈은 절대 영혼과의 합체가 아니라 뿌루사와 쁘라끄르띠의 분리인 것이다.

'tada drastuh svarupa vasthanam' ≪요가 수트라 1장 3절≫에서 의식의 본질은 관조자의 형태로 나타난다고 한다. [27, 28]

여기서 말하는 관조자는 모든 것을 초월한 순수의식인 뿌루사 이면서 참자아인 아뜨만을 뜻한다. 관조자로서 나타나는 참자아의 모습은 뿌루사와 쁘라끄르띠가 분리 되었을 때 나타나는 현상으로 요가에서 말하는 해탈은 결국 뿌루사와 쁘라끄르띠의 분리를 뜻한다.

따라서 뿌루사와 쁘라끄르띠의 분리 작업이 요가이고 작업도구는 아스탕가 요가인 것이다. 아스탕가 요가에서 아사나를 포함한 신체적인 수련은 신체의 정화를 의미하고,

삼야마(samyama, 명상)를 포함한 정신적인 요가는 정신의 정화를 통해 해탈에 이르고자 하는 것이다.

5. 쁘라끄르띠(prakrti)

요가와 상캬는 세계가 전개되는 과정은 인과론(輪回說)의 법칙에 그 바탕을 두고서 결과는 이미 그 원인 속에 존재한다는 인중유과론(因中 有果論), 즉 삿뜨까르야와다(satkaryavada)에 기반을 두고 있다.

쁘라끄르띠의 전변론에는 결과 속에 원인이 이미 존재한다는 인중유 과론과 결과 속에는 이미 완전히 다른 물질로 바뀌었다는 인중무과론 (因中無果論, asatkaryavada)이 있다.

따라서 인중유과론을 인정하는 상캬는 창조가 아닌 생성이나 전개는 잠재적(潛在的)이고 감추어져 있던 것이 드러나는 것이고, 함축적(含蓄 的)인 것이 명백한 것으로 전이(轉移)되는 것이지 존재하지 않는 아 무 것도 없는 무(無)에서 유(有)를 창조해 낼 수 없다는 것이다.[9]

그래서 상캬는 아무것도 없는 허공에서 꽃을 만들어 낼 수 없으며, 치 즈를 우유가 아닌 다른 물질에서 만들어 낼 수 없다고 말한다.

그러나 어떤 사물의 형성과 변화에 관련하여 무엇인가 원인이 있다는 인과론을 적용시키다보면 끝없이 무엇의 원인에 대한 원인과 같은 식의 끝없는 무한으로 수급해 들어간다.

이러한 논쟁을 피하기 위해 상캬는 본질적인 원인 물질로서 3구나 (tree guna)를 내포하고 있는 쁘라끄르띠를 상정한다.

따라서 세계는 뿌루사와 쁘라끄르띠의 결합에서 이루어지지만 쁘라 끄르띠를 바탕으로 하고 전개 과정에서 쁘라끄르띠가 다양성을 주도한 다.

모든 산물들은 미 현현 상태로 쁘라끄르띠 속에 존재하고 함축적이다.

따라서 쁘라끄르띠 자체는 평형상태이면서 긴장상태인 3구나를 포함하고 있다가 전개가 시작되면 물질적, 심리적인 모든 변화의 토대가 된다.

이것을 쁘라끄르띠의 전변(parinama)이라고 한다.

그래서 상캬는 인중유과론(satkaryavada)에서 세계(물질)의 전개 과정에서 본질에서 전개되어 나온 결과는 이미 본질과는 다르다는 전변설(轉變說, parinamavada)을 주장한다.

예를 들면, 우유에서 만든 치즈는 이미 우유가 아닌 치즈라는 완전히 새로운 산물로 탄생했다는 말이다.

불이론적 베단타(advaita vedanta)는 본질에서 전개되어 나온 결과는 형태만 바뀌었을 뿐 본질에는 변함이 없다는 가현설(假現說, vivartavada)을 주장한다.[10]

예를 들면, 치즈는 우유에서 만들어져서 형태만 치즈로 바뀐 것에 불과하다는 것이다.

따라서 모든 산물들은 쁘라끄르띠라는 원인에 기인하고 의존적이지만 쁘라끄르띠 자체는 독립적이다. 쁘라끄르띠 안에는 항상 3구나가 움직이고 있고 이들의 상호작용에 의해 온갖 산물들의 다양성이 전개된다.

따라서 쁘라끄르띠라는 원인에 기인하여 생산된 모든 산물들은 소멸할 때에도 쁘라끄르띠로 되돌아간다. 현실 속의 우리는 쁘라끄르띠 혹은 구나들의 진정한 본실을 알 수 없다.

왜냐면 본질적인 자아 뿌루사는 쁘라끄르띠의 산물인 개아(jiva)에 가려 자신의 존재를 망각하고 있다가 단지 가끔씩 '이것이 아닌데' 라는 무의식 속에서 추상적으로만 인지된다.

이러한 혼란에 종지부를 찍을 수 있는 것은 뿌루사와 쁘라끄르띠의 분리를 통해 뿌루사의 존재를 확인 했을 때에만 가능하다.

그러나 뿌루사를 확인하고 참자아가 존재한다는 것을 깨닫기 까지는 많은 시간과 노력이 필요하고 타고난 기질도 있어야 한다.

왜냐면 참자아를 확인하는 일이 결코 쉽지 않기 때문이다.

지금까지 인류가 수만 년을 살아오면서 많은 사람들이 인간의 본질을 깨닫기 위해 노력하였지만 본질을 알고 진리를 깨달은 사람은 손을 꼽을 정도로 몇 명되지 않는다.

심지어 깨달은 자(覺者)의 대명사 붇다(Buddha)조차도 많은 전생에 선근(善根)을 쌓고도 현생에서 오랜 고행 끝에 깨달음을 얻어 각자(覺者)라는 칭호를 얻었다.

뿌루사와 쁘라끄르띠의 분리를 통해 참자아의 본질을 알게 되면 지고한 행복이 온다.

왜냐면 본질을 알게 된 사람은 흔들림이 없는 안정감을 얻기 때문에 사람들은 불안감에서 해방된다.

지고한 행복은 물질을 축적함으로서 얻는 행복과는 비교 할 수 없다. 지고한 행복은 쁘라끄르띠 속성 중 사뜨와에 의해 형성된다. 사뜨와(sattva)는 균형과 안정감에서 오는 일치감으로 한 가지에 전일된 마음(ekagra)이라고 한다. 잡념이 없이 한 가지 일에 몰두 할 때 인간은 편안함과 행복감을 느낀다.

한 가지 일에 몰두 할 때 사뜨와의 균형감과 안정감을 얻어 전일된 마음에 이르고 전일된 마음에 이르면 행복감을 느끼는데 이것은 물질적인 충족감으로 느끼는 세속적인 행복과는 다른 행복감을 느낀다. 그래서 이것은 지고한 행복이라는 의미로 지복감을 느낀다.

그러나 에까그라와 지복(ananda)은 깨달음에 다다르기 전에 일어나는 현상일 뿐 그 자체가 깨달음이 아니라는 것을 명심해야 한다.

해탈은 지복(至福)을 넘어있기 때문이다.

6. 뿌루사와 쁘라끄르띠의 차이

뿌루사와 쁘라끄르띠는 공통점과 반대 또는 차별되는 속성을 함께 가지고 있다.

따라서 뿌루사와 쁘라끄르띠의 공통점은,

무시무종(無始無終)으로 창조된 적이 없는 창조의 근본 물질이다. 각각 독립적이고, 영원성의 연속이고 뿌루사와 쁘르끄르띠 자체는 변함이 없다.

차이점은,.

뿌루사는 편재적이지만 쁘라끄르띠는 제한적이다.

뿌루사는 크기를 한정 할 수 없지만 쁘라끄르띠는 미세하다.

뿌루사는 윤회를 초월하지만 쁘라끄르띠는 윤회의 원인으로 작용한다.

뿌루사는 의식이지만 쁘라끄르띠는 비 의식이다.

뿌루사는 비 활동적인데 쁘라끄르띠는 활동적이다.

뿌루사는 영원한 관조자로서 창조하거나 창조되지 않지만 쁘라끄르띠는 창조에 관여한다.

뿌루사는 주체이고 쁘라끄르띠는 객체이다.

뿌루사는 어떠한 속성도 가지지 않지만 쁘르끄르띠는 속성을 가진다.

뿌루사는 항구불변이지만 쁘라끄르띠는 변화무상하다.

뿌루사는 주체에 속하고 쁘라끄르띠는 대상이다.

뿌루사와 쁘라끄르띠는 본질적으로 반대이다.

뿌루사는 하나이고 쁘라끄르띠는 다수이다.

뿌루사는 시간과 공간, 마음과 감각으로부터 초월하고 인간의 지력의 한계를 벗어나지만 쁘라끄르띠는 제한적이다.

7. 해탈(moksa)

세계전개설에서 뿌루사의 원래 모습은 모든 속박과 현상으로부터 자유롭고 초월한 순수의식으로 참자아(atman)이다.

그러나 쁘르끄르띠와의 결합에 의해 순수성에 변화가 오면서 왜곡과 굴절, 다양한 혼란(chaos)이 야기되어, 이로 인해 세상의 현상들은 모든게 이중성과 다중적인 성격을 띤다.

이러한 현상들은 모두 구나들을 내포하고 있는 쁘라끄르띠의 활동에 의한 것으로, 선과 악, 행과 불행, 기쁨과 슬픔, 악업과 선업, 아름다움과 추함, 장점과 단점, 유능과 무능, 부와 가난, 소유와 무소유. 등등 그 다양성은 이루 말로 다 할 수가 없다.

그리고 이러한 다양성에 의해 뒤이어 일어나는 경쟁과 대립, 갈등과 번민, 고뇌, 고통 등이 우리 인간을 괴롭히는 스트레스로 작용하면서 힘들어한다.

따라서 이러한 다양성과 대립으로 인한 갈등과 스트레스는 뿌루사와 쁘라끄르띠가 원래는 모든 속박과 현상으로부터 자유로운 존재였던 자신들의 본래 모습으로 되돌아감으로서 모든 것은 사라진다.

따라서 뿌루사의 참된 본질을 가리는 붇디를 비롯한 다른 모든 쁘라끄르띠의 산물들이 작용하고 있는 한 해탈은 실현될 수 없고 혼란은 계속되고 윤회에서도 벗어날 수가 없다.

이러한 혼란을 억제시키고 쁘라끄르띠의 작용을 멈추게 하여 두 근본 물질이 분리되어 있다는 것을 확인하는 순간 우리는 고통과 모든 혼란에서 벗어날 수 있다.

따라서 이러한 고통과 혼란에서 벗어날 수 있는 수단이 요가수련이고 이러한 요가수련의 결과 뿌루사와 쁘라끄르띠의 산물들의 작용들이 억제되고 뿌루사는 본래의 모습을 나타낸다.

이때를 요가에서는 '요가스 찌따 브르띠 니로다'≪요가 수트라 1장 3절≫ 즉 의식작용이 억제되었을 때 비로소 해탈의 기반이 되는 것이다.

이와 같이 모든 의식 작용이 멈추었을 때 뿌루사는 자신의 본래 모습으로 돌아가고 쁘라끄르띠는 무 활동의 미 현현 상태로 되돌아간다.

이 창조의 두 근본 물질의 관계를 상카에서는 다리는 튼튼하지만 눈이 안 보이는 소경과 눈은 좋으나 다리가 불편한 절름발이가 떠나는 여행에 비유를 한다.

다리는 튼튼하나 눈이 멀어 볼 수가 없어서 어디를 가고 싶어도 갈 수가 없는 소경과, 눈은 좋으나 다리가 불편해서 어디를 갈 수 없는 절름발이가 서로 뜻이 맞아, 나리가 튼튼한 소경이 눈이 좋은 절름발이를 목마를 태우고서 여행을 갔다가 돌아와서 각자의 삶으로 다시 되돌아가듯이, 뿌루사와 쁘라끄르띠도 해탈을 향한 긴 구도(求道)의 길을 갔다가 목적지에 도착 하면, 결국에는 뿌루사와 쁘라끄르띠가 각자의 본래 모습으로 분리가 되면서 뿌루사 혼자만 진정한 자기 자신의 참자아의 모습으로 남게 된다.

그래서 해탈이란, 요가에서는 뿌루사와 쁘라끄르띠의 분리라고 말하고 있고,

이때를 우리는 진정한 자아를 찾았다라고 말한다.

따라서 우리 인간도 뿌루사와 쁘라끄르띠의 결합에 의해 형성된 결과로서 그 결합의 완성품인 우리 신체는 지, 수, 화, 풍, 공이라는 조대원소로 이루어져 있고, 그 조대 원소는 다시 다섯 행동기관과 다섯 감각기관으로 이루어져 있다.

그리고 그 밑바탕에는 '존재의 추이'로서 다섯 딴마뜨라가 있고 이것들은 다시 지성(buddhi)과 마음(manas), 아함까라(ahamkara)에 의해 좌지우지 되고 있다.

지성과 마음, 아함까라는 결국 뿌루사와 쁘라끄르띠의 결합에 의한 산물이라면 이 두 물질의 분리가 우리 자신의 본래의 모습을 찾는 것이며, 찾은 그 모습이 뿌루사 하나로 귀결되고 그것이 결국 해탈이라면, 우리 자신의 외부지향적인 의식을 내부 지향적으로 바꾸어 줄때 우리는 우리가 추구하는 참자아를 발견 할 수 있는 것이다.

따라서 자신의 참자아를 찾아가는 요가직인 수난은 아스탕가 요가이고, 그 방법은 사회와 개인적인 윤리, 도덕이라는 자신과 자신의 양심의

정화(yama & niyama)를 바탕으로 비속한 동물적인 성향의 육체를 아사나(asana)와 호흡(pranayama) 수련을 통해 정신적인 수행으로 나아가기 위한 거룩한 힘의 토대로 삼고, 감각기관들의 유혹과 현혹에 잘 흔들리는 외부 지향적인 우리의 의식을 감각을 제어(pratyahara)하는 내부지향적인 의식으로 바꾸어 의식을 응념과 선정(Dharana & Dhyana)으로 한곳으로 모아 외부의 모든 세계와의 관계가 단절되면서 의식과 무의식의 세계까지도 통제가 되는 삼매(samadhi, 정신집중)가 이루어진다.

이때 비로소 뿌루샤와 쁘라끄르띠의 분리를 경험하면서 뿌루샤는 자신의 본성에 안주하게 되는 것이다.

이것을 아스탕가 요가(astanga yoga)라고 빠딴잘리는 ≪요가 수트라 2-29절≫에서 말한다.

따라서 우리가 공부하는 방법은 간단명료하다.

우리가 어디서 시작되어 왔는지의 근원으로 되찾아 들어가면 된다. 즉 상캬에서 말하는 세계전개설의 역순으로 공부해 들어가면 우리는 그 본질을 찾아낼 수 있다.

하나의 강줄기를 따라 거슬러 올라가 그 강물의 원류를 찾아내듯이...

　뿌루사와 쁘라끄르띠의 본성은 모든 속박과 현상들로부터 자유로운 존재이다.

　따라서 요가에서 말하는 뿌루사와 쁘라끄르띠의 분리가 해탈이라고 하는 것은 쁘라끄르띠의 작용에 의해 일어나는 모든 현상들을 극복하고 자유로운 존재로서의 참자아인 뿌루사 본래의 모습으로 돌아가 절대 독존의 자유로운 뿌루사로서 참자아를 찾는데 성공하였을 때 비로소 진정한 자신의 모습이 자유로운 존재라는 것을 깨닫게 되어 깨달은 사람(覺者)이 되고 해탈에 이르는 것이다.

　'purusartha sunyanam gunanam pratiprasavah kaivalyam svarupa pratistha va citisaktir iti'　≪Yoga sutra 4-34≫

　따라서 해탈이란, 요가뿐만 아니더라도 인도철학의 궁극적인 지향점인 "아뜨마남 빗디(atmanam vitti)" 즉 "자아를 알라"라는 목표를 달성하는데 있다.

　아뜨만을 안다는 것이 자아(自我)를 안다는 것이고 자아를 안다는 것이 우주의 실체를 안다는 것이기 때문에, 안다는 것은 깨달음이고 깨달음은 해탈로 이어져 결국은 모든 것에서 초월한 존재로서의 자유로운 사람으로서 각자(覺者) 혹은 해탈한 사람은 자유인이 되는 것이다.

자아(atman)를 찾아 깨달음을 추구하는 것은 꼭 인간에게만 해당되는 것은 아니다. 동물이나 사물에도 아뜨만은 존재한다.

그런데 그것을 인식할 수 있는 것은 오직 인간만이 가능하다. 그것은 인간만이 가지고 있는 붇디(buddhi) 즉 '지성' 때문이다.

그래서 인간이 만물의 영장(靈長)이라는 소리를 듣고 인간만이 해탈이 가능한 것이다.

그래서 윤회로 인하여 여러 가지의 다양한 삶을 살다가도 인간으로 태어나야 만이 윤회에서 벗어나는 해탈을 할 수 있는 길이 열린다.

그러나 이 지성(buddhi)의 맹점은 자신의 본질은 뿌루사와 쁘라끄르띠의 산물이라는 것을 잊고 마치 자신이 무엇이나 다 알고 있고, 무엇이나 할 수 있는 것처럼 말하고 또한 마치 자신의 지식인 양 말하고 자신의 것인 양 말한다는 것이다.

진정한 지식과 지혜는 체험과 경험에서 체득(體得)되어져 나오는 것이다.

우리는 책과 글을 통해 요가의 비법 뿐 만 아니라 우주의 법칙까지도 이미 알 만큼 알고 있다. 그러나 문제는 그것은 내가 스스로 공부해서 얻은 진리에 대한 지혜가 아니라는 것이다.

남이 해 놓은 밥을 얻어먹어는 보있지만 내 스스로는 밥을 지을 줄 모른다는 것에 문제가 있다. 진리와 정신세계의 의식세계는 단순한 머리와 가슴으로 이해하는 것은 전체 숲의 일부를 본 것에 지나지 않는다. 마치 큰 숲의 한쪽 귀퉁이만 보듯이, 따라서 진리와 정신세계의 의식세계는 머리와 가슴으로 논할 문제가 아니라, 가슴과 머리를 넘어 무한히 깊은 의식과 무의식의 세계에서 다루어지는 문제로서 선현들의 가르침을 바탕으로 경험과 체험을 통해 체득되어져야 한다.

길을 떠나는 사람에게 있어서 목적지가 보이지 않는다고 목적지가 없는 것이 아니듯이 진리가 보이지 않는다고 진리를 아무렇게나 말해서도 안 되고, 또한 진리가 없다고 말해서도 안 된다.

앞서 다녀온 스승들이 가르쳐 준대로 한 걸음 한 걸음 나아가다보면 진리를 깨닫게 되고 목적지에 도착하게 될 것이다. 진리를 찾고 정신세계의 최상경지의 지혜를 얻기 위해서는 스스로의 노력과 경험에 의해 이루어진다.

그 누구도 대신해 줄 수가 없다.

목마른 자가 스스로 우물을 파 물을 얻어야하고, 병든 자가 치료를 받아야 하는 것이지 다른 사람이 치료를 대신 받을 수는 없다.

완전한 깨달음에서는 완전함만이 남을 뿐 어떠한 현상도 일어나지 않는다.

'purnam adah, purnami idam, purnat purnam udacyate
punasya purnam adaya purnam evavasisyate.'

'뿌~나마다 뿌~나미담 뿌낫 뿌~나무 닷짜떼 뿌나스야 뿌남 아다야 뿌남 에와 시샤떼, 옴, 산끼, 산띠, 신띠.'

That is Full; this is full. From the Full does the Full proceed.

After the coming of the Full from the full, the Full alone remains.
Om. Peace! Peace! Peace!

'이것도 완전하고 저것도 완전하다. 완전함으로부터 완전함이 비롯되었으며,
완전함에서 완전함을 빼내버리더라도 완전함만이 남는다.'

옴, 평화롭고. 평화로우며. 평화롭구나!! ―브리하다란야까 우빠니샤드―

8. 내생과 윤회 그리고 신

내생(來生) 즉 다음 생이 있다는 것은 과거와 현재, 미래라는 삼세(三世)가 있다는 얘기이고, 삼세를 걸쳐 있고 또 더 이상 계속해서 어떤 삶을 살아갈지 알 수 없는 상황이라면 윤회라는 것 역시 있는게 틀림없다.

그렇다면 이 윤회는 우리의 신체를 가진 상태로 윤회와 재생을 하는 것이 아니라, 영혼을 통해 우리는 윤회를 답습한다. 그래서 많은 생을 돌고 돌기 위해서는 영원한 존재가 필요하고 그 영원한 존재가 바로 영혼이다.

영원한 존재라는 것은 말 그대로 과거, 현재, 미래라는 삼세뿐만 아니라 그 전에도 그 후에도 앞으로도 계속해서 있어야 하는 존재로서 말 그대로 영원해야 한다.

따라서 영원한 존재인 영혼은 창조되지도 않고 창조 될 수도 없다.

창조될 수 있는 존재라면 언재든지 파괴하고 다시 창조하면 될 것이기 때문이다.

따라서 우리가 영원한 영혼의 존재성을 인정한다면 창조자로서의 신은 그 존재성이 희박해 진다. 그래서 상캬에서는 태초에 뿌루사와 쁘라끄르띠의 분리 상태에서의 균형이 무너지면서 혼돈상태가 되고 윤회가 시작되었다. 고 본다.

이러한 혼돈 상태의 모든 기억들은 쁘라끄르띠의 산물들인 모든 내적 기관에 잠재인상(samskara)으로 각인된다. 이것이 다음 생의 숙명적인 결함으로 의미는 다를 수 있겠으나 기독교에서 말하는 인간이라면 누구나 가지고 태어나는 원죄를 가지고 재탄생하는 것이다.

뿌루사나 쁘라끄르띠 상태의 본질들은 순수하다. 그래서 모든 생명 있는 존재의 미 현현 상태의 본질은 순수하지만 그러나 인간을 비롯한 모든 존재가 하나의 생명체로 탄생을 하게 되면 두 본질적인 물질의 결합은 순수성의 결여를 의미한다.

마치 맑은 물에 우유 한 방울을 떨어뜨리는 것과 같이..

윤회를 하면서 고통도 시작된다. 이 고통은 참된 통찰력이 생기기까지 계속된다.

부모로부터 물려받은 우리의 몸은 죽음과 함께 사라진다.

죽음은 본질적인 두 물질의 분리를 의미한다.

분리되었던 두 물질 중 쁘라끄르띠 속에는 구나들이 존재하고 구나들 속에는 그동안 삶을 영위해 오면서 쌓은 업(karma, 業)들이 잠재 인상(samskara)으로 각인 되어있는 상태이다.

이것이 뿌루사와 결합이 되고 지성을 비롯한 모든 쁘라끄르띠의 산물들이 형성된 상태에서 부모의 정자(精子)와 난자(卵子)라는 두 물질이 형성되었다가 두 물질의 결합을 통해 하나의 인간이라는 개체로 출생을 한다.

따라서 우리가 만약 선과 악이라는 행위의 차이에 의해 선한 행위를 한 사람에게는 축복을 내리고 악한 행위를 한 사람에게는 벌을 내린다고 한다면 신의 도움 없이도 윤회의 법칙(karma) 하나 만으로도 충분한 상벌의 대가는 얼마든지 치룰 수 있다.

왜냐면 업의 차이에 따라 그들은 각자의 업대로 태어날 것이며, 업(業)대로 태어난다는 것은 이미 자신의 업에 대한 대가를 치루기 위해 태어난 것이기 때문이다.

그러면서 새로운 업을 쌓아간다.

상캬에서는 처음부터 신의 창조 의지가 선(善)한 것이었다면 신이 창조한 이 세상의 모든 피조물들은 행복해야 한다. 고 말한다.

그리고 창조 그 자체가 모순이라고 한다.

왜냐면 신은 모든 속박과 욕망에서 자유롭고 완전한 존재로서 그것이 자신을 위한 것이던 남을 위한 것이던 어떠한 동기를 가진다는 것은 전지전능한 신으로서 완전하게 자유롭지 못하다는 것을 의미하기 때문이다.

자유롭지 못하다는 것은, 신(神)은 자재(自在)하고 전지전능하며, 속박되지 않는다고 하는 일반적인 개념에 위배된다.

그래서 철학자이며 사상가인 상카라(Adi Shankara)는 신을 두 가지로 나누어서 구별 한다.

속성(guna)이 있는 신, 사구나 브라흐만(saguna brahman)과 속성이 없는 신을 니르구나 브라흐만(nirguna brahman)이라 한다.

세상을 창조하고 유지하면서, 선한 행위를 한 사람에게는 복이나 축복을 내리고 악한 행위를 한 사람에게는 죄와 벌을 내리면서, 즐거우면 웃고 화가 나면 성을 내는 지극히 인간적인 속성을 가진 인격신을 사구나 브라흐만 즉 이스와라(Isvara)이다.

따라서 사구나 브라흐만은 특정한 이름과 함께 특정한 교리와 믿음체계를 가지고 현재 우리 인간들이 숭배(崇拜)하고 믿고 따르는 많은 종류의 종교적인 신들이 여기에 해당한다.

따라서 이들도 여느 산물들과 다름없이 인간으로 태어나기도 하고 화신(化身)으로 나타나기도 하고 부활도 하고 윤회 재생(輪廻再生)을 하는 결국 마야(maya)의 소산(所産)이라는 것이다.

그런데 어떻게 이 마야의 소산이 전지전능하고 절대자인양 행세를 하느냐하면 이것 역시 무지(avidya)의 탓으로 돌린다.

현실에서 마치 개아(jiva)가 참자아(atman)인 양 행세하듯이, 사구나 브라흐만도 마찬가지로 니르구나 브라흐만은 뒤에 있고 사구나 브라흐만이 앞에 나서서 완전한 절대적 유일한 존재인양 행세를 하는 것이다.

그래서 사구나 브라흐만이 비록 마야의 소산이기는 하지만 요가는 모든 유한 존재의 토대로서 세계를 창조한 제 1원인이며 질료인 동시에 동력인(쁘라끄르띠)으로 받아들인다.4) 왜냐면 세계의 모든 현상에 실재성을 부여하여야 하기 때문이다.

반면, 속성을 가지지 않는 니르구나 브라흐만은 그 어떠한 속성(屬性)이 있을 수 없다. 전지전능하고 절대적인 신이라면 어쩌면 다방면에서 그 전능함을 보여주어야 한다고 생각 하겠지만 다방면의 전능함을 보여준다는 자체가 속성을 가진 것에 지나지 않음으로 결국은 사구나 브라흐만 일 수 밖에 없다.

따라서 니르구나 브라흐만은 그 무엇도 창조하지 않으며 그 무엇도 의도적으로 파괴하지 않으며, 선과 악을 초월하고 생(生)과 사(死), 윤회와 해탈에서도 벗어나야하며 모든 것을 초월하고 순수 그 자체로 존재해야 절대 유일의 실체로서의 신(神)이 된다.

그래서 요가에서 말하는 뿌루사(purusa)나 아뜨만(atman)이나 니르구나 브라흐만은 동일하다.

이들은 태어난 적도 없으며 사멸(死滅)하지도 않는 영원불멸한 존재이면서 그 어떤 일에도 간여하지 않고 모든 일에서 초월해 있으며, 윤회와 재생에서도 초월해 있는 순수의식 그 자체로 존재한다.

그래서 결국 우리가 해야 할 일은 개아를 통해 참자아를 찾아 긴 구도자(求道者)의 길을 가는 수행자처럼 사구나 브라흐만을 통해 니르구나 브라흐만의 존재를 확인 할 수 있을 때 우리는 범아일여 즉 해탈의 경지에 올랐다고 말하는 것이다.

빠딴잘리의 요가수트라에도 인격신(人格神) 혹은 자재신(自在神)으로서의 Isvara가 나오기는 하지만, 이것은 어디까지나 지고한 존재, 최고의 완성자(完成者)로서의 모델로서 神을 등장시킨 것이지 신앙(信仰)의 대상은 아니라는 것을 명심(銘心)해야 한다.

요가는 무신론(無神論)이다.

인간이 지닌 본능(本能) 중 어떤 절대적 존재에게 의존하려는 종교적인 습성에 부합하면서 더 많은 대중에게 요가를 보급시키기 위한 방편(方便)으로 신에 대한 헌신과 신과의 교류 내지는 결합이라는 목표의식을 심어줌으로 요가를 실현하기 위한 격려와 장려, 자극제로서 보조수단이며 실천적 목표로서 Isvara를 활용하고 있을 뿐이다. ≪요가수트라 1장 23~29절 참조≫

따라서 요가에서는 쁘라끄르띠가 전지전능한 능력을 가진 자재신(自在神) Isvara로서 이 세상의 제 1창조원리이며 사구나 브라흐만이다.
뿌루사는 정신적 영적인 측면에서의 참자아인 atman이면서 니르구나 브라흐만인 것이다.

상캬에서 말하는 뿌루사는 영원불멸하는 존재인데 신에 의해 창조가 되었다면 창조되는 순간이 시작인 것이고 또한 영원할 필요도 없다. 따라서 뿌루사나 쁘라끄르띠의 개념과는 모순된다.
요가와 상캬는 무신론(atheism)이다.
그러나 특정종교에서 특정한 신에 헌신하면서 신과의 합일내지는 계시를 받고 해탈을 추구하는 것이 종교적이라면, 요가 또한 자아(atman)를 통해 해탈을 이루는 자아를 완성하는 과정이나 결과는 종교와 다를 바가 없다.
따라서 자아(atman)를 알고 나면 요가도 종교 못지않은 요가 마니아(신봉자)가 될 수 있는 가능성은 배제하지 않는다.

9. 인식론(pramana)

인식론이란, 철학의 한 부분으로 우리 인간이 살아가면서 경험되어지고 경험되어지지 않는 우주의 법칙이나 신비 혹은 현상계에서 지각되고 인식되어지는 삼라만상(森羅萬象)에 대한 지식의 근원 내지는 기원, 구조 등을 탐구하는 학문으로 철학의 다른 부분인 형이상학(形而上學)과 더불어 철학의 양대 산맥이라 한다.

실재로 우리가 어떤 물건의 본질에 대한 인식은 우리가 실지로 눈으로 보고 느낄 수 있는 것이라면 실질적이라 실재론이라 한다. 그러나 인식의 대상이 눈으로 보고 손으로 만지고 느낄 수도 없는 것으로 생각으로만 인식 가능한 것은 관념론이라 한다.

따라서 인식론은 실재론과 관념론으로 구분되어진다.

그러나 과학이 발달한 현대에 들어와서 형이상학적인 요가 철학이 과학과 접목되면서 더 이상 형이상학적 관념론이라고 하기에는 너무나 과학적인 것으로 밝혀지고 있다.

따라서 고대인도 요가 선지자들의 놀라운 지혜가 돋보인다.

예를 들면 상캬의 25원리는 현대 과학의 양자 역학과 절묘한 일치점을 보이고 있고, 고대 명상법 중의 하나인 비빠사나는 인체 공학적인 측면에서 요가와 너무나 조화를 잘 이루면서 과학적이다.

한편 인도철학에서 인과론은 윤회설과 더불어 인도인들의 삶에 뿌리 깊게 자리 잡고 있는데, 세상에 존재하는 모든 물질들은 원인 속에 결과가 있다는 인중유과론(因中有果論, satkaryavada)과 결과 속에 원인이 존재하지 않는다는 인중무과론(因中無果論, asatkaryavada)으로 나누고 있다.

1) 유물론적 인식론 −

인식론에 대한 인도의 유물론자들은 인간이 가진 오감(五感)만이 지각의 원천으로 보고 눈으로 보고 느낄 수 있는 것만이 인식과 지식의 원천으로 타당하다고 주장하면서, 우리 눈으로 직접보고 만지면서 확인가능한 물질만이 유일한 실재라고 한다.

예를 들어 인도철학에서 모든 물질은 지, 수, 화, 풍, 공으로 이루어져 있다고 믿는다.

그러나 유물론자들은 공은 아니라고 한다. 왜냐면 공은 지각되어지지 않기 때문이다.

따라서 유물론자들에 따르면 세계는 지, 수, 화, 풍으로만 구성되어 있다고 한다.

다른 학파 즉 즈냐나에서 주장하는 연역법(deduction, 명백한 일반적인 전제에서 새로운 결론을 얻어내는 방법으로 삼단논법이 대표적이다. 예, 사람은 죽는다. 나도 사람이다. 따라서 나도 죽는다.)이나 귀납법(induction, 개별적이면서 특수한 사실에서 일반적인 결과를 도출해낸다. 예, 산에 연기가 나는 것을 보고 불이 난 것을 추측한다.)도 올바른 인식으로 받아들이지 않는다.

뿐만 아니라 다른 학파들에서 인정하는 지각과 추론, 증언 등이 올바른 인식 수단이라고 인정을 하지 않는다.

245

2) 자이나적 인식론 −

한편, 자이나교에서는 인식론을 직접적(aparoksa)인식과 간접적(paroksa)인식으로 구분하고 있다.

직접적 인식은 인간의 감각기관이 아닌 영혼으로 바로 인지되는 영적인 인지를 말한다.

반면, 간접적인 인식은 마음이나 감각기관을 통해 얻어지는 인식을 말한다.

따라서 일반적으로 인간의 감각기관에 의해 인지되는 지각을 비롯한 다른 학파에서도 인정하는 올바른 인식방법인 추리, 증언을 자이나에서도 인정하지만 간접적인 인식방법이라고 말한다.

왜냐면 직접적인 인식은 감각기관을 거치지 않고 영혼이 영적으로 직접 인지되어야 하는데 이들은 감각기관을 거쳐야 하기 때문이다.

마음이나 감각기관의 매개 없이 인지되는 초감각적, 비 지각적 내지는 직관적 인식을 직접적 인식이라 부른다.

3) 상캬적 인식론 −

상캬도 지각과 추리, 증언을 올바른 인식의 수단으로 받아들인다.

그러나 상캬에서는 인식을 받아들이는 과정이 자신들이 설정한 25원리와 접목을 시키고 있다. 예를 들면 우리가 무엇을 인식하기까지는 감각기관과 마음(manas), 지성(buddhi)을 거쳐 순수의식인 뿌루사와 연결이 되었을 때 가능하다고 한다. 마음을 통해 순수의식인 뿌루사와 연결되어야 인식되어진다는 말은 바이세시카, 요가학파에서 주장하는 바와 같다.

따라서 상캬에서 인식이란 뿌루사와 쁘라끄르띠의 결합으로 일어나는 것이며 상호보완적이다. 예를 들면 쁘라끄르띠는 인식의 대상을 제공하고 뿌루사는 의식을 제공하는 식이다.[10]

상캬적 인과론(因果論)의 결과는 원인에 존재한다는 인중유과론(因中有果論, satkaryavada)을 주장한다. 인중 유과설은 전변설(轉變說, parinamavada)과 가현설(假現說, vivartavada) 두 가지로 나누는데, 전변설은 쁘라끄르띠의 다양한 변화는 실재라고하고, 가현설은 쁘라끄르띠의 변화는 실재가 아니 라 그렇게 보일 뿐이라고 주장한다.

예를 들면 우유에서 치즈가 만들어지면 치즈에 우유라는 물질은 없어지고 치즈라는 완전한 새로운 물질의 탄생을 의미하는 것이 전변설이고, 가현설은 치즈가 우유에서 만들어졌기 때문에 치즈도 우유인데 치즈로 보일 뿐이라는 설이다.

4) 바이세시카적 인식론−

바이세시카 학파에서는 지각과 추리는 올바른 인식방법으로 받아들이나 비교와 증언 같은 것은 올바른 인식방법으로 받아들이지 않는다.

인식이 어떻게 일어나는가 하는 질문에는 요가와 상캬 같이 마음이 들어오는 감각과 대상에 연결되지 않는 한 감각과 대상만으로는 인식되어지지 않는다고 한다.

감각과 대상은 그 자체만으로는 인식 할 수가 없고, 인식을 하기 위한 대상에 대한 마음의 주의가 필수적이라고 말한다.

바이세시카의 인과론(因果論)은 결과는 원인 속에 존재하지 않는다는 인중무과론(因中無果論, asatkaryavada)를 주장한다.

5) 니야야적 인식론 –

니야야 학파에서 말하는 인식이란, 자아 즉 아뜨만(atman)의 비본질적 속성이다. 원래 참자아인 아뜨만은 의식은 있으나 인식하지는 않는다. 는 말에서 근거한다. 다른 말로 하면 상캬의 25원리에서 뿌루사와 쁘라끄르띠의 결합에 의해 인식이 시작된다고 말할 수 있으나 니야야에서는 자아(自我)와 비아(非我)의 접촉에 의해 인식이 발생한다고 말한다. 이러한 인식은 궁극적 실재를 올바로 인식하여 자유 즉 해탈을 추구하는데 그 목적이 있다.

니야야학파에서 인정하는 올바른 인식 방법에는 지각, 추론, 비교, 증언 등 네 가지를 인정한다.

니야야에서 지각은 결정론적(savikalpa), 비결정론(nirvikalpa) 두 가지로 나눈다.

결정론은 우리가 어떤 사물을 보았을 때 그 사물에 대한 속성을 완전히 파악하고서 그것이 무엇이라는 것을 인식하는 것이고, 비결정론은 어떤 사물이 있기는 한데 그것이 무엇인지를 모를 때 이다.

예를 들면, 하나의 사과가 있는데 사과는 배와 다른 점을 지난날의 경험이나 누군가의 증언으로 알고 있었던 것을 비교를 통해 사과라고 인식하고, 같은 사과라도 빨간 사과일 수도 있고 파란 사과일수도 있을 것이다.

이와 같이 색상과 맛, 모양에 따라 또 분류가 되기 때문에 부사라는 특정 사과일수도 있고 홍옥이라는 사과 일 수도 있다. 이때 빨갛고 신맛 그리고 모양에 의해 홍옥이라고 판단이 서면 결정론이 되고, 홍옥과 부사를 구분하지 못하는 사람이라면 그것은 비결정이다. 그러나 그것이 배가 아닌 사과라는 것을 안다면 사과라는 한정된 사항에 대해서는 결정론이다.

따라서 결정론에 있어서 비결정론은 결정을 위한 필수로 작용한다.

한편 니야야는 지각은 직접적 인식이라고 하는 반면, 추리는 간접적 인식으로 구분한다. 왜냐면 추리는 현재 지각되지 않는 사물에 대한 존재를 인식하는 방법으로 예를 들면 연기를 보고 불이 있다는 것을 추측하는 것이다.

인과론(因果論)에 있어서 니야야는 바이세시카와 같이 인중무과론(因中無果論, asatkaryavada)을 주장한다.

6) 아드바이타 베단타적 인식론 −

아드바이타 베단타는 ①지각 ②추리 ③증언 ④비교 ⑤상정 ⑥비 지각이라는 여섯 가지 인식방법을 올바른 인식방법이라고 인정한다. 그러나 아드바이타 베단타의 창시자인 상카라는 지각, 추리, 증언만을 인정하였으나 후대의 아드바이타 사상가들이 여섯 가지 모두를 받아들인다.

한편, 상카라는 인과론에 있어서 인중유과론(因中有果論)의 가현설(假現說)을 지지한다.

10. 요가적 인식론 -

철학체계로서 요가는 전통적으로 요가적 실천수행을 통해 해탈에 이르고자하는 이론적 기초를 상캬 철학에서 받아들이고 반대로 상캬는 실재에 대한 진리를 실현하는 실천적 수행수단으로 요가를 인정한다.

따라서 요가에서도 상캬는 물론이고 다른 학파에서도 올바른 지식에 대한 인식수단으로 받아들이는 지각, 추론, 증언을 받아들인다.

≪요가 수트라 1/7절≫에 보면,
'pratyaksanumanagamah pramanani'
'쁘라뜨약사 아누마나 아가마 쁘라마나니'
'지각(pratyaksa), 추론(anumana), 베다와 같은 경전(agama)은 믿고 받아들일 만한 올바른 지식(pramana)의 수단이다.' 라 풀이한다.

≪요가 수트라 1-7≫

따라서 감각기관을 통해 직접 지각하는 것은 의심할 여지없는 타당한 인식 방법이라고 요가 에서도 받아들일 뿐만 아니라 대부분의 인도 철학에서도 받아들이고 있다.

그러나 요가에서는 설사 감각기관을 통해 사물을 인식하더라도 자아와 대상 사이에서 마음이 매개 역할을 해 주어야 한다고 강조한다.

예를 들어, 실내에서 어떤 일에 몰두 해 있는 사람이 밖에서 비가 내려도 인식을 하지 못하는 것은 마음이 비라는 대상에 닿아주지 않았기 때문이다.

따라서 지각에서 마음(manas)은 필수이다.

한편, 요가 뿐 아니라 대부분의 인도 철학에서 요가수행으로 얻어지는 초자연적인 직관과 통찰능력, 예를 들면 벽 뒤에 무엇이 있는지, 꽃이 없는 데에도 불구하고 그 꽃의 향기를 맡을 수 있다든지 하는, 우리가 일반적인 인식 수단의 범위를 뛰어넘는 요가적 수행에서 얻어지는 직관과 통찰력과 같은 초자연적인 특수한 형태의 지각능력도 인정한다.

이것을 요기 쁘라뜨약사(yogipratyaksa)라 한다.

두 번째 올바른 지식의 인식 수단에 있어서의 '추론(anumana)'은 과거의 직접적인 경험을 통해 알고 있었거나 또한 믿을 만한 사람에게서 그것이 무엇이다. 라고 확인된 사실을 근거로 하여 추리 혹은 유추해 내는 것이다.

이러한 지식은 자신이 그 사물을 인식하는 수단으로 사용함과 동시에 다른 사람에게도 그 사물에 대한 지식을 전달 해 주는 수단으로 사용할수 있다.

타당한 인식 수단의 세 번째는 고도의 정신세계를 수행한 성인이나 앞선 선조들의 영적 깨달음을 바탕으로 한 '경전(agama)이나 금언과 격언' 등은 믿을 만한 서술로서 누구나 인정하고 부정하지 않는다.

따라서 경전 역시 바른 인식수단으로 인정한다.

그러나 중요한 것은 앞에서 열거한 이러한 인식 수단들이 절대적으로 타당한 것은 아니라고 한다.

요가에서는 자이나교에서 말하는 직접직 인식과 마찬가지로 우리가 어떤 사물에 대한 진정한 지각을 얻기 위해서는 감각기관이 아닌 요가

수련의 실천으로 체득되어진 직관력과 통찰력을 얻어야 한다. 고 강조
한다.

그래야만 사물에 대한 진정한 본질을 알 수 있기 때문이다.

요가나 상캬에서 물질의 본질은 뿌루사와 쁘라끄르띠로 구성되어 있
고, 이 두 물질의 결합으로 형성되었다고 한다.

두 물질의 결합과 함께 본질은 변형되고 왜곡되어 다양하게 나타나기
시작한다.

따라서 단순히 감각기관을 통해 볼 수 있는 사물 그 자체는 사물 본래
의 모습은 아니라는 것이다.

본래의 모습을 알 수 있고 모든 현상의 실체를 알기 위해서는 실체를
보지 못하게 가리고 있는 장애물들을 제거함으로서 가능해 진다.

이러한 장애물은 뿌루사와 쁘라끄르띠의 결합과 함께 진실이 왜
곡됨과 동시에 혼란이 시작되는 것으로 요가에서는 끌레샤(klesa)
라 부르며, 다섯 가지가 있다.

1) 무명 혹은 무지(avidya)

2) 이기심(asmita)

3) 애착(raga)

4) 혐오(dvesa)

5) 삶에 대한 집착(abhinivesa) 이다.

본질을 파악하고 실체를 알기 위해서는 먼저 끌레샤(klesa)를 제
거해야 한다.

이 중에 가장 문제가 되는 것은 무명(avidya)으로, 다른 끌레샤들의
본질적인 원인으로 작용하면서 실체를 왜곡시켜 알 수 없게 만든다.

따라서 무명만을 제거하게 되면 그 외의 나머지 끌레샤들은 자연스럽게 소멸됨과 동시에 무지함은 사라지고 지혜의 눈이 밝아져서 해탈의 발판이 된다.

따라서 해탈을 한다는 것은 무지로 가려 있는 어리석음을 걷어내고 지혜의 눈으로 현실을 통찰하고 만물의 실체를 알아 거기에 얽매이지 않고 결국은 다른 끌레샤들 즉 이기심이나 혐오하는 마음, 삶에 대한 집착이나 애착으로부터 해방되는 것이다.

이 무명이란 것을 다른 말로 표현하면 업(karma, 業) 혹은 우리가 벗어야할 십자가로서 각자 가지고 태어난 업의 두께와 십자가의 무게에 따라 무명을 제거하고 해탈에 이르는 시간적 차이가 날 수 있다.

요가수행과 명상, 기도는 우리가 가지고 태어난 업의 두께와 십자가의 무게를 녹여주는 정화 작용을 한다.

이 정화 작용을 통해 의식의 변화가 오고 각자의 주어진 삶에도 변화가 오면서 새로운 인간으로 재탄생한다.

따라서 요가는 인간성 회복 운동이며, 새로운 인간으로의 재탄생을 의미한다.

이러한 해탈은 한 번의 깨달음으로 해탈을 이룸으로 다 해결되는 것은 아니다.

깨달음 뒤에도 꾸준하고 지속적인 수련이 필요하다.

해탈 상태에서는 모든 흔적들이 사라진다. 마치 약이 질병을 치료해 주면서 약 자체도 녹아 없어지는 것과 같이, 그러나 해탈하는 순간에는 모든 것이 자유롭고 윤회에서 벗어난 존재 일 수 있으나 살아있는 이상은 인간은 새로운 업(karma)을 짓지 않을 수가 없다.

그래서 까르마요가(Karma yoga)의 수행이 중요하다. (4장 까르마요
가 참조)

그렇지 않으면 깨달은 사람도 예외 없이 현재 짓고 있는 행위가 쁘라
끄르띠 속에 잠재되면서 다음 생을 기약하는 윤회의 원인 삼스까라
(samskara)로 남을 것이며, 인간으로서의 한계를 또 실감하게 될 것이
다.

그래서 요가에서는 살아서는 완전한 깨달음을 간직하기가 어려워 살
아서 이루는 생 해탈(jivan moksa)과 죽는 순간까지 윤회의 사슬에서
벗어나 완전한 깨달음의 상태로 죽은 뒤에나 이룰 수 있다는 완전한 해
탈(moksa)로 구분해 놓고 있다.

따라서 살아있는 한은 까르마 요가, 박티 요가, 지혜의 요가로 꾸준한
자신의 관리가 필요한 것이다.

해탈이라는 말은 뿌루사와 쁘라끄르띠의 결합으로 인해 생산된 산물
인 개아가 해탈을 하고 나면 개아의 신정한 주인인 아뜨만과 우주의 주

인이 브라흐만과 동격이라는 것이 우빠니사드에서 말하는 우주적인 나와 개체적인 나의 주인이 같다는 범아일여(梵我一如) 사상과 같고 결국 아드바이타 베단타의 불이 일원론(不二一元論)과 일치 된다. 그래서

지고한 실체로서의 뿌루사는 아뜨만과 같고, 아뜨만은 전체로서 브라흐만과 같다고

브리하다란야까 우빠니샤드 2장 5편에서는 말하고 있다.

tejomayo mrtamayah purusah, ayam eva sa yo'yam atma, idam amrtam idam brahma, idam sarvam.

≪Brihadaranyaka Upanisad 5장1~13절≫

자신이 무엇인가를 안다고 했을 때에 우리는 분명하게 그것에 대한 답변을 할 수 있어야 한다. 더군다나 깨달음을 논하고, 도(道)를 논하고, 해탈을 논할 때에도 남의 말이나 글을 빌려서가 아니라 체험과 경험에서 나와야 한다.

성현들의 말이 틀렸다는 것이 아니라 책과 글을 통해 머리와 가슴으로 만 이해한 얄은 잔머리의 지식으로 진리를 논하는 앵무새 같은 수행자들의 오류를 지적하는 것이다.

경험으로 체득되어지지 않은 지식과 지혜는 한계가 분명하여 얄은 냇물과 같이 금방 증발하고 만다.

그러나 성현이나 성인들에 의해 쓰여진 성서나 경전들은 그 분들의 오랜 수련과 사색의 결과로 경험에 의해 체득되어진 영적인 지혜의 결과물들이기에 우리는 믿고 따르는 것이다.

도(道)나 해탈(解脫)은 일반적인 지식과 이해의 한계를 넘어서 존재하

는 것이다.

그래서 우빠니사드를 '아뿌루세야(apuruseya)' 즉 인간의 작품이 아니라고 한다.

그런데 일반적인 지식의 수준에서 도(道)를 이해했노라고 하면서 아는 체 논한다는 것은 엄청난 오류를 범하는 것이고 자가당착(自家撞着)에 빠져 영원히 그 어리석음에서 빠져나오지 못할 것이다.

따라서 결국에는 자신이 무지에 빠져 있는 것조차도 알지 못하고 무지에 빠져 헤어 나오지 못하는 우(愚)를 범할 것이다.

그래서 ≪이샤 우빠니사드≫에 보면 '무지(avidya)를 숭배하는 자는 어둠 속으로 빠져들고, 지혜만을 숭배하는 자는 그 보다 더 깊은 어둠 속으로 빠져 들 것이다.'라고 경고 하고 있다. ≪Isa Upanisad 9절≫

이어서 '무지와 지혜를 같이 아는 자는 무지로써 죽음을 건너고 지혜로써 해탈을 얻으리다.'라고 했다. ≪Isa upanisad 11절≫

따라서 지식과 지혜의 한계를 뛰어 넘어 깨달음을 얻어 도인(道人)이 되고 해탈자(解脫者)가 되어 大 自由人이 되기 위해서는 엄청난 노력과 공부를 해야 하는 용기와 실천이 있어야 한다. 이것이 바로 요가이고, 이것을 성취하였을 때 진정한 요기(yogi)가 되는 것이고 요가의 궁극적인 목적을 이루는 것이며, 각자(覺者)가 되고 해탈자가 되고 진정한 도인(道人)이 되는 것이다.

　요가수련에 열심히 임하는 수련자들 중에 가끔은 요가의 비법이 무엇인가? 하고 찾아 헤매는 사람들을 볼 수 있는데, 요가의 비법(秘法)은 이미 오래전에 모두 전수되었다.

　단지 그 비법의 실체를 보지 못하는 것은 요가자체를 이해하지 못하고 진리를 찾을 수 있는 방법을 모를 뿐만 아니라, 그 방법을 알고 있는 사람도 없다.

　길은 갔다와본 사람만이 그 길을 안다고 말할 수 있을 것이다.

　마찬가지로 진리의 실체를 본사람 만이 진리를 논할 수 있을 것이다.

　진리의 실체를 보지도 못한 사람들이 마치 자신이 진리를 본 사람 인양 행세하는 것에서 문제가 발생한다.

　길을 떠나는 사람에게 있어서 목적지가 보이지 않는다고 목적지가 없는 것이 아니듯이 진리가 보이지 않는다고 진리를 아무렇게나 말해서도 안 되고, 또한 진리가 없다고 말해서도 안 된다.

　앞서 다녀온 스승들이 가르쳐 준대로 한 걸음 한 걸음 나아가다보면 진리를 깨닫게 되고 목적지에 도착하게 될 것이다. 진리를 찾고 정신세계의 최상경지의 지혜를 얻기 위해서는 스스로의 노력과 경험에 의해 이루어진다.

그 누구도 대신해 줄 수가 없다.

목마른 자가 스스로 우물을 파 물을 얻어야하고, 병든 자가 치료를 받아야 하는 것이지 다른 사람이 우물을 파고 치료를 대신 받을 수는 없다.

그러나 병든 자는 어떻게 치료하고 우물은 어디를 어떻게 파야한다고 제대로 가르쳐 줄 안내자는 꼭 필요하다.

요가의 비법은 이미 전수되어졌고 따로 있는 것이 아니다. 요가의 비법은 아스탕가 요가(Astanga yoga)에 있다.

아스탕가 요가의 원리만 잘 이해하면서 그것을 바탕으로 수련에 임하다보면 그 결과는 어느 순간에든 언제든지 가까운 장래에 나타날 것이라고 확신한다.

중요한 것은 어떻게 아스탕가 요가를 이해하고 있으며, 어떻게 수련하느냐하는 방법론에 달렸다.

요가 수련을 하는 사람들이 요가를 잘못 이해하고 있는 것 중의 하나는, 요가의 완성이 초능력을 발휘하고 신과의 교류 내지는 신과의 합일을 하고 궁극적으로는 우주의식과 합치가 되어 선시전능한 절대자처럼 되는 것이 해탈이라고 오해를 하고 있는 것 같다. 게다가 요가수련에 있어서 현실과 이상과의 피리가 너무 멀다고 생각하는 사람들이 있다.

이것은 수련을 어떻게 하는가 하는 방법론을 몰라서 하는 소리이지 현실과 이상에는 괴리가 전혀 없다. 방법만 알고 있다면 현실속에서도 얼마든지 실천수련이 가능하다. 현실 속에서 이루어지는 실질적인 요가의 실천 수련이 생활의 지혜를 가져다주는 생활 철학이라는 것을 깨닫게 될 것이다.

요가에서는 인간이 가지고 있는 잠재능력을 인정하고 요가적인 방법을 통해 육체적, 정신적 수련으로 인간의 한계를 뛰어넘는 초자연적인 힘도 가질 수 있다고 인정한다. [27, 28]

그러나 요가에서는 이러한 능력은 요가의 목적지를 향해가는 수련과정에 일어나는 하나의 현상에 불과 한 것으로 그것이 요가 수련의 목적이 될 수 없을 뿐만 아니라 해탈하고는 아무런 관계가 없다고 말한다.

오히려 나는 남이 할 수 없는 것을 할 줄 안다는 아집과 교만, 우월의식만을 키워 스스로 파멸에 이르게 하는 행위가 될 수도 있다. 고 경고한다.

또 다른 오류 중의 하나는,

해탈이나 깨달음이라는 것을 어떤 특정 종교에만 국한 시킨다는 점이다.

해탈이나 깨달음이라는 용어를 특정 종교에서 쓴다는 것뿐이지 말이란 어느 누구 한사람이 독점할 수 있는 것이 아니고, 누구나 모두 사용할 수 있는 권리가 있다.

그래서 해탈이나 깨달음과 같은 생각들은 특정종교에서(종교적인 부분은 3장 1. 요가와 종교와의 관계 참조) 벗어나 우리 일상생활에서도 적용시켜 볼 수 있는데, 해탈이나 깨달음이란 것은 하나의 허물을 벗는 것이고, 일상에서 벗어나 기분을 전환하고, 틀에 박힌 일에서 탈피해서 해방감을 느끼는 것도 하나의 작은 해방이자 해탈이라고 본다. 또한 어떤 특정종교에 대한 신앙심이 깊어 내 종교만 최고고 내 종교만 믿어야 한다는 맹목적인 믿음에서 벗어나 열린 마음으로 모든 종교 뿐 아니라 공생 공존해야 한다는 한 차원 높은 의식의 변화도 해탈이고 깨달음이다.

맹목적인 믿음보다 본래 선현들이 가르치고자 했던 본질을 파악하고 깨달아 자유인 즉 해탈자(解脫者)가 되는 것이 그 분들이 가르쳤고 그분들이 바라는 바가 아닐까 한다.

소위 정신세계를 추구하는 모든 학문의 지향점은 하나라고 본다. 그것은 깨달음이고 자기완성(自己完成)이고 해탈이고, 자유인(自由人)이 되고자 하는 것이라고 본다.

교회에서 맹렬하게 기도(祈禱)를 하고, 성당에서 깊은 묵상(黙想)에 잠기고, 절에서 깊은 좌선(坐禪) 속에서 화두(話頭)를 참구(參究)하는 궁극적 목적들은 무엇일까?

魔

요가는 세상에 대한 존재론적인 인식을 뿌루사와 쁘라끄르띠의 존재를 주장하면서 결과는 원인 속에 잠재되어 있는 형태로 존재한다. 고 말한다.

이것을 인중유과론(因中有果論, satkaryavada)이라 한다.

아무것도 없는 무(無)의 상태에서는 그 무엇도 인식할 수 없을 뿐만 아니라, 창조도 이루어 질 수 없다고 한다.

따라서 요가에서는 창조의 원리로 뿌루사와 쁘라끄르띠의 존재를 설정해 놓고 창조와 함께 물질의 인식 기원(起源)은 이 두 물질의 결합에서 기원(起源)한다고 말한다.

따라서 요가 인식론은 인중유과론(因中有果論) 즉 원인은 결과 속에 있다는 것에서부터 시작한다.

창조는 '창조의 근본물질'인 뿌루사와 쁘라끄르띠 라는 두 물질의 결합에 의해 이루어지지만 상캬는 이것을 창조가 아닌 잠재적이고 감추어져 있던 것이 드러나는 것이며, 잠재적인 존재가 현실적인 존재로, 함축적인 것이 명백한 것으로 전이되는 '생성과 전개(avirbhava)' 라는 말로 정의한다.

따라서 모든 물질은 이 두 물질의 결합에 의해 생성되고, 전개된 결과물들인 지성과 마음, 아함까라 등과 같은 인식 기관들도 형성된다. (8장 요가철학 세계전개 참조)

세계전개의 첫 번째 산물인 지성(buddhi)의 존재성은 실질적으로 밖으로 표출되는 구체적이면서 실질적인 존재의 현현의 상태보다는 미 현현인 상태이지만 무언가 있다. 라는 지적으로 만 인식 가능한 기능만 한다.

이것이 지적 양태의 미 현현의 상태를 벗어나 실질적으로 개별성을 띠고 현현의 상태로 밖으로 표출되는 것은 그 다음 산물인 아함까라와 마음에 의해서 '나는 달콤한 초코가 좋다. 혹은 부드러운 것이 좋다.'라는 실질적이면서 구조적인 구체화를 띠면서 밖으로 표출된다.

이들로 인해 '달콤한 초고는 맛이 있다. 혹은 부느러운 것은 감촉이 좋다.'라는 애착과 함께 다시 먹고 싶다. 혹은 다시 부드러운 촉감을 느끼고 싶다.'라는 갈망으로 인해 삼스까라(samskara)가 형성되고 인과의 법칙이 성립되면서 윤회도 시작된다.

　이때 필요한 것이 까르마 요가로서 맛이 있어도 그 맛을 각인시켜 삼스까라로 만들지 않는 것이 까르마 요가 인 것이다.

　생성과 전개, 인식과 변화 그리고 인과의 끝에는 뿌루사와 쁘라끄르띠가 있고 실질적인 변화의 동력인은 쁘라끄르띠이다. 따라서 세상에 존재하는 모든 인식 가능한 것들은 모두 무(無)에서 유(有)가 창조 된 것이 아니라 유(有)에서 유(有)로 창조되어 인식되어 지고 있는 것이다. 라고 요가에서는 말한다.

9장

차크라(Chakras), 나디(Nadas), 반다(bandhas), 쿤달리니(Kundalini)

1. 차크라(Chakras), 나디(Nadas), 반다(bandhas), 쿤달리니(Kundalini)

차크라(chakra)와 나디(nadi) 그리고 쿤달리니(kundalini)의 존재는 인간이 가진 감각기관이나 현대 과학의 첨단 기술로 확인이 불가능한 존재로서 현대인들에게는 그 존재에 의구심을 가지겠지만 요가를 하는 사람들은 영적(靈的), 정신적인 에너지가 흐르는 관(灌), 에너지 센터, 잠재적 에너지로 인식하고 인정한다.

요가에서는 인간이 눈으로 보고 손으로 만질 수 있는 조대한 육체와 설사 눈과 손으로 확인되지는 않지만 영적(靈的), 정신적, 우주적인 (astral body 혹은 linga sarira)몸이 안과 밖으로 존재하고 있다고 믿는다.

따라서 차크라와 나디, 그리고 쿤달리니가 비록 우리의 조대한 육체에 바탕을 두고 있고 있으면서도 신체 조직이라는 구조를 통해 확인 되지는 않지만 기능적(技能的)인 존재로서 우리 몸과 마음에서 일어나는 작용에 의해 인지된다.

서양의학에서는 구조적(構造的) 관점(觀點)으로 눈에 보이는 실재를 중요시하는 반면 동양 의학의 한방이나 아유르베다, 요가에서는 구조적 관점이 아닌 우리 몸에서 작용하는 기능적인 느낌으로 인지되는 것도 중요시 여긴다.

조대한 신체적 속성들이 5개의 감각기관 (jnanendriyas ; 눈, 코, 입, 귀, 혀)), 5개의 행동기관(Karmendriyas ; 손, 다리, 발, 생식기, 항문), 5 개의 쁘라나(Pranas ; 쁘라나, 아빠나 브야나, 우다나, 사마

나) 그리고 마음(manas), 지성(buddhi) 들을 가지고 있다면, 정신적 영적인 영체(靈體) 또한 조대한 신체에 해당하는 속성들을 가지고 각각의 조대한 신체적 속성(屬性)들을 조절하고 통제한다. [34]

뿐만 아니라 요가철학에서는 인간의 몸과 마음, 영혼(Atman)의 유기적 결합체인 우리 몸은 다섯 겹의 층으로 싸여 있다고 하는데, 이것을 빤짜꼬사(panchakosa)라고 한다.

코샤(Kosha)라는 의미는 우리 몸을 뜻한다.

1) Annamaya kośa(Physical body, 물질층, 육체층)

우리가 흔히 말하는 물질적인 몸(육체, 肉體)으로 음식을 먹고 이를 통해 뼈와 근육을 구성하고, 5가지 조대 원소로 이루어진 신진대사가 일어나는 신체를 뜻한다.

2) Prānamaya kośa(Pranic body, 에너지 층)

생기체(生氣體). 육체보다 미세한 파동으로 존재하며, 우주의 생명력인 쁘라나가 깃들어 있고 다섯 가지 바유가 작용하면서 육체적 활동을 위한 활력의 근원이 된다.

3) Manomaya kośa(Astral body, 마음층)

유체(幽體), 감정체(感情體)로 표현되며, 마음(manas), 생각과 감정으로 이루어진 층으로 대부분의 사람들은 행과 불행, 고통과 쾌락을 경험하면서 이 층에 함몰되어 살아간다. 쁘라뜨야하라, 쁘라나야마의 수련이 도움이 된다.

4) Vijñanamaya kośa(Mental body, 지성층)

사념체(思念體), 심체(心體)로 불리며, 감정을 조절하며, 지성, 지혜, 통찰력을 갖게 하는 층으로 다라나(dharana) 드야나(dhyana)의 수련의 결과 앞의 유체와 감정체에서 벗어나 더 높은 의식수준에 이르게 한다.

5) Anandamaya kośa(Causal body, 행복, 지복층) 는

환희체(歡喜體), 원인체(原因體)라 이야기되며, 심체, 생기체, 육체에 영적 에너지를 공급해주며, 지복과 무한한 행복감을 느끼게 하는 층으로 사마디(samadhi, 삼매)상태에서 이 층을 경험해 볼 수 있다.

조대한 신체적 신경체계 속에서 작용하는 거칠고 조대한 쁘라나는 스툴라 쁘라나(sthula prana)라고 하고, 정신적이고 영적인 신경체계를 통해 작용하는 쁘라나는 숙스마 쁘라나(suksma prana) 라고 한다.

차크라는 우리 인체에서 육체적 정신적 생명에너지가 상호 교차하는 에너지 센터로서 조대한 신체의 신경총으로 대표되고, 나디는 이곳에 연결되어 우리 몸 구석구석으로 에너지를 공급 해 주는 통로 역할을 하는 관(管)으로 인식한다.

따라서 우리 인체에 있는 총체적인 신경과 신경총들은 영적(靈的)이고 우주적 에너지인 쁘라나와 차크라, 나디 등과 가까운 연관성을 가지고 조대한 신체에 활력을 불어넣고 에너지를 생산 공급해서 조대한 신체의 생명 활동을 위한 근원적인 작용을 하고 있다.

인간의 조대한 신체는 영적인 에너지 작용 없이는 아무것도 할 수가 없으며, 반면 이러한 영적인 몸이 가지고 있는 에너지 작용들은 조대한 육체를 통해 밖으로 표출된다.[34]

1) 차크라(Chakras)

차크라(chakra)는 요가에서 연꽃(padma)에 비유되고 연꽃으로 상징된다.

연꽃이 피어나는 과정이 인간이 차크라를 각성시켜 깨달음을 이루는 과정과 비슷하기 때문에 연꽃으로 나타낸다.

따라서 연꽃은 아주 성스러운 꽃으로 여기면서 인도의 국화(國花)로 존중된다.

연꽃이 피어나는 과정은 인간들이 더럽다고 느끼는 흙탕물 속에서 싹을 틔워 더러운 흙탕물을 헤치고 물 바깥까지 나와 맑은 공기와 햇볕을 받아 꽃을 피우는 과정이 인간이 아무 것도 모르는 '무지(abidya)'의 상태에서 실천 수행의 노력(tapas)으로 깨달음을 통해 해탈을 이루어 자유인이 되는 과정과 흡사하다.

차크라는 '바퀴' 또는 '원'이라는 뜻으로 비록 구조적으로는 파악이 되지 않지만 기능적으로 인식 가능한 잠재적인 에너지의 중심 센터로서 소용돌이치는 회오리바람 형태로 존재한다고 믿는다.

차크라는 우리 몸을 구성하는 에너지의 원천으로 모든 존재에 작용하는 힘의 원천이다. 이것은 마치 현대 양자물리학에서 '이 우주 안에 존재하는 모든 전자들은 항상 동일한 회전 속도를 유지하면서 영원히 돌아간다.'라는 말과 같다.

차크라가 가진 회전하는 속성은 양자이론에서 말하는 입자들이 가진 속성, 회전 운동(spin)과 일치한다.

따라서 쿤달리니 요가에서는 잠재되어 있는 에너지 센터인 차크라를 일정하게 정해진 방법에 따라 각성시켜 개발해서 정신적인 요가로 승화시켜 깨달음에 이르고자 한다.

각 차크라에는 창조의 원리와 그리고 그 차크라에 내포하고 있는 잠재 요소와 에너지의 형태 등을 그림으로 나타내고 있다.

따라서 각 차크라에 존재하는 구성 요소들을 구체적으로 살펴보면,

각각의 차크라에는 그 차크라를 상징하는 연꽃들이 존재하며 연꽃잎의 숫자는 그 차크라에서 발생하는 나디(nadis)들의 수를 나타난다.

각 연꽃잎 위에는 산스크리트 문자가 있고, 그 문자에 해당하는 본질적인 '소리(음)'가 존재하고 그 소리를 요가에서는 비자 만뜨라(bija mantra)라고 한다.

이 소리(음, bija mantra)는 차크라를 각성시키기 위한 에너지로 활용하는데 그 원리는 파동을 이용한 진동(震動)이다.

이것은 양자 물리학에서 입자는 스핀을 가지고 있고, 스핀은 진동이

있다는 것과 일치한다.

따라서 진동이 물질의 가장 작은 형태의 단위로서 신체적 진동(震動)을 통해 정신적, 영적센터인 차크라(chakra)를 개발하고 각성시킨다.

이것이 쿤달리니 요가에서 말하는 차크라 각성의 원리이고,

이것을 형이상학적 철학을 과학적으로 풀이하면 비자 만뜨라(bija mantra)는 진동을 가지고 있고, 진동을 가진 것은 양자역학에서 스핀을 가진 입자라고 했다. [26, 33]

이 입자들은 현실적으로 우리 눈으로 볼 수 없는 극 미세 입자들로서 우리 눈으로는 그냥 '공간'으로 보일 뿐이다.

이 공간을 요가에서는 '아까시(akash, 에테르)'라고 한다.

아까시(akash)는 극 미세 물질들을 담고 있는 공간으로 극 미세 물질들은 스핀을 하고 있고, 스핀에 의한 작은 진동들이 모여 '옴'이라는 소리를 만들어 내고 옴은 태초의 어떤 물질을 만들어내는 진동에 의한 소리인 것이다.

따라서 '옴'은 창조주 브라흐만과 같고 브라흐만은 아뜨만과 같다고 우빠니샤드에서는 말한다.

결국 모든 것은 아까시에서 이루어지고 아까시 역시도 아뜨만이고 브라흐만이라고 우빠니샤드에서는 말한다.

이와 같이 요가 철학과 현대의 양자물리학은 절묘한 일치점을 가지고 있다.

따라서 요가철학의 형이상학이 공허한 관념론이 아닌 과학으로 결국은 칠학과 과학이 분리 될 수 없다는 것을 보여 준다.

한편 각 차크라에는 각 차크라 마다 특유의 기하학 적인 형태의 문양을 가지고 있는데 이것을 요가에서는 '얀뜨라(yantra)' 라고 한다.

얀뜨라(yantra)란 에너지를 유지, 보존 한다.라는 범어(sanskrit), '얌(yam)'에서 온 말로서 철학적 '사상 내지는 생각'을 기하학적인 형태 속에 내포하고 있다. 이러한 형태는 대표적으로 티벳 불교에서 찾아볼 수 있는데 만다라(Mandala)라고 한다.

그리고 각 차크라에는 그 차크라에 해당하는 5대 원소(pancha bhutas ; earth, wart, fire, air, ether)를 그 원소에 해당하는 특유한 색깔과 감각기관으로 나타내고 있으며, 각 차크라를 관장하는 주요 바유(vayu, 에너지)가 작용하고 있다.

또한 각 차크라들을 대표하는 동물들이 있으면서 그 동물이 가진 속성(gunas)과 기질들의 본성을 나타내면서 진화 과정과 에너지의 운송 수단으로 작용한다.

또 각 차크라마다 살아가는 존재들의 세계, 로카스(Lokas)가 다르고, 그 세계를 관장하는 신들이 따로 있다.

로카스(Lokas)

[인도 철학에서 인간과 자연계를 포함한 우주는 14개의 세계(world)로 구성되어 있다고 한다. 14개 중 7개는 상위의 세계이고 나머지 7개는 하위의 세계로 다음과 같다. 먼저 상위의 세계는 부(bhuh), 부와(bhuvah), 스와(svah), 마하(maha), 자나(jana), 타빠(tapa), 사뜨야(satya)가 있고, 그 아래 하위에는 아딸라(atala), 비딸라(vitala), 수딸라(sutala), 딸라딸라(talatala), 라사딸라(rasatala), 마하딸라(mahatala), 그리고 빠딸라(patala)가 있다. 상위의 로카스는 부 로카(bhu loka)로부터 시작하여 인간을 포함

한 동물 이상의 존재들에 해당하고 가장 아래에 있으면서 근원 차크라에 해당하는 물라다라 차크라에서부터 시작하여 위로 올라가면 갈수록 상위에 해당한다. 물라다라 이하의 차크라는 지하세계로 동물 이하의 세계에 속한다.]

각 차크라들은 우리 인체의 반사 지점으로 조대한 신체에 여러 개의 신경이 서로 얽혀 다발로 있는 중심센터인 신경총들로 경(목) 신경총, 심장 신경총, 복부 신경총, 천추(골반) 신경총, 전립선 신경총 등에 해당한다.

차크라는 이러한 신경총들의 근원적인 작용과 원활한 기능을 조절해 주면서 모든 신경조직이나 소화기, 순환기, 호흡기, 생식기 등의 작용에 관여한다.

일반적으로 차크라는 회음에서부터 시작하여 머리 정수리까지 위로 올라오면서 일곱 개가 있다. 아래로부터

① 물라다라차크라(Muladhara chakra, 회음)

② 스와디스타나 차크라(Svadistana chakra, 단전)

③ 마니뿌라 차크라(Manipura chakra, 배꼽)

④ 아나하따 차크라(Anahata chakra, 심장)

⑤ 비수다 차크라(Vissuddha chakra, 목)

⑥ 아즈나차크라(Ajna chakra, 미간)

⑦ 사하스라라 차크라(Sahasrara chakra, 정수리)의 순서로 되어 있다.

이 차크라들은 모든 나디들의 중심 나디인 수슘나(susumna) 나디 위

에 존재한다.

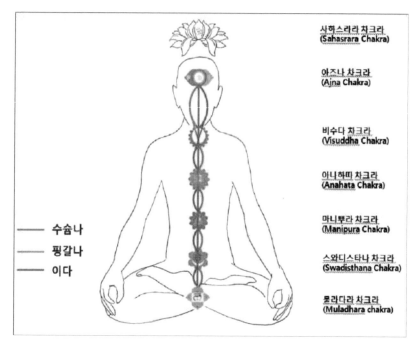

사하스라라 차크라
(Sahasrara Chakra)

아즈나 차크라
(Ajna Chakra)

비수다 차크라
(Visuddha Chakra)

아니하따 차크라
(Anahata Chakra)

마니뿌라 차크라
(Manipura Chakra)

스와디스타나 차크라
(Swadisthana Chakra)

물라다라 차크라
(Muladhara chakra)

— 수슘나
— 핑갈라
— 이다

\<나디와 일곱 차크라들\>

① 물라다라 차크라(Muladhara chakra)

'Mula'라는 말은 "근원 혹은 뿌리, 기초"라는 뜻의 산스크리트어다.

따라서 이 물라다라 차크라가 차크라 체계의 기초 혹은 뿌리로서 척추의 제일 아래쪽에 위치하고 있으면서, 이다, 핑갈라, 수슘나 나디가 만나는 교차점이다.

물라다라 차크라의 위치는 항문 위로 손가락 두개의 위, 생식기 아래

두개의 손가락 밑에서 손가락 네 개의 넓이의 공간을 차지하면서, 다른 모든 차크라를 제일 밑에서 받혀 주는 근원 차크라로서 차크라의 뿌리에 해당한다.

따라서 다른 말로는 '아다라(adhara) 차크라' 즉 '지지해 주는 차크라'라고 한다.

여기서부터 차크라를 깨워 위로 확장이 되어 올라가면서 머리 꼭대기에 존재하는 사하스라라까지 올라가서 최종적으로 그 꽃을 피운다.

이 차크라로부터 4개의 중요한 나디가 나오는데, 그것을 4개의 꽃잎으로 나타내고 그 위에는 범어(saskrit)로 '왐(vam), 삼(sam), 샴(sham), 섬(sum)으로 나타내고 있으며, 그 안에는 노란 사각형이 땅의 요소와 흙의 기질을 나타내고 후각의 지배를 받는다.

앞의 만뜨라 중 근본 만뜨라(mantra, 주문)가 있는데, 이것을 비자 만뜨라(bija mantra)라고 하고, 물라다라 차크라의 비자 만뜨라는 '람(Lam)'이다.

이 만뜨라에 의해 이 차크라와 관련된 요소들이 안정을 이루고 그 소리로 인해 차크라가 각성하기도 하고 강화되기도 하며 에너지흐름이 촉진되고 수련자의 내적 힘을 강화시킬 수 있다.

이 차크라의 중앙에 요니(yoni)가 있으며, 까마(kama)라고 부른다.

여기에 쿤달리니가 잠재된 상태로 3바퀴 반의 똬리를 틀고 있는 뱀의 형상으로 존재하며, 쿤달리니 삭띠라 부르고, 쿤달리니 삭띠는 여성적 에너지로 시바의 부인 빠르바띠를 상상하면서 수행자들에 의해 숭배된다.

가네샤(Ganesha)와 다키니(Dhakini)가 이 차크라를 관장하는 신이며, 일곱 개의 코를 가진 코끼리가 에너지 운반의 수단으로 존재하면서 위대한 창조의 도구로 이용된다.

물라다라 차크라의 각성은 새로운 창조와 다양성의 원천 차크라로 부로카(bhu loka) 즉 물질계를 뜻한다.

물질계는 온갖 영욕이 난무하는 인간세계를 상징한다.

이 물라다라 차크라 밑으로는 7개[아딸라(atala), 비딸라(vitala), 수딸라(sutala), 딸라딸라(talatala), 라사딸라(rasatala), 마하딸라(mahatala), 그리고 빠딸라(patala)]의 지하세계가 있으며, 인간이하의 저급한 동물이나 생물, 미물들의 세계로서 물라다라 차크라의 통제를 받는다.

물라다라 차크라는 진화론적으로 동물계에서는 가장 높은 차크라이면서 인간에게는 근원이자 첫 차크라이다.

인간과 고등동물에서부터 시작하는 물라다라 차크라는 인간의 에고(ego)와 자아의식(ahamkara)이 여기서 시작된다.

따라서 물라다라 차크라는 무지(avidya)와 타마스(tamas)의 영향이 강해 탐욕과 고통, 희, 노, 애, 락 등의 원천으로 인간이라면 꼭 이 차크라를 각성해야 할 필요가 있으며,

물라다라 차크라의 각성으로 인해 마음과 몸이 동물적 성향으로부터 벗어나 고통으로부터 해방될 수가 있다.

물라다라 차크라를 조대한 육체의 신경총으로 따지면 골반 신경총에 해당하고, 이 물라다라 차크라는 '아빠나 바유(apana vayu)'의 중심센터로서 음식과 영양분을 흡수하고 남은 찌꺼기의 배출과 생리적인 배실과 분비, 여성이 출산 시 아기를 밀어내는 힘과 번식을 위한 성 기관 등

을 관장하는 에너지 센터로서 아유르베다에서 말하는 우리 신체의 신진 대사가 일어나는 안나마야 꼬사(annamaya kosa)의 원천이다.

<물라다라 차크라>

한편, 이 차크라에는 쁘라나 혹은 쿤달리니를 상승시키는 장애로 작용하는 그란티(granti)가 있는데, 그란티는 잠재되어 있는 에너지가 각성되어 사하스라라로 상승하는 장애물로 작용한다.

그란티는 쿤달리니를 각성시켜 위로 상승시켜 의식을 열어 깨달음이라는 목표를 달성하기 위해서는 뚫고 올라가야할 장애물로서 우리 몸에는 3군데에 존재한다.

그 중에 첫 번째 그란티는 브라흐마 그란티(brahma granti)로 이 물라다라 차크라에 있다.

② 스와디스타나 차크라(Svadhisthana chakra)

'스와(Sva)'란 자아 혹은 자기 자신이라는 뜻이며 '아디스타나

(adhisthana)'는 거주하는 곳이라는 뜻이다. 이 말은 자아가 거주하는 곳이라고 할 수도 있지만 생명에너지가 스스로 자생하는 생명에너지의 원천으로 해석 할 수도 있다.

이 차크라의 위치는 하복부 신경총으로 단전(丹田)이다.

단전에서 형성된 에너지를 우리 몸 전체에 두루 순환시켜 주고 우리 몸에 생명을 유지하게 해 주는 역할을 하는 '브야나 바유(vyana vayu)'가 관장한다.

스와디스타나 차크라는 6개의 나디가 6개의 연꽃잎으로 표현되어 있고, 여기에 해당하는 만뜨라는 밤(bam), 밤(bham), 맘(mam), 얌(yam), 람(ram), 람(lam)이고, 비자 만뜨라는 '왐(vam)'이다. 붉은 주홍색을 띠며, 얀뜨라는 흰 초생 달로 5원소 중 물을 상징하며, 오감(五感) 중 미각(味覺)의 지배를 받는다.

이곳을 상징하는 동물은 악어(makara)로서 무의식 속에 잠재되어 있는 삼스까라(samskara)를 나타낸다.

이곳을 관장하는 신은 브라흐마와 라키니(Rakini) 여신이다.

스와디스타나 차크라는 인간계에서 영적(靈)인 세계로 넘어가는 전이 단계의 부와르 로카스(Bhuvar lokas, 중음계)에 해당하고, 아유르베다에서 말하는 생명에너지인

쁘라나를 생성하는 곳으로 신체활동의 근원이 되는 쁘라나마야꼬사(Pranamaya kosa)의 원천에 해당한다.

<스와디스타나 차크라>

　이 차크라의 각성은 자신의 내면의 적(賊)인 동물적 근성의 탐욕과 분노, 욕망과 시기, 질투 등의 감정으로부터 자유로워지며, 자아는 큰 진화(進化)를 하게 되면서 정신적 깨달음의 세계로 나아가는 초석으로 작용한다.

③ 마니뿌라 차크라(Manipura chakra)

　'마니뿌라'라는 말은 '마니(mani, 보석)와 뿌리(puri, 마을 혹은 도시)'라는 말의 합성어로 '보석의 마을'이라는 뜻이다.

　마니뿌라 차크라의 위치는 배꼽이다. 해부학적으로 배꼽은 태양 신경총에 해당한다.

　태양 신경총은 열을 생성하고, 열은 우리 몸에서 없어서는 안 되는 힘을 생산하는 에너지이고, 이 에너지는 우리 인간들의 생명을 유지시켜주는 힘이다.

　띠리서 마니뿌라 차그라는 힘과 생명에너지를 생산하는 원천적인 차크라로 보석으로 가득한 풍요로움을 상징하며, 사마나(samana)바유가 작용한다. 사마나 바유는 흡수된 영양물질들을 소화시켜 에너지화 하는 바유이다.

　마니뿌라 차크라는 열 개의 연꽃잎으로 상징되는 나디들이 있다.
　각 연꽃에는 담(dam), 담(dham), 남(nam), 땀(tam), 탐(tham), 다시 담(dam), 담(dham), 남(Nam), 빰(Pam), 팜(Pham)으로 소리 나고, 비자 만뜨라는 '람(ram)'이다.
　얀뜨라는 기하학적으로 가장 안정된 힘과 불(火)을 상징하는 삼각형이며, 색깔은 짙은 빨간색이다. 지배하는 감각은 시각(視覺)이다.
　비스누와 라키니(Lakini) 여신이 관장하고 천계에 속하는 스와르가로카(Swarga Loka)에 속한다. 물라다라와 스와디스타나 차크라는 동물적 영역으로 타마스적 성향이 강하지만 마니뿌라 차크라 부터는 타마스적 동물적 영역을 벗어나 끈기 있고 라자스(rajas)적 활동성을 가진 양의 기질을 가지고 천계로 들어가는 첫 관문이다.

<마니뿌라 차크라>

지금까지 물라다라나 스와디스타나 차크라까지는 외적이면서 동물적, 육체적 한계를 벗어나지 못한 저급(低級)한 상태의 각성이었다면, 마니뿌라 차크라부터는 보다 상위(上位)의 각성으로 개인적인 편견이나 선입관 또는 감정에서 벗어나 보다 넓은 의식 상태를 갖게 되는 힘과 안정감 그리고 자기 자신에 대한 이해력이 보다 깊어진다.

따라서 마니뿌라 차크라가 각성이 되면 영적이고 정신적인 안목이 생기면서 더 이상 물질적 경험세계에 종속되지 않는다.

④ 아나하따 차크라(anahata chakra)

이 차크라의 위치는 심장(心腸)에 있다. 따라서 심장 신경총에 해당한다.

인간의 심장은 꾸준히 끊임없이 일정한 리듬을 가지고 박동을 해 주어야 한다.

심장박동이 멈춘다는 것은 죽음을 의미한다.

따라서 '아나하따(anahata)'라는 말은 '불굴의 지지 않는 혹은 항상 새롭다'라는 뜻을 가지고 있다.

따라서 아나하따의 의미와 같이 심장은 항상 새롭게 불굴의 의지로 끊임없이 뛰어야한다.

아나하따 차크라는 12개의 연꽃잎으로 구성되어 있고, 각 연잎에는 깜(kam), 캄(kham), 감(gam), 감(gham), 앙그(anga), 참(cham), 짬(chham), 잠(jam), 잠(jham), 냠(nyam), 땀(tam), 탐(tham)이 각인되어 있고, 비자 만뜨라는 '얌(yam)'이며, 얀뜨라는 두 개의 삼각형이 합쳐져서 만들어진 육각별이다.

<아나하따 차크라>

두 개의 삼각형이 상징하는 것은 하나는 밑에서 위로 상승하는 쿤달리니 삭띠를 의미하고 다른 하나는 위에서 하강하는 시바(siva)를 의미한다.

이 둘이 결합되었을 때 육각별이 만들어지고 이것은 조화와 균형의 사뜨와적인 상태로 평온과 자유를 상징한다.

이곳을 관장하는 신은 시바와 카키니(Kakini)이고, '마하르(Mahar) 로카'에 해당한다. 마하르 로카는 영생의 첫 단계로 마노마야 코사(manomaya kosa)의 원천에 해당한다.

아나하따 차크라의 따뜻하고 순수한 심장이 가진 기질은 순수와 정직을 상징하는 사슴으로 나타낸다. 다른 한편으로는 항상 예민하게 반응하는 사슴의 반사 신경처럼 수행자의 의식이 깨어있어야 한다는 것을 자각시키기 위해 아나하따 차크라를 상징하는 동물은 사슴이다.

이곳을 관리하는 비유는 호흡과 흡입을 관장하는 '쁘라나 바유(prana vayu)'이고, 5원소 중 바람(風)의 요소에 해당하고, 바람을 지각하는 감각기관은 촉각(觸覺)이며, 지각하는 행동기관은 피부이다.

아나하따 차크라가 각성되기 전의 심장은 감정에 집착하고 열망하는 속박에서 좀처럼 벗어나기가 어렵다. 그래서 이것을 감각과 감정을 조절하고 모든 집착과 애착과 같은 속박에서 벗어나야할 우리 내면에 존재하는 장애물로 작용하는 '비스누 그란티(Visnu granti)'가 있고, 이 그란티는 우리가 극복해야 할 장애물이다.

아나하따 차크라가 각성 되면 순수한 감정과 무한한 사랑, 남을 위한 이타(利他)적 희생과 어머니가 자식에게 베푸는 무조건적인 모성애와 같은 사랑을 실천하는 행동으로 나타난다.

아나하따 차크라의 각성을 위해서는 어떠한 이기심이나 기대를 하지 않는 철저한 까르마요가(karma yoga)와 박티요가(bhakti yoga)의 수련이 요구된다.

이를 통해 아나하따 차크라가 각성되면 까르마요가와 박티요가의 완성을 뜻하고, 까르마요가와 박티 요가가 완성되었을 때 선과 악, 집착과 애착, 갈망 등의 모든 이원성에서 벗어나 진정한 평화와 자유를 얻게 된다.

이것이 요가의 완성이면서 진정한 요기(yogi)의 모습인 것이다.

⑤ 비수다 차크라(visuddha chakra)

비수다는 '순수' 혹은 '정화'라는 뜻을 가지고 있다. 비수다 차크라의 위치는 우리 목에 위치해 있고 경(목) 신경 총에 해당한다. 목신경총은 요가 수행자들이 매우 중요하게 여기는 곳이다.

요가에서 우리 인체는 음양의 조화 속에 존재한다고 한다. 양(陽)은 마니뿌라 차크라의 태양 신경총을 의미하고 수르야(Surya)라 하고, 음 (陰)은 경신경총이 존재하는 비수다 차크라를 의미하는데 찬드라 (chandra, 달)라고 한다.

찬드라에서는 우리 인간의 생존을 위한 생명 에너지인 감로(빈두, 소마)가 생산되어 비수다 차크라에서 정화되어 영생의 물질로 바뀌어 비수다 차크라에 머물게 되면 우리 인간은 늙지도 죽지도 않게 된다고 한다. [21]

따라서 찬드라는 시각, 청각, 후각, 미각 등 우리 머리를 지배하는 모든 신경들의 합류지점으로 요기가 개발해야하는 매우 중요한 에너지 센터로 간주된다.

비수다 차크라는 열여섯 개의 연꽃잎으로 되어 있고. 산스크리트 문자 '암(Am), 암(Aam), 임(Im), 임(Iim), 움(Um), 움(Uum), 럼(Rm), 럼(Rrm), 름(Lm), 름(Llm), 엠(Em), 아임((AIm), 옴(Om), 아움 (Aum), 암(Aam), 암(Ahm)으로 구성되어 있는데, 모두 산스크리트 모음들로 구성되어 있다. 인도 철학에서 산스크리트 모음은 정신적, 영적인 힘이 있는 음절로 간주한다.

<비수다 차크라>

비자 만뜨라는 '함(ham)'이고, 얀뜨라는 둥근 원'이다.

원은 공간(Akash)으로서 5원소 중 '공(空)'에 속하고 공은 소리 즉 청각의 지배를 받는다.

이 차크라를 관장하는 신은 사다시바(Sadasiva)이고, 여신은 샤키니(Shakini)이다.

사다시바는 머리가 다섯 개가 달린 신으로 다섯 개의 머리는 다섯 감각기관, 눈, 귀, 코, 혀, 촉각을 상징하면서, 찬드라로 상징되는 비수다 차크라에서 다섯 감각기관의 조화를 나타낸다.

비수다 차크라는 자나르 로카(Janar loka)에 해당하고 순수함과 지혜를 상징하는 한 개의 코를 가진 코끼리의 기질과 성향을 가지고 있다.

이곳에 작용하는 생명에너지는 '우다나 바유(udana vayu)'로서 우다나 바유는 인간이 태어나서 죽을 때까지 위로 끌어올려 주는 힘이다.

우리가 다리를 들어 올리고, 물건을 집어 올리고, 혈액이 머리 위로 순환을 해 주고, 호흡을 하기위해 가슴을 들어 올리는 것 등이 모두 우다나 바유의 작용이다.

그래서 중력에 반하는 작용으로 ≪요가수트라≫에는 우다나 바유의 완성은 공중 부양에 있다. 고 하고, ≪하타쁘라디피카≫에는 아빠나 바유와 쁘라나 바유를 아나하따 차크라에서 결합시켜 위로 상승시켜 사하스라라에 이르러 우주의식과 연결시키는 작용도 우다나 바유라 한다.

⑥ 아즈나 차크라(Ajna chakra)

이 차크라가 위치하는 곳은 양미간 사이이며, 뜨리꾸띠(trikuti)로 알려져 있다.

뜨리꾸띠란, '뜨리(tri)'는 3이란 뜻이고 '꾸띠(kuti)'란 동굴 이란 뜻으로 이다(ida), 핑갈라(pingala), 수슘나(susumna) 세 나디가 이곳에서 합류하는 지점이란 것을 상징한다.

세 나디가 한곳에 합류한다는 것은 명상 중에 모든 에너지 흐름과 의식 작용이 억제되어 사마디에 이르게 하는 중요한 순간을 의미하고 이러한 합류는 결국 사하스라라로 연결되어 사마디 상태의 지고한 의식의 확장으로 연결이 된다.

이 차크라의 비자 만뜨라는 "옴(Om)"이며, 두 개의 꽃잎으로 되어 있다. 산스크리트 문자는 함(Ham), 크샴(Ksham)이다. 비자 얀뜨라는 보름달과 같은 원(圓)이며, 색깔은 순백색으로 표현하지만 이것은 색깔이 있어서가 아니라, 원래 아무것도 없는 무색을 의미한다.

이것은 완전한 "공"을 나타낸다. 공은 "순야(sunya)"라고 하는데 절대 무(無)의 상태, 주관이던 객관이던 그 어떤 인식도 경험도 사라진 상태를 말한다.

자아의식은 사라지고 모든 이원성(二元)도 완전히 사라지고 초월하여 사마디에 들어가게 되고 사하스라라 차크라로 들어갈 수 있는 문을 여는 것이 아즈나 차크라 라고 했다.

아즈나 차크라를 각성시킨 수행자는 그 이로움을 말로 다 표현 할 수 없고 지완 묵띠(Jivan mukti)가 되고 8가지의 주 신통력을 얻을 수 있고 32가지의 소 신통력을 얻을 수 있나고 했다.

이곳은 우리 인체에서 해부학적으로 말하면 망상체(cavernous

plexus)에 해당한다. 망상체는 연수에서 중뇌를 아우르는 간뇌의 중심 부분으로 신체적 정신적 나디와 신경, 감각기관 등이 모두 이곳에 모이고 교차하는 중요한 차크라로서 이곳이 각성되면 부정과 긍정, 좋고 나쁘다는 이원론적인 관념들과 생각들이 사라진다.

이곳은 신체적, 영적, 정신적 체계들이 각성되는 곳이므로 신체적으로는 회춘의 현상이 일어나고 정신적으로는 초자연적인 능력과 과거, 현재, 미래를 꿰뚫어 보는 지혜를 갖게 된다.

<아즈나 차크라>

"즈나(jna)"는 지혜 또는 지식, 인식을 뜻하는데, 접두어 "아(a)"가 붙어서 "아니다"가 된다. 따라서 지혜나 인식이 없는 나아가 "자아에 대한 인식도 없는"상태를 나타낸다. 왜 이러한 인식이 없는 상태가 일어나는가 하면, 일반적으로 이다와 핑갈라가 작용하고 있는 한은 사마디는 이루어질 수가 없다.

따라서 이다와 핑갈라의 작용이 멈춘다는 것은 사마디 상태를 의미하고 이때 이다와 핑갈라는 작용을 멈추고 두 나디는 수슘나에 융합이 되고 세 나디가 이곳에서 합일이 이루어지면서 일치가 된다.

이때 자아의식에 변화가 오고 마음은 아즈나 차크라에 머물게 된다.

한편 이곳은 마지막 장애물인 루드라 그란티(Rudra granti)가 있는 곳이기도 하다.

아즈나 차크라와 비수다 차크라 사이에는 빈두 비사르가라고 하는 빈두를 생산하는 또 다른 에너지 센터가 있는데 신체구조상 뇌하수체로 추측된다.

비수다 즉 찬드라에서 생산된다고 하는 빈두(bindu)는 사실은 이곳에서 생산되는 것이다.

빈두는 신들의 음료인 넥타 즉 아무르따(amurta)의 다른 말로 생명수인 감로(甘露)를 의미한다.

뇌하수체에서 생산된 감로는 아래로 흘러 목구멍으로 향하고 계속해서 흘러 아나하따를 거쳐 마니뿌라에서 소진 되는 것이다.

이렇게 하여 생명에너지는 점차 감소하여 결국에는 죽음에 이르는 것으로 요기들은 믿고 있다.

⑦ 사하스라라 차크라(Sahasrara chakra)

사하스라라(sahasrara) 차크라는 시바신이 거주하는 아즈나(Ajna) 차크라 위의 머리 정수리에 있다. 이곳을 다른 말로 브라흐마란드라(Brahmarandra)라고 한다.

브라흐마란드라는 브라흐만의 문이라는 의미인데, 어릴 때 머리 정수리에서 숨 쉬는 모습이 보이는 숨골에 해당한다.

신화에 따르면 창조주 브라흐만이 인간을 창조할 때 이곳을 통해 영혼이 안으로 들어가게 하였다고 한다. 따라서 사람이 죽으면 이곳을 통해 영혼이 다시 나온다고 믿는다.

  쿤달리니 요가에서 쿤달리니가 모든 차크라를 통과해 아즈나 차크라
에서 시바와 결합하여 이곳까지 이르게 되면 요가의 최절정에 다다
른 것으로 여기고 지고한 축복과 희열을 즐기게 되고, 초 의식 상태
와 최상의 지혜를 얻어 '브라흐마위드바리스타(Brahmavidvaristha)
즉 지혜가 만개한 사람'이 된다.[34]
  그 외 명상을 통한 이 차크라의 각성은 개체적인 '나' 또는 '너'라
는 모든 형태의 세속적인 자아는 없어지고, 그 어떤 논리 적인 것도
초월하면서, 모든 작용이 사라진 '무(無)' 또는 '공(空)'의 상태인 삼
매(三昧)를 경험하면서 순야(sunya) 차크라 즉 '공(空)의 차크라'라
고도 한다.

<사하스라라 차크라>

  사하스라라는 천(千)이라는 뜻으로 천개의 연꽃잎을 상징하는데, 이
것은 수도 없이 많은 연꽃잎을 의미하면서 수도 없이 많은 나디들을 나
타낸다.
  따라서 천개의 꽃잎은 천개의 나디에 해당하는 것으로 각각의 꽃잎에

는 지금까지 각 차크라에서 형성된 50개의 문자들이 반복적으로 나타난다.

사하스라라 차크라는 우리 조대한 신체의 송과체(pineal gland)에 해당한다고 말하는 사람이 있는 반면 송과체는 제3의 눈이라고 해서 아즈나 차크라의 크세뜨람으로 보는 사람도 있다.

송과체는 어려서 7–8세 까지는 발달하다가 그 이후로는 퇴화하는 분비샘으로 두피를 통해 빛을 감수함으로 인간의 생체리듬에 관여하는 멜라토닌 호르몬 외에는 그 기능이 아직 확실하게 밝혀 진 것이 별로 없다.

그런데 요가에서는 이 송과체가 직관이나 영적인 세계의 인지능력(認知能力)과 관련이 있는 것으로 보고 있다. 따라서 이 송과체의 기능을 다시 활성화 시켜 줌으로 해서 우리 인간들이 지닌 잠재능력(潛在能力)을 개발할 수 있을 것으로 믿는다.

그래서 요기의 할 일은 이 송과체를 다시 활성화시키는 일이라고 하는 사람도 있다.

지금까지의 차크라에 대한 설명을 표로 만들어 보면,

<표 1>

차크라의 연꽃, 영적인 몸의 연꽃 (차크라 이름)	물라다라 혹은 아다라 차크라	스와디스타나 차크라	마니뿌라 차크라	아나하타 차크라	비슈다 차크라	아즈나 차크라	사하스라라 차크라
조대한 신체에 해낭하는 신경총	천추, 미골 신경총	하복부 신경총 (단전), 전립선	태양 신경총	심장 신경총	후두, 경 신경총	망상체, 뇌하수체	정수리, 송과체

위치나 장소	칸다 아래 항문과 생식기 사이, 회음. 척추의 제일 밑	생식기의 근원이며, 물라다라와 마니뿌라 사이, 단전	배꼽	심장	목의 밑바탕, 칸타의 근원 자리	미간사이	정수리
연꽃잎(나디의 수)	4	6	10	12	16	2	무한 수
연꽃위의 문자 (나디에서 일어나는 진동, 만뜨라)	왐, 샴, 샴 섬	밤, 밤, 맘, 얌, 랑, 람	담, 담, 남, 땀, 땀, 담, 담, 남, 빰, 팜	깜, 캄, 감 감, 남, 짬 참, 잠, 잠 남, 탐, 탐	암, 암 임, 임 움, 움 름, 름 럼, 럼 엠, 엠, 옴, 아움 암, 암	함, 크샴	앞 여섯 차크라 들의 모든 만뜨라 들의 반복
신의 거주처 혹은 요소의 영역	흙, 땅의 영역	물의 영역	불의 영역	공기(바 람의 영역	공간(에테 르)의 영역	자아의식과 마음의 영역	
얀뜨라	사각형	하현달	삼각형	육각별	원	원	
요소의 색	노랑	흰색	빨강	회색	청색	흰색	
속성의 기능	후각	미각	시각	촉각	청각	희망이나 욕망과 같은 마음 작용	
주재 신	가네샤	브라흐마	비스누	시바	마헤스와라 사다시바	빠라마시바 (삼부)	
여신	다키니	라키니 (Rakini)	라키니 (Lakini)	카키니	샤키니	하키니	
속성	땅	물	불	바람	아까시	의식	
비자 만뜨라	람	왐	랑	얌	함	옴	
해당 로카스	부 로카	부와르 로카	스와르가 로카	마하르 로카	자나르 로카	따포 로카	사뜨야 로카
그란티 위치	브라흐마 그란티			비스누 그란티		루드라 그란티	

지금까지 차크라들을 정리해 오면서 잠깐 짚고 넘어가야 할 것은 바유 (Vayu)라는 것이다. 지금까지 물라다라 차크라부터 비슈다 차크라까지 대표적인 바유가 다 나왔다.

요가를 하는 사람은 이 바유들을 꼭 알고 있어야 하는데, 바유란 우리 몸을 생기 있게 살아 있게 하는 생명 에너지라고 할 수 있으며 일반적으로 쁘라나와 같은 뜻으로 쓰인다.

좀 더 과학적으로 말하면 우리 몸을 조절해 주는 자율 신경계의 반사 작용이라고 보면 더 정확하다.

자율 신경이란 우리 자신이 의도적으로 조절을 해 주지 않아도 우리 생체 리듬에 의해 스스로 조절이 되는 것으로 우리가 조절을 해 주고 싶다고 해서 조절이 가능한 것도 아니다. 따라서 우리 인간의 생리 현상에 따라 자율적으로 조절되는 것이다.

예를 들어 달리기를 하면 열을 식히기 위해 원치 않아도 땀이 난다. 그리고 숨도 가쁘고 호흡도 늘어난다.

또 방광이 차면 자동으로 배출하고픈 욕구가 생기고 배출을 하게 된다.

마찬가지로 바유에 대한 전체적인 기능을 음식으로 예를 들어 보면, 음식을 먹고 영양분을 흡수하는 것은 '쁘라나 바유'이고 이것을 다시 전신으로 전달해 주는 바유는 '브야나 바유'이고, 소화가 다되어 밖으로 배출해 주는 기능은 '아빠나 바유'이다. 그런데 변비에 걸려 배출이 잘 안 된다고 했을 때에는 '아빠나 바유'의 기능에 문제가 있는 것이고, 이것은 우리 내장 기관의 자율신경에 의해 움직이는 연동운동과 관련이 있다.

이와 같이 자율 신경은 우리가 의식하지 않는 가운데 무의식중에 자동으로 자극을 받아 반응하는 반사 작용인 것이다. 이것이 바로 바유의 작용이라고 생각하면 된다.

이 바유가 부위별로 분포되어 있으면서 자율신경과 같이 반응을 하는 것이다.

2) 나디(Nadis)

나디(nadi)라는 것은 정신적 영적인 에너지의 흐름을 전달하고 운반하는 '관' 혹은 '통로'이다.

요가를 하는 사람들은 나디(nadi)는 차크라와 연결되어 있으면서 우리몸 전체에 구석구석 퍼져 있다. 고 믿는다.

이러한 통로는 우리 몸에 72.000개의 나디가 있다고 '다르산 우빠니샤드'에서 말하고 있고, '트리시키브라흐만 우빠니샤드'에는 8만개의 나디가 있다고 한다.

나디가 몇 개인가하는 것은 중요하지 않다. 여기서 숫자는 셀 수 없이 많다는 것을 의미하고, 나디나 차크라는 우리 눈이나 그 어떤 과학적인 도구로도 확인 할 수 없는 기능적인 것으로 그 만큼 우리 몸에 널리 많이 퍼져 있다는 것을 의미한다.

나디(nadi)는 산스크리트로 어근 '나드(nad)'에서온 말로 '이동 혹은 운행, 흐름'이란 뜻을 가지고 있다. 이 나디들을 통해서 생명에너지가 이동을 하면서 흐른다.

이것은 우리 몸속의 모든 신체 작용과 기능의 기초가 되고 여러 가지

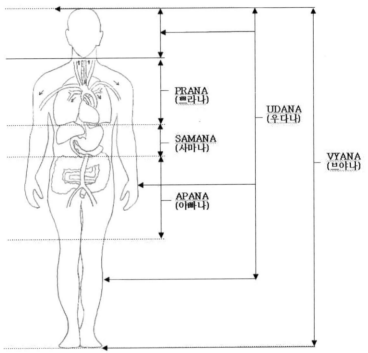

다섯 바유(Vayu)의 위치

기능을 가진 에너지가 흐르는 통로라는 것을 의미한다. 한의학에서 말하는 경락(經絡)에 해당한다고 볼 수 있다.

나디들은 해부 생리학적으로 알려진 일반적인 신경이나 동맥, 정맥들과는 완전히 다르지만 그 기능은 유사하다.

요가에서는 이 나디들이 우리들의 생명을 유지하고 생명활동을 하는데 중요한 역할을 한다. 고 믿는다. 흔히 혈관에 과도한 지방이 축적되는 것을 고지혈증이라 하고 이로 인한 합병증은 뇌출혈, 협심증, 심근경색, 부정맥, 심부전 등 인체에 치명적인 해를 입힐 수 있 는 것과 같이 맑고 깨끗하지 못한 나디들도 눈에 보이지는 않지만 조대한 우리 인체에 기능적 장애를 일으키는 근본원인으로 작용할 수 있다.

예를 들어 화를 잘 내는 사람이나 윤리 도덕적으로 항상 양심의 가책을 가지고 사는 사람 혹은 과도한 스트레스를 받는 사람 등은 정신적 육체적 불합리와 불균형이 자신도 알게 모르게 눈에 보이지 않는 나디들의 기능에 장애를 일으키고 결국은 조대한 신체에도 영향을 미쳐 질병으로 발현하게 되는 것이다.

특히 정신세계의 깨달음을 추구하는 수행자들에게는 나디들을 맑고 순수하게 유지 관리하는 것은 매우 중요하다. 인간의 잠재능력인 쿤달리니가 깨어났을 때 수슘나 나디(Susumna nadi)를 통해 지나가게 되는데, 이것은 수슘나 나디가 깨끗하게 정화되어 있을 때에 만이 가능한 일이다.

따라서 쿤달리니 요가를 하는 사람들은 쿤달리니 요가의 첫 번째 단계는 이 나디들을 깨끗하게 정화시키는 일이다.

모든 나디들은 물라다라 차크라 중심부 칸다(Kanda, 회음)에서 나온다.

칸다는 항문에서 손가락 두 마디 위, 남녀 생식기에서 두 손가락 마디 아래 부분인 회음으로 그 모양이 계란과 같은 모양으로 항문과 생식기 사이에서 얇은 막으로 덮혀 있다고 한다. 그곳은 수슘나 나디가 물라다라 차크라와 연결되어 있는 지점으로 모든 나디늘도 이곳에서 형성되고 연결된다고 한다. [34]

한편, 셀 수 없이 많은 나디들 중에서도 다음의 14가지가 가장 중요하다고 했다.

1. 수슘나 (Sushumna) 2. 이다(Ida) 3. 핑갈라(Pingala) 4. 간다리 (Gandhari) 5. 하스따지와(Hastajihva) 6. 꾸후(Kuhu) 7. 사라스와띠 (Sarasvati) 8. 뿌샤(Pusha) 9. 산키니(Sankhini) 10. 빠야스위니 (Payasvini) 11. 바루니(Varuni) 12. 알람부샤(Alambusha) 13. 비스보다라(Vishvodhara) 14. 야사스위니(Yasasvini) 이다.

이 중에 가장 중요 하면서도 대표적인 나디가 1) 수슘나(susumna) 2) 이다(ida) 3) 핑갈라(pingala) 이다.

① 수슘나 나디(susumna nadi) -

모든 나디들은 차크라와 연결되어 있고, 차크라를 포함한 모든 나디들은 나디 중에 중심 나디인 '수슘나 나디'에 연결이 되어 있다.

수슘나 나디는 우리 척추 속에 들어 있는 '척수'라고 고대의 요기들로부터 현재까지도 그렇게 전해내려 오고 있다.

그러나 수슘나 나디가 실지로 척수 그 자체는 아니지만 척수라고 말하는게 기능과 역할 면에서 비슷하기 때문에 이해하기가 쉽다.

척추는 요가에서 '메루단다(merudandha)'라고 한다.

인도 신화에서 이 지구를 메루(meru)라는 산이 지구를 떠받혀 주면서 하나의 축을 이루어 주고 있다고 한다. 메루산은 실질적으로 히말라야를 의미 한다.

이와 마찬가지로 우리 몸의 축 역시도 척추에 의해서 지탱되는 것으로 척추를 '메루'라고 부르는 것이다.

수슘나의 시작은 '물라다라 차크라'에서 시작한다.

이곳을 다른 말로는 '브라흐마드와라(Brahma dwara)'라고 하는데, 이 말은 '브라흐만의 문'이라는 뜻이며, 쿤달리니가 잠들어 있는 곳이기도 하다.

쿤달리니 요가에서 쿤달리니가 각성이 되던 쁘라나가 상승을 하던 이곳에서 시작하여 브라흐마드와라를 통해 위로 상승하는 것으로 말한다.

수슘나 나디는 브라흐마 나디라고도 하는데, 이 길로 쿤달리니가 브라흐마란드라까지 상승하기 때문이다. 따라서 이 길을 천상(天上)으로 향하는 길이라고 한다.

산만한 에너지 흐름은 사마디로 나아가는데 커다란 장애로 작용한다.

따라서 모든 에너지 흐름이 하나로 모아져 수슘나 나디로 흐르게 되면 의식 상태는 사뜨와적(satva) 안정된 의식이 된다. 이때 의식은 브라흐마 나디 즉 브라흐마의 길로 접어들게 되고 사하스라라에 이르게 되면, 요가에서 말하는 절대지고한 사마디 상태를 경험하게 된다.

이때 브라흐마 나디가 수슘나 나디와 동의어로 쓰이고, 다른 말로는 중앙 통로라는 의미의 마드야 마르가(Madya marga)와도 같은 의미로 쓰인다. ≪하타쁘라디피카 3장 4절≫

따라서 수슘나 나디가 우리 몸의 전체적인 생명 에너지를 통괄하는 중심 통로이면서 요가의 최상경지로 이끌어주는 가장 중요한 영적 정신적 나디(nadi)이다.

물라다라 차크라는 우리 몸의 제일 아래쪽인 회음 부분에 해당하고 사하스라라는 가장 높은 머리꼭대기 정수리에 존재한다. 이로써 모든 나디와 차크라들이 수슘나 나디와 연결되어 있을 수밖에 없다. 또 실지로 우리 척수는 뇌와 함께 중추 신경이라고 하고, 척수는 뇌와 연결이 되어 있으면서 모든 자극으로부터 반사작용을 하게 되어 있다. 그 외에도 중추 신경계 특히 뇌는 잠재되어 있는 부분이 많아서 무한한 능력을 개발 할 수가 있다고 한다.

요가에서 말하는 모든 나디와 차크라들 역시 이 척추와 뇌로 구성되어 있는 중추 신경과 연관되어 있다는 것을 짐작해 볼 수 있다. 이것이 바로 요가 행법으로 차크라라는 에너지 센터를 정화하고 쁘라나의 활성화와 쿤달리니를 일깨워 하나로 연결시키면 우리 인간의 잠재력을 극대화시킬 수 있다고 믿는 이유이다.

한편 쿤달리니 요가에서는 수슘나 나디에 존재하는 차크라들에 집중을 해주게 되면 요기는 모든 업(業)을 제거하고 최상의 축복을 받을 것이며 불멸이 주어질 수 있는데, 그것이 목샤(moksa), 즉 해탈로 가는 길이다. 라고 하며,

숨(호흡)이 수슘나를 통해 흐르게 되면 마음은 안정된다. 고 하였다. 이 마음의 안정감을 요가의 최상경지인 '운마니 아와스타(unmani avasta)'라고 표현한다.

'운마니'는 사마디를 의미한다. 따라서 수슘나 나디가 작용할 때에 명상을 해 주게 되면 놀라운 경험을 하게 될 것이다. 라고 하는데,

수슘나 나디가 작용할 때는 사뜨와적 의식 상태에서의 명상을 말한다.

한편 나디들이 불순물로 가득 차 있을 경우에는 호흡이 중앙 나디를 통해 이동해 갈 수가 없기 때문에 나디들을 정화시켜 주기 위해서 수행자들은 쁘라나야마를 반드시 수련해 주어야 한다.고 ≪하타(요가)쁘라디피카≫에서는 말한다.

② 이다(Ida)와 핑갈라(Pingala) 나디 −

이다와 핑갈라는 척추의 좌우에 있다. 이 말은 수슘나 나디를 중앙에 두고 수슘나 나디의 좌우에 있다고 말하는 것이 더 정확하다.

이다(ida)는 인간의 생식기 오른쪽에서 시작하여 물라다라 차크라에서 핑갈라 나디, 수슘나 나디와 결합하여 브라흐마 그란티를 형성하였다가 수슘나 나디의 왼쪽을 통해 비수다 차크라까지 올라간다. 비수다에서 오른 쪽 뇌로 교차하여 왼쪽 코 구멍과 소통을 한다.

따라서 역으로 설명해 보면, 이다는 왼쪽 코 구멍을 통해 오른쪽 뇌로 전달되어 연수에서 교차하여 수슘나의 왼쪽으로 흘러 물라다라에서 다른 나디들과 합쳐진다.

반면, 핑갈라는 인간의 생식기 왼쪽에서 시작하여 다른 두 나디와 합쳐졌다가 물라다라 차크라에서 수슘나 나디의 오른쪽으로 상승하여 비수다 차크라에서 왼쪽으로 교차하여 왼쪽 뇌로 갔다가 오른쪽 코 구멍을 통해 소통한다.

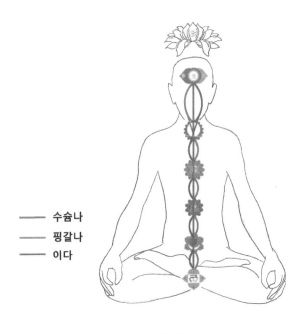

<Nadis>

　이다와 핑갈라 그리고 수슘나가 만나는 장소를 '그란티(granthi)'라 부른다.

　물라다라 차크라에서 이루어지는 그란티를 '브라흐마 그란티 (Brahma granthi)'라고 부르고, 이것들은 다시 아나하따(Anahata)와 아즈나(Ajna) 차크라에서 만나는데, 아나하따 차크라에서는 '비스누 그란티(Visnu granthi)'라 하고, 아즈나 차크라에서는 '루드라 그란티 (Rudra granthi)'라고 한다. 그런데 이 그란티는 쿤달리니를 일깨운 뒤에 쿤달리니 혹은 쁘라나가 뚫고 지나가야 할 장애물로 작용한다.

이다(ida)를 찬드라(Chandra) 나디 즉 달이라 부르고 핑갈라를 수르야(Surya)나디, 즉 태양이라 부른다. 따라서 이다(ida)는 차갑게 식히고 핑갈라(pingala)는 뜨겁게 열을 가한다. 이는 음양의 조화를 말한다. 따라서 이다는 여성적인 에너지를 갖고 있고, 핑갈라는 남성적인 에너지를 나타낸다.

다른 한편 이다와 핑갈라는 시간을 나타내고 수슘나는 시간을 삼킨다. 그래서 수행이 깊은 요기는 자신이 죽는 때를 안다. 고 했다.

그래서 자신의 쁘라나를 수슘나 속으로 삼켜 버린다. 고 한다. [34)]

이 말은 이다와 핑갈라의 작용을 멈추어 시간의 흐름을 멈춘다는 의미로서 사마디를 뜻하기도 하고 죽음을 뜻하기도 한다.

그리고 그것을 브라흐마란드라에 간직한다. 이 말은 흐르는 시간과는 무관해지면서 영생(永生)을 하게 되는 것이다. 그래서 몇몇 요기들은 자신의 쁘라나를 수슘나 안으로 삼켜서 죽음까지도 타파하였다고 표현하기도 한다.

요기들은 이 좌우 콧구멍, 이다와 핑갈라를 통한 균형과 조화로 에너지 흐름과 우리 뇌를 통제 할 수 있다고 하는데. 나디가 작용하는 쪽과 뇌의 작용은 반대라는 것이다.

예를 들면, 오른쪽 콧구멍인 핑갈라가 열려 있으면 왼쪽 뇌가 발달하고, 반대로 왼쪽 콧구멍, 이다가 열려 있으면 오른쪽 뇌가 활성화되고 있다는 것을 의미한다.

에너지가 왼쪽 코 구멍, 이다를 통해 활성화가 이루어지고 있는 동안에는 주로 불쾌하고 부정적인 감각과 감성적이지만 예술적 능

력과 창조적 능력, 직관이 뛰어난 우뇌의 기능이 활

발하게 작용한다는 의미이며, 우리 몸의 왼쪽 기능을 조절한다.

에너지가 오른쪽 코 구멍인 핑갈라를 통해 활성화가 이루어지고 있다면 지능적이고 합리적이며, 이성적 분석적인 기능과 행복하고 긍정적인 작용을 하는 좌 뇌가 활발하게 작용한다는 의미이고, 우리 몸의 오른쪽 기능을 조절한다.

이러한 현상은 현대과학이 밝혀낸 대뇌의 기능과 일치하고 좌, 우 어느 한쪽의 뇌가 손상된 환자들에게 있어서는 서로 다른 반대 방향에서 반응이 나타난다는 것은 상식적(常識的)으로 누구나 다 아는 사실이다.

이다와 핑갈라의 균형은 우리 몸과 마음의 건강과 안정에 아주 중요하게 작용을 한다.

이다와 핑갈라 나디가 우리 자율신경에서 교감 신경과 부교감 신경을 나타내는 것이라고 단정 짓기는 어려운 일이나 이다와 핑갈라의 기능과 자율 신경인 교감 신경과 부 교감 신경의 기능과 작용들이 일치하고 있는 부분들이 많다.

따라서 대체로 정서적 불안과 심리적인 불균형 속에 사는 현대인들은 자율신경의 부조화 속에서 발생하는 여러 가지 질병이나 정신질환에 시달리고 있는 것은 요가적인 견해로는 이다와 핑갈라의 불균형에서 오는 현상이고 이러한 현상을 요가 수련을 통해 의식을 수슘나에 집중을 해 주게 되면 의식은 사뜨와(satvic)적 상태가 되어 균형과 안정감을 얻을 수 있다.

따라서 좌, 우 두 나디의 균형은 우리 인간들의 안정되고 조화로운 삶 그리고 잠재력을 개발하는데 꼭 필요하다.

이러한 좌, 우 뇌를 개발하는데 있어서 특히 우측 뇌의 개발은 깊은 사고와 정서적인 안정감과 균형을 유지시켜 주고, 특히 세 구나 중 '사뜨와'의 성격을 강화시켜 준다.

조금은 비과학적이기는 하지만 스와미 시바난다는 가장 이상적인 것은 동틀 무렵부터 낮 동안에 호흡이 이다 나디를 통해 흐르고, 해질 무렵부터는 밤새도록 핑갈라 나디를 통해 흐른다면 매우 좋은 결과를 얻게 되고, 이렇게 수련을 할 수 있는 요기가 위대한 요기이다. 라고 말하고 있다. [34]

그리고 요가적 명상과 그 밖의 수련으로 정신적인 힘을 얻고 좋은 결과를 얻으려면 이다와 핑갈라의 조화와 균형으로 에너지(쁘라나)가 수슘나 나디를 통해 흐를 때이다. 라고 한다.

따라서 조화롭고 안정된 나디의 흐름과 균형 있는 삶을 위하여 나디의 흐름이 한쪽으로 치우쳐 있다면 그것을 인위적으로 우리는 바꾸어 줄 필요가 있는데, 다음에 주어지는 수련법 중에 자신에게 맞는 것을 하나 골라 수련해 주면 된다.

1. 면으로 된 천을 작게 말아 원하는 쪽 코 구멍을 2-3분 정도 막고 있는다.
2. 에너지가 흐르기를 원하는 쪽 나디의 반대 방향으로 옆으로 10분 정도 누워 있는다.
3. 먼저 똑바로 곧게 앉는다. 그리고 원하는 쪽 나디의 반대 무릎을

접어 세워서 발뒤꿈치를 회음 가까이로 바싹 붙인다. 예를 들어 오른쪽 핑갈라 나디가 소통되기를 원하면 왼쪽 무릎을 위로 접어 세우고 왼쪽 뒤꿈치를 왼쪽 엉덩이 가까이 회음 부분에 가까이 놓고, 그 세운 무릎위에 왼쪽 겨드랑이를 올려놓고 압박을 주면 몇 초 안에 핑갈라를 통해 흐르는 느낌을 갖게 될 것이다. 이다 나디가 소통되기를 원하면 반대로 실행 해 주면 된다.

4. 두 다리를 뻗어 앉아 있다가 원하는 쪽 나디의 반대 방향으로 두 다리를 접어 두 무릎을 가지런히 포개 놓는다. 예를 들어 이다 나디가 소통되기를 원하면 두 다리를 오른 쪽 엉덩이 옆에 모으고 오른쪽 무릎이 왼쪽 무릎위에 오도록 두 무릎을 나란히 포개 놓는다. 그리고 왼손을 왼쪽 바닥에 놓고 체중을 왼팔에 의지해 기대 듯이 실어주고 고개도 왼쪽으로 돌려준다. 이때 팔꿈치가 굽어지면 안 되고 곧게 펴고 오른 손은 왼쪽 발목을 잡아준다. 이것은 매우 효과적인 방법으로 곧 흐름의 변화를 느낄 것이다. 핑갈라 나디의 소통을 원하면 반대로 해 주면 된다.

5. 또 나울리 끄리야를 수련해 주면 에너지 흐름을 바꾸어 줄 수 있다.

6. 길이 2피트, 나무 끝이 U자로 구부러진 요가 단다나 함사 단다를 왼쪽 겨드랑이 밑에 넣고 기대어 준다. 그러면 오른 쪽 핑갈라 나디의 소통이 원할 해 지고 반대로 해 주면 이다 나디가 원활 해 진다.

7. 가장 효과적이고 즉각적인 변화를 가져다주는 것은 케짜리 무드라 이다.

요기는 혀끝을 구강 안쪽으로 말아 넣어 원하지 않는 쪽 나디의 통로를 막아버리는 것이다. 이 케짜리 무드라는 누구나 쉽게 할 수 있는 무드라가 아니라서 고도의 수련 후에나 가능할 것이다.

③ 다른 나디들-

수 없이 많은 셀 수 없는 나디들 중 이다와 핑갈라 그리고 수슘나 나디가 대표적이고 그 외의 수많은 나디들 중, 간다리(Gandhari), 하스따지와(Hastajihva), 꾸후(Kuhu), 사라스와띠(Sarasvati), 뿌샤(Pusha), 샹키니(Sankhini), 빠야스위니(Payasvini), 바루나(varuna), 알람부샤(Alambusha), 위스보다라(Vishvodhara), 야사스비니(Yasasvini) 등이 중요한 나디들이다. 이 나디들도 칸다에 그 기원을 두고 있으며, 수슘나와 이다, 핑갈라 옆에 자리를 잡고 있으면서 우리 몸의 여러 다른 부위로 진행을 하면서 그들만이 가진 특유의 기능들을 수행하고 있다. 이모든 섬세하고 불가사의한 작은 셀 수 없는 나디들은 칸다와 수슘나, 이다, 핑갈라에서 생겨나고 있다.

3) 반다(bandhas) -

반다(bandha)에는 여러 가지 뜻이 있다. '구속' 또는 '속박, 고정시키다', '묶다' 혹은 '잠그다, 유지하다.' 라는 뜻을 가지고 있다. 그렇다면 무엇을 이렇게 묶어주고 고정을 시켜주며, 왜 해 주는가 하는 이유가 반다를 해 주는 목적이기도 하다.

반다를 해 주는 목적은 두 가지로 보면 된다.

그 첫째는 쁘라나(생명에너지)를 특정한 부위에 모아 수슘나 나디로 흐르게 하여 궁극적으로 쿤달리니를 일깨워 주기 위함이고, 두 번째로는 그 일깨운 쿤달리니의 에너지 즉 쁘라나가 흩어져 다른 곳으로 분산되는 것을 막고 한곳으로 모아 자신이 원하는 곳 내지 필요한 방향으로 보내 주기 위함이다. 그래서 쿤달리니를 깨우는 일도 힘든 일이지만, 깨운 쿤달리니를 원하는 목적지로 보내주기 위함이다. 예를 들면 사하스라라까지 흩어짐이 없이 안전하게 상승시키는데 도움이 된다.

뿐만 아니라 아엥가 선생은 육체의 어떤 기관이나 한 부분을 수축하고 조절해 주는 자세도 반다라고 하였다.

요가수트라에는 마음작용도 이 반다로 고정시키고 묶어 줄 수 있다고 했다.

명상수련 즉 다라나를 수련해 줄 때 우리의 마음을 어느 한 대상에 고정시키고 집중 해 주는 이것도 일종의 반다인 것이다.

따라서 산만한 마음이 흩어지지 않고 어느 한 대상에 집중을 하고 몰입이 되는 것도 반다가 될 수 있고, 굳이 명상이 아님에도 불구하고 어떤 대상에 집착과 애착으로 마음이 고정되었을 때에도 반다라는 말을 쓸 수 있다.

그래서 이와 같이 변덕스러운 마음이 어떤 대상에 구속과 속박을 받는 것을 반다라고 하고, 또 이러한 마음이 해탈하는 것도 이 마음이 원인이라고 했다. 그런데 일반적으로 요가에서의 반다는 아엥가 선생 말씀처럼 우리 육체의 어느 한 부위를 수축해서 고정하거나 잠궈 주는 것을 말한다.

그러나 요가수트라에서도 말하듯이 인간의 궁극적인 문제를 해결하기 위해서는 명상을 통한 우리의 마음을 한곳으로 모아주는 것이 무엇보다 중요하다.

산만하게 흩어진 마음은 정서적으로 불안감을 조성하고 사람의 안과 밖의 불균형을 초래하여 항상성의 장애로 결국은 비정상적인 상황을 맞게 될 것이다.

반다에는 4가지 방법이 있다.

잘란다라 반다(Jalandhara bandha), 물라다라 반다(Muladhara bandha), 우디야나 반다(Uddhiyana bandha), 마하반다(Mahabandha)가 있다.

① 잘란다라 반다(Jalandhara bandha)

잘란다라 반다는 턱을 가슴 뼈 위쪽의 삼각형 V자로 트인 쇄골 부분에 턱을 숙이고 고정시켜 목을 잠궈 주는 것이다.

<잘란다라 반디>

이렇게 하면 쿤달리니가 상승하여 올라왔던 것이 하강하는 것을 늦추고 막아 준다고 했으며, 또 하타쁘라디피카에 보면, 후두부(목젖)부위에 있는 찬드라에서 생산되는 감로(bindu, 빈두)가 아래로 흘러 내려 마니뿌라 챠크라에서 소진되는 것을 예방 해준다고 하였다.

마니뿌라 차크라는 배꼽 부분에 있는 태양 총으로 열을 발산하여 모든 것을 태우는 것으로 되어 있다. 따라서 이 감로가 마니뿌라로 흘러 내려가게 되면, 그 열로 인해 소진된다고 하는데, 이로 인해 생명이 단축된다. 잘란다라 반다는 상승한 쿤달리니의 하강을 막아주는 것뿐만 아니라 이와 같이 빈두의 흐름까지도 막아 우리 몸의 에너지 고갈을 막아준다.

하타쁘라디피카에는 잘란다라 반다를 수행해 주게 되면, 인후부 계통의 질병을 예방해 주고 노화를 방지 해 주며, 때 아닌 뜻밖의 죽음도 예방해 준다고 한다. 이것은 심장마비나 뇌출혈과 같은 돌연사(突然死)를 뜻한다. 잘란다라 반다의 효과는 심장박동이 느려지면서 안정이 되고 마음의 이완을 가져와 집중력이 늘어나고, 갑상선 호르몬의 균형 있는 분비도 이루어진다. 모든 쁘라나야마는 잘란다라 반다와 수행 해 주어야 한다고 아엥가 선생은 제언한다. 그렇지 않으면 심장과 안구, 귓속에 압박을 느끼고 현기증이 일어난다고 경고하고 있다.

'빈두(bindu)'란 우리말로 하면 '감로'라고 할 수 있는데, 우리 인체 기관들의 기능과 작용에 관여하는 여러 가지 영양호르몬 및 신경호르몬으로 이루어져 있다. 이것은 우리 인간의 생명의 감로수로서 이것의 소진과 함께 생명도 단축된다고 한다.

따라서 잘란다라 반다를 통해 생명수인 빈두가 태양 총인 마니뿌라 차크라로 흘러 내려가는 것을 막아 생명에너지의 소진(消盡)을 막아주는 역할을 하는 것이 잘란다라 반다이다.

'빈두'의 또 다른 뜻은 '빛'이라는 뜻을 가지고 있다. 원래는 스멀거리는 느낌과 나다(소리) 등과 함께 물라다라 차크라에서 쿤달리니가 깨어나면서 느껴지는 현상들 중의 하나로 양미간 사이나 후두부에서 발광하는 신성한 빛으로 흔히 제 3의 눈이라 하기도 하고 뒷머리 후두부에서 발광하는 후광으로 나타나기도 한다.

'Jalandhara'에서 jalan이란 '그물 혹은 망사'란 뜻이고 또 '물'이란 의미도 있다.

'dhara'는 '줄기 또는 흐름'이라고 한다. 따라서 이 말은 그물망처럼 깔려있는 나디들의 흐름을 반다(bandha)로 잠궈 준다는 뜻이다. 특히 목 부분에 있는 찬드라에서 흐르는 빈두(nectar) 혹은 감로수의 흐름을 막아 준다는 의미도 있다.

한편 잘란다라 반다를 하게 되면, 우리 목에 위치하고 있는 주 동맥은 경동맥으로써 잘란다라 반다를 통해 경동맥에 있는 경동맥 만곡을 압박하게 된다. 경동맥 만곡은 우리 호흡계와 순환계의 규칙적인 작용에 도움을 준다. 보통 우리 몸에서 산소가 감소하고 이산화탄소가 증가하게 되면 심장박동이 증가하고 호흡이 거칠어진다. 이러한 작용이 바로 이 경동맥 만곡에서 일어나는 것이나. 그런데 잘란다라 반다를 통한 인위적인 훈련은 심장박동을 감소시키고 호흡보유량을 늘여준다. 이러한 수련은 근심 걱정과 성냄 등과 같은 스트레스를 완화시키고, 정신적인 이완을 가져다주며 갑상선 기능의 균형과 규칙적인 신진대사의 작용을 향상시킨다.

② 물라다라 반다(muladhara bandha),

물라다라 반다(muladhara bandha)는 발뒤꿈치로 회음 부위를 압박해 주고 항문을 수축시켜서 아빠나 바유(apana vayu)를 위로 끌어 올려 주는 것이다. [19] [21]

아빠나 바유는 하복부 쪽에서 활동하는 생명 에너지로서 생식기 계통과 배설 작용을 관장한다. 아빠나 바유의 주 기능은 쓸모없는 물질들을 밖으로 배출해 주는 기능을 해 줄 뿐만 아니라 산모가 아기를 생산 할 때에도 작용하는 아래로 흐르는 에너지이다.

그러나 여기서는 물라 반다를 통해서 역으로 위로 끌어 올려 가슴 부위를 관장하는 쁘라나 바유와 융합(融合)하게 한다.

이렇게 두 바유가 합해져서 수슘나 나디로 들어가게 되면 '나다(nadha)' 즉 내면에서 나는 신비한 소리를 듣게 되고, 다시 이 신비한 소리가 위로 상승을 해서 빈두와 결합이 되면, 요기는 최상의 경지에 오르게 된다. 여기서의 빈두는 양 미간 사이에 있는 제 3의 눈을 통해 나타나는 '신비한 빛'을 말한다.

물론 이러한 경지에 이르는 것이 결코 쉬운 일은 아니나, 그렇게 되면 수련자(修練者)는 쿤달리니가 각성이 되고 신(神)들이 마시는 음료 빈두를 마시고 나이를 잊고 16세 소년과 같이 된다고 했다.

한편 배출되는 에너지와 생식기의 정액은 축적되고 쓸모없이 배출해

내는 것이 하나도 없이 된다고 한다. 그래서 오랜 수련을 한 요기는 우리 몸 밖으로 배출하는 것이 적어진다고 하였다. 배출보다는 모두 자신의 에너지원으로 쓴다는 말이다.

'Mula'란 '뿌리 혹은 근원'을 뜻하고, 일반적으로 회음 부위를 뜻한다. 물론 물라다라 차크라가 위치하고 있는 곳이기도 하다. 그래서 근원 차크라(adhara chakra)라고 한다.

이 물라반다는 수행의 목적에 따라 여러 가지로 수련해 줄 수 있으나 보통 '안타라 쿰바카'후에 실시한다. 그러나 쿤달리니를 각성시키기 위한 무드라 수련에서는 자연스러운 호흡을 계속하는 상태에서 물라다라 반다를 반복적으로 계속 해줄 수도 있다.

물라 반다의 효과는 육체적, 정신적, 영적으로 많은 효과를 가져다주는데, 골반 신경의 자극으로 인해 골반 근육에 탄력을 주어서 비뇨 생식기 계통과 배설기관에 자극을 주고, 내장기관의 연동운동 또한 자극을 받아 장운동에도 도움이 된다.

이로 인해 변비나 전립선, 요실금 등에도 도움이 된다.

그리고 출산 후(出産 後) 여성들의 늘어난 자궁 수축에도 큰 도움이 된다.

이외에 물라다라 반다의 효과는 치질과 위궤양, 항문 열창 및 골반 쪽 염증 질환 등에 좋은 효과를 준다.

물라다라 반다의 효과는 에너지의 흐름을 원활하게 하고 몸과 마음의 상관관계에 영향을 미치기 때문에 우리 뇌와 내분비계를 경유하여 우리 신체의 전신을 통해 퍼져나간 효과는 천식이나 기관지, 간설염에도 효과가 있으며, 우울증에도 좋은 효과를 준다.

따라서 물라다라 반다 수행의 완성은 육체적, 정신적 그리고 심리적
으로 정신적 각성을 재 편성해주는 효과를 동시에 가져다준다. 는 것이
다.

③ 우디야나 반다(Uddiyana bandha)

우디야나 반다(udhiyana bandha)는 수행방법에 있어서 골반과 배
꼽의 중간지점 단전(丹田) 부위에서부터 수축하여 복부(腹部)를 등 쪽으
로 홀쭉하게 수축시키는 것으로,

숨을 다 내어 쉬고 숨을 멈추고 공기는 들어 마시지 않으면서 복
부만 등 쪽으로 끌어당겨주는 것이다.

'udiyana'는 '우다나(udana)'바유와 관계있는 것으로 위로 '올라간다,
혹은 위로 날아오르다.' 라는 의미를 가지고 있다. 따라서 그 수행법도
횡격막을 위로 올려 준다.

우디야나 반다는 복부를 수축시켜 횡격막을 끌어올리고 복부를 등 쪽
으로 당겨 주는 것으로 되어 있다. 따라서 이 수련 역시 물라다라 반다
와 마찬가지로 하복부 쪽으로 흐르는 에너지를 머리 쪽으로 흐르게 하
는 효과가 있다.

이것을 수련해 주는 방법은, 먼저 숨을 빠르게 완전히 내어 쉬어 주고
서, 숨을 멈추고(바야 쿰바카) 아랫배를 단전 부위에서부터 척추 쪽으로
홀쭉하게 당겨서 수축시켜 준다.

그리고 숨을 들이 쉴 때에는 수축시킨 복부를 풀어주고 난 다음에 숨
을 들이 쉰다.

우디야나의 수련은 숙달이 되기 전까지 기마 자세로 서서 두 손을 허

벅지위에 올려놓은 자세에서 해주는 게 편리하다.

우디야나 반다를 수련할 때 까이발야다마의 꾸발라야 난다 선생은 우디야나 반다를 해 주게 되면 위장에 열을 발생시키기 때문에 식욕을 자극한다고 했다. 따라서 이 수련을 해 줄 때에는 빈속으로는 하지 않는 게 좋다고 하면서, 적당하게 음식이 뱃속에 차 있을 때 해 주라고 한다. 그렇다고 잔뜩 먹고서 해 주라는 것은 절대 아니다.

그런데 아엥가 선생을 비롯한 다른 여러 책에는 빈속으로 해 주어야 한다고 되어 있다.

우디야나 반다는 변비, 소화 불량, 회충을 제거하고, 그리고 당뇨를 포함한 복부와 위장의 많은 질환들에 효과적인 것으로 알려져 있다.

<우디야나 반다>

소화력은 자극을 받아 그 기능이 향상되고, 복부기관들 모두는 마사지 효과로 그 기능이 강화되고, 아드레날린 분비샘은 균형을 이루며, 무기력함은 제거되고 근심과 걱정은 이완된다. 이렇게 해 주면 죽음까지도 정복 할 수 있고 생명을 연장해 줄 수가 있다고 고락사 사타까(Goraksa sataka)라는 경전에 나와 있다.

《하타쁘라디피카》에는 열심히 우디야나 반다를 수련해 주게 되면 젊음을 다시 얻는다고 하면서, 소위 회춘(回春)을 할 수가 있다. 고 했다. 또한 "죽음의 코끼리를 죽이는 사자"라고 하면서 죽음까지도 정복 할 수 있다고 한다.

④ 마하 반다(Maha bandha)

'마하반다(Maha bandha)'는 maha란 말 그대로 '위대한' 이란 뜻이다.

이것은 앞의 세 가지(잘란다라, 물라다라, 우디야나) 반다들을 한꺼번에 동시에 실행해 주는 것으로 수행방법에 있어서나 효과 면에 있어서도 그 차이가 다르기 때문에 '위대한 반다'라고 하는 것이다.

방법 :

먼저 왼쪽 발뒤꿈치가 회음 부위에 닿게 하고 그 위에 오른 발을 포개놓는다. (싣다 아사나)

<싣다 아사나>

그런 다음에 숨을 다 내어 쉬고 잘란다라 반다를 한다. 그리고 물라반다를 하고 우디야나 반다를 해 준다. 너무 무리하게 오래 숨을

멈추어 주지 말고 자신의 능력 것 해 주고, 물라, 잘란다라, 우디야나 반다를 역순으로 풀어주면서 이완을 시키고 호흡을 들이 쉬고 다시 가다듬어 다음 주기를 위해 이완을 해 준다. 마하 반다를 수련해주기 위한 가장 좋은 자세는 마하 무드라라고 했다.

<마하무드라>

효과 :

이 무드라의 효과는 세 반다 모두를 한꺼번에 수행해 줄 수 있다는 장점이 있으며, 전체 내분비계의 조절과 뇌하수체와 송과샘의 호르몬 분비에 영향을 미치고, 노화로 인한 퇴화와 쇠퇴해 지는 과정이 지연되고 우리 몸의 모든 세포는 재생과 회춘을 하게 한다.

또한 화는 가라앉히고 요기의 마음을 내면으로 이끌어주는 효과가 있다.

그래서 마하 반다가 완성이 되면 주요 차크라 안에 있는 쁘라나를 완전히 각성 시킬 수가 있으며, 이것은 쁘라나야마의 절정인 태양 신경총 (마니뿌라 차크라)에서 쁘라나와 아빠나, 사마나의 합일을 이끌어 낼 수가 있다.

4) 쿤달리니(Kundalini)

뱀의 힘 혹은 신비한 불꽃으로 표현되는 쿤달리니는 우리 몸의 중심인 물라다라 차크라에 잠재되어 잠자는 형태로 존재하는 원시적이고 원천적인 에너지 혹은 힘이다.

그것은 뱀 모양을 하고 있는 형태에 의해 뱀 모양 혹은 고리 모양이라고 부른다.

쿤달리니라는 말은 어근(語根) '쿤달라(Kundala)'에서 온 말로 '감겨 있다'라는 뜻이다. 그것은 마치 뱀이 자신의 몸을 세 바퀴 반 똬리를 틀고 앉아 있는 것처럼 보인다. 하여serpent power(뱀의 힘)이라 부르고, 쿤달리니는 여성에너지로 시바(Siva)의 부인 빠르와띠(Parvati)로 상징된다.

그러나 쿤달리니는 실지로 형태가 없이 잠재되어 있는 우주적인 에너지(힘)이다.

그런데 왜 쿤달리니는 세 바퀴반의 똬리를 튼 형태로 존재한다고 하는가 하면, 조대한 지성과 마음은 시작단계에서 특정한 형태가 주어졌을 때 수행하기가 용이하다.

그래서 수행자는 뱀의 형태에서 형태가 없는 미세한 쿤달리니를 이해하게 된다.

잠재되어 있는 쁘라나와 쿤달리니는 쁘라나야마와 무드라, 하타요가 등 다른 여러 가지 요가 수행에 의해 동적에너지로 바뀐다.

그래서 쿤달리니는 정적인 것과 동적인 기능 둘 다를 가지고 있으면서 잠자는 잠재되어 있는 형태의 쿤달리니가 동적으로 깨어난다. 라고 말하는 것이다.

쿤달리니는 모든 생물과 무생물 등이 제각각이 가지고 있는 개발되지 않은 원시적이면서 불가사의한 위대한 우주적 에너지(힘)이다.

쿤달리니가 깨어나면 쉿쉿하는 뱀 특유의 소리를 내면서 브라흐마 나디로 들어가 위로 상승하면서 각 차크라들을 뚫고 사하스라라 차크라까지 올라가게 된다.

이때 쿤달리니 요기들은 쿤달리니 삭띠와 시바가 결합하는 것으로 여긴다.

의식이 정신적 중심 센터인 사하스라라에 이르게 되면 니르비깔파 사마디(nirvikalpa samadhi)를 이루어 초의식의 상태가 된다.

이때 요기는 자신과 브라흐만이 둘이 아닌 하나라는 범아일여(梵我一如)를 체험하게 되고, 비로소 모든 감각은 제각각 용해되어 사라지고 의식세계의 최상의 단계인 삼매(samashi)의 경지를 경험하게 된다.

쿤달리니가 각성되면 명상하는 동안 신성한 시각과 후각, 미각, 청각, 촉각을 갖게 된다. 그리고 물라다라 차크라에서는 진동이 느껴지고 우리 몸 내부 여러 군데에서 쁘라나의 진동이 느껴진다.

머리카락이 두피 뿌리로부터 곤두서고, 우디아나 반다와 잘란다라 반다와 물라다라반다가 저절로 이루어진다.

그리고 아무런 노력을 하지 않는 데에도 호흡은 정지되고 깨왈라 꿈바카가 저절로 이루어지며, 신성한 도취감과 함께 몸이 공기와 같이 가벼움을 느끼고 마음이 동요하더라도 그 균형을 잃지 않으며, 아무리 힘든 일을 하여도 지칠 줄 모르는 에너지를 깆게 된다.

또 여러 가지 아사나를 수련해 주어도 지치거나 고통이 느껴지지 않으며 어떤 자세를 하더라도 자연스럽게 이루어진다.

그동안 잠재되어 있던 초인간적인 능력도 개발되어 몸은 새털처럼 가볍게 되어 공중을 날수가 있으며, 반대로 산처럼 무겁게 하여 그 어떤 힘으로도 움직일 수 없게 할 수 있으며, 자신의 몸을 먼지만큼 작게 할 수도 있고, 산처럼 크게도 할 수 있는 초능력이 개발된다. 고 하였다.[34]

쿤달리니의 각성

쿤달리니를 각성하기를 원하는 수행자는 모든 욕망으로 부터 자유로워야하고, 금욕적인 삶으로 충만해 있어야 한다. 그리고 수행자는 까마(kama, 욕망, 정열), 끄로다(krodha, 화, 성냄), 로바(lobha, 탐욕), 모하(moha, 애착), 마다(mada, 오만과 자만)를 포함하여 다른 모든 부정한 것들로부터 벗어나고, 감각적인 욕망으로부터 자유로울 때 깨울 수 있다.

욕망과 탐욕으로부터 자유롭고 순수한 마음과 가슴을 가진 요기는 쿤달리니를 각성시킴으로 더 큰 혜택을 얻게 되지만, 반면 순수하지 못한 마음을 가지고 쿤달리니를 각성하게 되면 다리를 헛디뎌 다리가 부러지기도 하는 부작용이 발생하기도 한다.[34]

따라서 요가수행을 통해 최상의 경지에 이르고자 한다면 가장 먼저 부정한 것들로 부터 자신을 정화시켜야 한다. 그리고 나서 올바른 수행 방법과 지시에 따라 신념을 가지고 점차 수련 해 주어야 한다.

쿤달리니가 각성될 때 많은 장애와 방해물들이 생기는데, 이때 자신이 청정하지 못한 사람은 그 유혹들을 이겨내지 못하고 중도에 하차하거나 정도(正道)를 벗어나게 된다.

혹자들은 이론적인 지식은 필요 없는 것이라고 치부해 버리는 경우가 있는데, 올바른 이론적 지식의 습득은 실기에 있어서도 필수적인 사항이다.

왜냐하면 올바른 이론적 지식은 쿤달리니를 더욱 빨리 각성시키는데 도움이 된다.

따라서 쿤달리니는 하타요가, 라자요가, 박티요가, 즈나나요가 등과 같이 다양한 방법으로 각성시킬 수 있는데, 중요한 것은 얼마나 올바르게 숙지하는가에 달렸다.

쿤달리를 각성하는 것은 그렇게 어려운 일이 아니다. 라고들 말한다. 그러나 각성한 쿤달리니를 모든 차크라들을 통과해 사하스라라로 상승시키는 것이 어렵다. 고 한다. 그것은 엄청난 인내심과 의지, 순수하고 굳건한 수련만이 가능하게 한다. 따라서 쿤달리니를 각성하여 사하스라라로 끌어올린 수행자가 진정한 요가의 대가이다.

쿤달리니를 각성하기 위한 준비과정으로는 먼저 자신을 육체적 정화, 마음의 정화, 나디의 정화, 지성의 정화 등이 필요하고 이를 위해 삿뜨 까르마(sat karma)의 수련을 해야 한다고 말한다. 삿뜨 까르마는 다우띠, 바스띠(관장), 네띠, 나울리, 트라타까, 까빨라바띠 등이다.

5) 사뜨 까르마(Sat karma)

사뜨(sat)는 여섯이라는 말이고, 까르마(karma)는 행위를 뜻하는 말이나 여기서는 정화행위를 말한다. 따라서 사뜨까르마란 여섯 가지의 정화행위를 말한다. 즉, 다우띠(dhauti), 트라타카(trataka), 까빨라바띠(Kapalabhati), 네띠(neti), 바스띠(basti, 관장), 나울리(nauli) 등이다.

1. 다우띠(Dhauti, 위 세척) -

다우띠는 위를 세척해주고 정화해주는 것으로 수뜨라 다우띠(sutra, 천)로 해주는 방법이 있고, 잘라 다우띠(jala, 물)로 해 주는 방법이 있다.

① 수뜨라 다우띠(Sutra dhauti)

3인치(10cm) 너비에 15ft길이(3m)의 면으로 된 천을 깨끗하게 씻은 다음 매일 매일 조금씩 조금씩 삼키는 연습을 하는 것이다. 3~4일 후에는 완전히 다 삼켰다가 5분쯤 후에 다시 끄집어내면 많은 이물질들이 천에 달려 나오는 효과를 본다.

≪수뜨라 다우띠≫

이것을 수뜨라 다우띠라고 하는데, 빈속인 아침에 실행 해 주는 것이 좋고, 아주 천천히 서두르지 말고 시도해 주어야 한다. 정화 후에는 우유를 마셔 줌으로 충혈 되었던 목과 식도에 윤활유 역할을 한다.

② 잘라 다우띠(Jala dhauti)

미적지근한 물을 2~3리터 정도 준비하고 1티스푼의 소금을 넣고 잘 저어 녹인다.

똑 바로 선채로 쉬지 않고 글라스 컵으로 마시고 또 마시고 계속해서 마셔서 한계가 오면 앞으로 가볍게 숙여주면서 왼손으로는 아랫배를 받혀 주고 오른손 중지를 목구멍 깊숙이 집어넣어 목젖을 자극시켜주면 마셨던 물이 전부 그대로 다시 토해 나오게 된다.

이때 가래와 담즙, 먼지, 위산 등 위에 축적되어 있던 나쁜 이물질들이 함께 토해져 나오게 된다.

잘라다우띠를 다른 말로 바만(vamana)다우띠 라고도 부른다.

삿뜨까르마에 포함되지는 않지만 다우띠 종류로는 아래 그림과 같은 쿤잘도 있다. 쿤잘과 잘라 다우띠의 실행 방법은 거의 똑 같이 많은 물을 마셔서 손가락을 집어넣어 다시 토해 내는 것이다. 그래서 같은 정화법으로 얘기하는 수행자들도 있다. 잘라 다우띠와 쿤잘의 차이점은 쿤잘은 아침 공복에 실행하고, 잘라 다우띠는 식후 3~4시간 후에 한다는 말이 있고, 또 잘라 다우띠는 물을 천천히 마셔도 되고, 쿤잘은 가능한 한 빨리 마셔야 한다고 말하는데 별의미가 없어 보인다. 공복에 허면시 최대한 많이 마셔서 위장을 충분히 세척해 주는 것이 중요하다.

≪쿤잘≫

효과 -

다우띠의 효과는 가래와 담을 제거해 주고, 기관지 천식, 소화불량, 위나 비장 등의 질환에 효과적이며, 위산과다, 꽃가루 알러지, 구취 입 냄새 제거, 두통에도 효과적이다.

주의 - 모든 다우띠는 아침에 공복일 때 해 주고, 임산부, 심장병, 고혈압 환자나 녹내장 환자, 위궤양 환자는 삼가야 한다.

2. 트라타카(Trataka) -

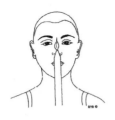

트라타카는 눈을 깜박거리지 않으면서 하나의 어떤 대상에 흔들림 없

이 굳건히 집중하는 것이다. 이것은 샷뜨 까르마에 속한 정화법 중의 하나 이지만 실지로는 집중력 향상에 도움이 되는 명상법으로도 많이 활용하고 있다.

인도의 성자 라마나 마하리쉬(Ramana Maharishi)는 먼 산을 바라보거나 하늘을 바라보기도 하고, 벽을 바라보면서 늘 트라타카를 실천했던 수행자로 유명하다.

방법 –

① 작은 등잔이나 촛불을 켜서 자신이 앉을 자리에서 1.5m 떨어진 곳에 놓는데 이때 눈높이 보다는 약간 낮게 놓고 가장 편한 명상자세로 앉는다.

② 편안한 자세로 앉아 호흡을 가다듬고 가만히 불꽃을 바라본다.

③ 촛불을 바라보는 동안 최대한 눈을 깜박거리는 것을 억제하면서 이리저리 눈을 굴리는 것도 삼가고 눈과 눈 주변의 근육이 경직되지 않도록 이완시키고 자연스럽게 불꽃을 계속해서 꾸준히 바라본다. 이렇게 바라보다 보면 눈이 쓰려오고 눈물이 흘러내릴 때까지 촛불을 바라보다가 눈을 가만히 감고 이완시킨다.

④ 2~3분 동안 눈과 눈 주변 근육을 충분히 이완을 시킨 다음 눈을 뜨고 다시 시도한다.

⑤ 눈을 뜨고 감고 이완시키기를 3~4회 반복 해 주고 사와 아사나(sava asana, 송장자세)로 이완과 휴식을 취한다.

효과 –

흐르는 눈물에 의해 눈이 맑아지고 머리도 밝아진다. 심리적인 긴장감도 해소 되면서 마음의 안정감과 평화로움도 느껴진다.

＊ 트라타카를 명상법으로 활용하는 방법 –

1) 촛불을 바라보는 방법은 똑 같다.

2) 촛불을 바라보는 눈이 이리저리 움직인다든지 불꽃을 바라본 다는 의식을 놓쳐서는 안 된다.

3) 불꽃을 바라보는 동안 마음이 산만하여 혼란스럽고 눈동자가 이리저리 움직이면서 눈을 촛불에 오래 고정시키기 어렵고 갑갑증 이 나타나면 눈을 감고 마음 작용이 일어나는 것을 관찰하면서 그때 마다 호흡을 가다듬고 눈을 이완 시키면서 마음작용을 가라앉혀야 한다.

4) 어느 정도 안정이 되면 촛불을 바라보고 있다는 것을 의식하고 촛불의 불꽃을 각인시킨다.

5) 눈이 쓰리고 눈물이 흐르기 전 눈이 편안한 상태에서 눈을 감 는다. 이때 촛불의 이미지가 감은 눈앞에서 그대로 인식되면서 그 불꽃이 눈앞에서 사라지지 않고 유지하도록 한다. 이 부분에서 이 해가 잘 안될 수도 있겠지만 눈을 감으면 촛불이 사라지는 것이 아 니라 눈을 감아도 눈을 뜨고 바라보고 있던 불꽃의 아우라가 눈을 감아도 그대로 정면에 남아 있게 해야 한다. 물론 눈을 감으면 불꽃 의 아우라가 순식간에 사라진다. 그러나 강한 집중력은 금방사라지 지 않고 일정시간 유지 할 수가 있고 계속 수련 하다보면 장시간 유 지하면서 삼매에도 들 수 있게 된다.

3. 까빨라바띠(Kapalabhati) –

까빨라바띠는 까빨라(kapala)+바띠(bhati)라는 두 단어의 합성어로 까빨라는 "두개골", "바띠"는 "빛"이라는 뜻으로, 이 정화법을 수련해 주게 되면 머릿속이 밝게 빛나면서 정화작용이 일어난다.

까빨라바띠는 두개골 혹은 폐를 정화시키기 위해 수련해 준다. 그외 다른 여러 가지 많은 효과를 볼 수 있다.

까빨라바띠가 샷뜨 까르마 중의 하나지만 쁘라나야마 수련법 중 하나이기도 하다.

까빨라바띠의 수련법은 바스트리카 수련법과 비슷해서 헛갈리는 경우가 많다

바스트리카는 들숨(Puraka)과 날숨(Rechaka)의 속도나 강도가 같으나, 까빨라바띠는 들숨은 부드러우면서 길게 들이 마시고 날숨은 강하고 빠르게 내어쉰다.

까빨라바띠는 기관의 경직과 천식을 해소하고 호흡계와 코 줄기를 정화시켜준다.

폐결핵을 치유하고 탁한 혈액을 맑게 정화시켜준다.

효과 -

폐와 호흡기를 정화시키고 강화한다. 또 횡격막과 복부근육을 강화하고 탄력있게 한다.

소화력이 향상되고 집중력이 좋아진다. 마음을 맑게 그리고 활력을 준다. 몸을 따뜻하게 한다.

샷뜨 까르마의 수련은 쿤달리니를 각성시키기 위해서만 수련하는 것은 아니다. 요기들을 포함한 대다수의 사람들은 자신의 신체를 맑고 깨끗하게 관리해서 선상한 신체를 유지하기 위한 방법으로 샷뜨까르마를 정기적으로 수련해 주기도 한다.

4. 네띠(neti, 코 세척) -

네띠에는 두 가지가 있다. 1) 잘라 네띠. 2) 수뜨라 네띠.
잘라 네띠는 물로 해주고, 수뜨라 네띠는 천으로 하는 것이다.

1) 잘라 네띠 -

그림과 같이 작은 꼭지를 가진 용기
에 연한 소금물을 담아 오른쪽 코 줄기
를 통해 왼쪽 코 줄기로 물을 빼내고 반대로 왼쪽 코 줄기로 물을 부
어서 오른쪽으로 빼내면 코 줄기 속에 축적되어 있던 이물질들이 씻
겨 나가면서 코 속을 세척해 준다. 비염이나 알레르기 등으로 고통
받는 사람들에게 효과적이다.

주의 - 잘라 네띠 시도 후에는 코 속에 남아 있는 물기를 빼내는
것이 중요하다. 그렇지 않으면 비염이나 감기의 원인이 되기도 한다.

2) 수뜨라 네띠 –

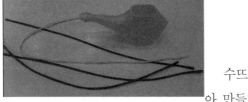

수뜨라 네띠는 얇은 천을 꼬아 만들던지 굵은 실을 여러 겹 꼬아서 30~50cm 길이를 만들어 오른쪽 코 구멍으로 집어넣어서 입천장으로 끄집어낸다.

코 줄기 속은 아주 민감한 부분으로 조심스럽게 시도해 주어야 한다. 오른쪽이 끝나면 왼쪽도 해 준다.

5. 바스띠(basti, 관장) –

삿뜨 까르마 중 다우띠(dhauti)가 주로 복부의 위를 세척해 주는 효과가 있다면 바스띠(basti)는 대장을 세척해 주는 효과가 있다. 바스띠에도 잘라(jala, 물)로 해 줄 수 있는 방법과 물 없이 공기로 배를 채워 해 줄 수 있는 스탈라(sthala, 마른)바스띠가 있다.

바스띠는 우리말로 관장(灌腸)이라 한다.

방법 1)
잘라(jala) 바스띠 –
항문에 물을 빨아들일 수 있는 튜브를 꼽고 욕조에 배꼽까지 물이

닿을 수 있게 운카타 아사나로 앉아 계속해서 괄약근을 조았다 풀어 주고 조았다 풀어 주면서 물을 계속해서 빨아들인다.

욕조가 없었던 옛날에는 강물에 몸을 담그고 운카타 아사나로 실행 해 주었다.

잘라 바스띠는 물이 아닌 오일(oil) 혹은 우유(milk)로도 해 줄 수가 있다.

방법 2)
스탈라 바스띠(sthala basti, 마른 바스띠) -

스탈라 바스띠는 비빠리따 까라니나 빠스치모타나 아사나, 아스위니 무드라를 통해 괄약근을 반복적으로 수축해 주면서 공기를 빨아들여 준다.

스탈라 바스띠의 시도는 쉽지 않다. 따라서 잘라 바스띠를 마스터 한 후에 시도 해 줄 것을 권장한다.

한편 바스띠와 다우띠의 일종으로 식도에서부터 위, 소장, 대장 등 전체적인 장세척이 가능한 강력한 정화법은 상캬쁘락샬라나가 있다.

효과 -

바스띠의 효과는 피를 맑게 하고 몸에 독소를 제거하고 소화기능을 향상시켜주고 피부질환과 알러지에도 효과가 있다. 또 기생충과 박테리아, 숙변 등을 제거해 주기 때문에 피부가 맑고 윤택해 지며 변비, 신경성 설사, 대상엄, 이질, 설사 등에도 효과가 있다. 그리고 몸과 마음의 무기력증을 해소 해 준다.

단, 고혈압환자나 탈장 환자는 삼가 해야 한다.

방법 3)

상캬쁘락샬라나 -

'상카'는 '소라', '쁘락샬라나'는 '씻어내다'라는 뜻이다. 인간의 소화기관이 커다란 소라의 속과 같이 구불구불하게 생긴 것에 비유하여 생긴 이름이다. 위(胃)에서부터 십이지장, 소장, 대장, 직장까지 모든 소화기관을 이 한번으로 정화 해 줄 수 있는 유일하고 효과적인 정화법으로 추천 할만하다.

상캬쁘락샬라나는 하루 전부터 위를 비운 상태에서

1. 30~40도 정도의 미적지근한 물을 한 양동이로 준비한다.
2. 2~3티스푼의 소금을 넣고 레몬도 조금 짜 넣는다.
3. 처음 2~3글라스의 물을 마셔주고 잠시 쉬었다가 다시 물을 마셔주고 다시 쉬었다가 다시 마셔주기를 반복하면서 꾸준히 마셔준다. 한계가 오면 잠시 스트레칭을 4~5가지 동작을 해 주고 또 마신다. 이와 같이 계속해서 물을 마시다보면 배설의 욕구가 생긴다.
4. 배설 후에도 물을 계속해서 마셔서 맑은 물이 나올 때까지 마셔준다.
5. 처음에는 많은 숙변이 나오고 다음에는 노란 물이 나오고 마지막에는 맑은 물이 나온다.
6. 맑은 물이 나오면 소금이 들지 않은 물로 다우띠를 해 주고 마무리를 한다. 다우띠로 마무리해 주는 것은 꼭 필요한 것은 아니다.
7. 마무리 후에는 사와 아사나로 1시간 쯤 이완과 휴식을 취하고

미음이나 우유죽으로 보식을 한다.

효과 –

숙변을 배출하여 독소를 제거하고, 내장기관의 활기를 되찾아 주고, 기능을 행상시킨다. 소화불량, 변비, 가스찬배, 복부팽만, 위산과다 등과 같은 소화기계통의 문제를 해소한다. 당뇨에 효과적이며, 피부가 맑아지고 좋아진다.

주의 – 여성의 경우 임산부나 생리 중에는 하지 않는다. 또한 수술한지 얼마 되지 않은 사람 또한 삼가하고, 고혈압 환자가 이 정화법을 시도할 경우 소금을 넣지 않는다. 이 정화법을 수행한 후에 담배, 술, 등을 하지 않는다. 요추디스크나 요통환자는 시도하지 않는다.

6. 나울리(nauli) –

나울리(nauli)라는 말은 'nala 혹은 nail'이라는 말에서 왔는데 원통형 그릇 이란 뜻이다. 원통형 그릇 즉 우리 인체의 소장, 대장 등의 원통형 관으로 이루어진 장기들을 일컫는 뜻으로 받아들인다.

나울리를 수련하기 전에 먼저 우디야나 반다를 할 수 있어야 한다. 왜냐면 우디야나 반다의 최종 종착점이 나울리이기 때문이다.

나울리는 앉아서도 하지만 숙련이 되었을 때이고 일반적으로 서서한다.

방법 –

1) 먼서 나리를 30Cm정도 벌리고 서서 양손은 양 허벅지 위에 짚고 무릎을 살짝 굽히면 등도 앞으로 살짝 숙여진다.

2) 그리고 숨을 입을 통해 숨을 내어쉬는데 폐에 공기가 조금도 남아 있지 않게 완전히 내어쉰다.

3) 그리고 나서 우디야나 반다를 실행 한다. 우디야나 반다 수련을 일 주일 정도 수련한다.

4) 우디야나 반다의 수련이 숙달이 되면 자연스럽게 요령이 터득되면서 다음 단계인 좌우 복부는 힘을 빼주면서 중앙의 복직근을 중심으로 모든 근육들이 모여 하나의 근육 기둥처럼 불뚝 솟구쳐 서게 된다. 이것을 마드야 나울리(madya nauli)라 한다.

5) 4)의 단계를 몇 일 더 수련해 주다가 왼쪽은 힘을 빼고 오른쪽 복부만 수축하는 연습을 한다. 반대로 오른쪽 복부근육은 그냥 두고 왼쪽 근육을 수축하는 연습을 하다보면 중앙의 복부근육을 비롯해서 좌우근육을 어떻게 수축시켜 줄 수 있는지의 요령이 터득 될 것이다.

6) 5)의 단계가 익숙해지면 중앙의 복직근은 가만히 두고 오른쪽 근육을 수축한 상태로 왼쪽으로 원을 그린다는 느낌으로 가만히 끌어당겨 주는 연습을 한다. 이것을 몇 번해 주다가 반대로 왼쪽에서 오른쪽으로 연습을 해 준다.

7) 6)의 수련이 숙달되면 좌우의 회전하는 모습이 마치 회오리를 치고 좌우로 휘젓는 듯이 빠르게도 실행 할 수 있게 된다. 그러나 나울리 수련의 효과와 수련자에게 주어지는 혜택은 아주 천천히 그리고 서서히 수련해 줄때 최상의 효과와 혜택이 주어진다.

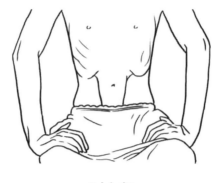

《나울리》

효과 –

나울리의 수련은, 내장기관의 연동운동을 활성화시켜 활기 없는 위장 기능에 소화력을 증가시키고, 활력과 생기를 불어 넣는다.

따라서 나울리의 수련은 고질적인 변비와 소화불량과 같은 만성적인 내장 질환에 효과를 주고 간 기능과 췌장기능을 강화시키고 신장 등의 기능을 정상화시켜 준다.

또 생식기 계통에도 효과가 있으며, 무기력, 속이 더부룩하고 가스찬 배, 위산과다, 등에도 효과가 있다.

나울리는 인간에게 피로를 풀어주기 위한 인류의 축복과 같은 선물이라고 스와미 시바난다는 말하고 있다.

주의 – 탈장, 고혈압, 위궤양, 심한설사병 환자, 임산부 등은 나울리 수련을 해서는 안 된다.

삿뜨 까르마의 수련은 굳이 쿤달리니를 각성시키기 위한 목적으로만 수련해 주는 것은 아니다. 필요에 따라 언제든지 누구나 해 줄 수 있는 우리 신체의 정화법으로 인도에서는 요기들 뿐 만 아니라 일반인 들 사이에서도 대중화되어 있다.

  모든 수련은 올바른 마음가짐과 정신으로 올바른 방법으로 수련 해 줄때에 만이 수련자의 성숙함을 더 해 줄 것이다.

10장

쁘라나야마(Pranayama, 호흡법)

1. 쁘라나야마(Pranayama, 호흡법)

쁘라나야마(pranayama)는 두 가지 말의 합성어이다.

쁘라나(prana)+아야마(ayama)인데, 다시 이 쁘라나는 쁘라(pra)+ 아나(ana)로 되어 있다. '쁘라(pra)'는 '힘 또는 에너지'라는 뜻이고, '아나(ana)'란 흡입하다, 또는 빨아들이다. 란 뜻이다.

따라서 '쁘라나(prana)'란 에너지를 흡입하는 것으로 특히 외부에 존재하는 에너지 즉 '쁘라'를 흡입하고 빨아들이는 힘이다.

힘(에너지)은 왜 빨아들여야 하는가 하면, 사람이 살아 있다는 증거는 움직임이라고 생리학에서는 말한다. 숨쉬기를 포함한 인체의 모든 움직임은 힘(에너지)이 있어야 움직임이 이루어진다.

따라서 에너지 즉 힘이 없으면 움직임이 이루어 질 수가 없고 움직이기 위해서는 에너지를 빨아들여야 하기 때문이다.

그러나 빨아들이는 작용이 혼자서만 이루어지는 것이 아니라 그 반대편에는 밀어주는 힘 '아빠나(apana)'가 같이 작용을 하고 있다. 받아들이고 흡입하는 쁘라나의 힘만 있다면 그것도 문제가 된다.

예를 들어 음식이나 영양 물질을 받아들여 흡입을 해서 소화시켜 남은 불순물들이 밖으로 배출이 되고 다시 신선한 영양소를 받아들이고 소화시키고 배출하는 이러한 순환이 원활하게 이루어지지 않는다면 우리 몸에는 독소가 쌓이고 그기에 대한 역효과는 당연한 것이다.

그래서 배출해주는 힘도 가지고 있는 것이다.

한낮의 뜨거운 태양의 열기만 존재한다면 우주의 삼라만상(森羅萬象)은 모두 타 죽고 말 것이다. 그러나 밤에 달의 차가운 냉기는 한낮의 뜨거운 열기를 식혀준다.

모든 자연의 이치는 이와 같이 음과 양 혹은 선과 악, 아름다움과 추함, 선덕(善德)과 악덕(惡德), 부와 가난, 뜨거움과 차가움, 오른쪽과 왼쪽, 부드러움과 단단함, 안정과 불안, 긍정과 부정, 더하기와 빼기, 집착과 분리, 사랑과 증오, 고통과 희열, 산만함과 안정감, 소란과 고요 등과 같이 이원성(二元性)의 원리로 존재한다.

그러나 이와 같은 이원성(二元性)에 조화가 깨어지면 인간은 고통 아니면 희열을 느낀다. 이러한 이원성은 우주에 존재하는 삼라만상 어디에도 적용이 되겠지만 인간은 더욱더 특별하게 느낀다. 왜냐면 인간은 그 어떤 동물이나 사물이 가지고 있지 않은 인간만이 가지고 있는 지성(知性, buddhi))을 가지고 있기 때문이다. 지성은 나누고 쪼개고 분류하고 분석하기를 좋아하는 분별하는 마음을 일으키기 때문이다.

결국 요가란 이러한 이원성의 원리를 깨달아 그 본래의 모습인 사뜨와(satvic)적 조화로움을 유지 해 주면서 그 조화로움에서 오는 평화와 안정감을 즐기는 것이고 더 나아가 결국 이원성이라는 것 역시 하나에서 오는 것임을 깨닫게 해 주는 것이다.

따라서 여기 쁘라나야마에서도 이원성이 적용되어 흡입하는 힘, 쁘라나(prana)가 있으면 그기에 반하는 배출해 주는 힘, 아빠나(apana)가 있는 것이다.

아빠나(apana)에서 '압(ap)'이라는 뜻은 '멀리 하다'라는 뜻이 있다.

따라서 아빠나(apana)는 ap+ana 가 합성되어 '멀리하는 힘'을 뜻한다. 이것은 배출해 주는 힘 혹은 밀어주는 힘으로서 쁘라나야마를 수련 할 때 숨을 들이 쉬고 내어 쉴 때 기본적으로는 이 두 가지의 에너지 즉 쁘라나와 아빠나가 같이 작용하고 있다는 것을 뜻 한다.

따라서 기본적으로 쁘라나는 외부로부터 생명에너지를 받아들이거나 영양물질을 받아들이는 것이고, '아빠나는 받아들인 에너지나 영양 물질을 대사 작용 후에 쓸모없이 된 물질을 밖으로 배출해 내는 힘 이다.

한편, 쁘라나야마에서 '아야마(ayama)'는 '늘이다'라는 뜻이다.

따라서 쁘라나야마를 수련 해 주면서 배워야할 것과 쁘라나야마 수련을 해주는 목적은, 우리 인간의 흡인 능력을 더욱 늘여서 더 많 은 에너지와 영양분, 미네랄을 흡입하는 것이고, 대사 작용 후 우리 몸에서 생산된 유해 물질을 배출해 내는데 있어서도 더 많은 유해 물질을 배출해 주는 힘을 키워주는 것이다.

일반적으로 쁘라나야마라고 하면 호흡을 들이쉬고 내어 쉬는 기교만 을 말하는 경우가 많은데, 실질적으로는 기교보다는 흡입하는 힘과 배 출하는 힘을 의미 한다는 것도 알아야 한다.

물론 쁘라나야마를 실질적으로 수련을 해 줄 때에는 어떻게 해야 한 다는 기술적인 테크닉도 필요하겠으나, 호흡이 작용하는데 있어서는 압 력에 의해 이루어지기 때문에 압력을 키워주는 힘도 필요하다. 압력에 대한 힘을 키우는 것이 결국에는 쁘라나야마 즉 호흡을 길게 늘여 줄 수 있는 바탕이 되기 때문이다.

우리 사람의 몸에는 생명을 유지해 주는데 필요한 에너지의 원천(源 泉)이 세 가지가 있나고 한다. 그 세 가지는 흙(地)과 물(水), 바람(風 불)이다.

아유르베다에서 바람에는 불의 성질을 가지고 있다고 한다. 그래서 불과 바람을 같은 것으로 간주한다. 흙은 음식이고, 물은 우리 몸의 액체(수분)이며, 공기는 바람이다. 바람은 불의 요소를 포함하고 있기 때문에 열을 가지고 있고, 열은 에너지를 생산한다. 그래서 우리가 쁘라나를 설명을 할 때 일반적으로 산소로 많이 표현을 하지만 실지로 쁘라나는 산소는 아니지만 공기처럼 어디에나 존재하기 때문에 공기를 마시면서 산소도 같이 흡입하듯이 쁘라나도 호흡을 하다보면 같이 들이 마시게 된다.

쁘라나는 인간에게만 존재하는 것도 아니고 지구에만 존재하는 것도 아니고 지구를 포함한 우주에 두루 퍼져 있는 브라흐만과 같은 존재이다. 산소는 달에만 가도 존재하지 않지만 쁘라나는 우주 어디에도 존재하고 그 어떤 존재물이 존재케 하는 에너지이다. 따라서 지구를 포함한 이 세상과 우주에 널리 퍼져 있는 모든 존재물이 존재케 하는 자연의 이치(理致)와 우주의 원리를 관장하는 에너지의 통칭(統稱)으로 브라흐만과 같은 존재이다.

실지로 쁘라나를 설명한다는 것은 신(神)을 설명해 주는 것만큼이나 어려운 일이다. 라고 B. K. S Iyengar 선생은 말하고 있다.

살아있는 생명체는 살아있는 생명체대로 반대로 살아있는 생명체가 아닌 사물은 그 사물 그대로 존재케 하는 에너지이다. 그것은 물질적 정신적 지적, 성적인 에너지인 동시에 영적이고 우주적인 에너지이다. 라고 B. K. S Iyengar 선생은 말하고 있다.[36]

따라서 쁘라나는 모든 존재의 원천적 생명의 원리이나.

쁘라나는 본질적으로는 물질적 정신적 영적 우주적 에너지 등의 여러 가지 형태로 나타내지만 우빠니샤드에 보면 쁘라나의 여러 가지 양상 중의 한가지로 모든 존재의 생명의 호흡으로 나타낸다.

따라서 호흡이 멈추면 생명도 끝이 난다고 말하고 있다.

그래서 ≪하타(요가)쁘라디피카≫에 보면, 우리 몸속에 생명에너지가 작용하고 있는 한 살아 있다는 것이고, 생명 에너지가 정지하게 되면 죽음을 의미한다. 라고 하고 있다.

yavadvayuh sthito dehe tavajjivanamucyate/
maranam tasya niskrantistato vayum nirodhayet//

There is as long as Vayu is (working) in the body, Vayu ceasing to work means death. Therefore respiration should be regulated(so as to minimize respiratory activity)

≪Hathayogapradipika 2장 3절≫

또 쁘라스나 우빠니사드에 보면

te'sraddadhana babhuvuh, so'bhimanad urdhvam utkramata iva, tasminn utkramaty yathetare sarva evotkramante, ...중략.

They believed him not. Through pride, he seemed to go upward(from the body). When he went up, all the other also went up. When he settled down , all others too settled down.........중략.

(Prasna Upanisad 2장 4절)

'그들은 자만으로 인해 (호흡의) 중요성을 믿으려 하지 않았지만, (호흡이) 위로 향하면 같이 향하고 아래로 움직이면 같이 움직이고, (호흡이)안정되면 같이 안정된다는 것을 알고 호흡이 가장 중요하다는 것을 인정하였다.'

우리 인간은 물이나 음식을 어느 일정기간 공급을 받지 못해도 일정기간 동안 생존할 수가 있으나, 쁘라나가 없으면 살수가 없다. 이것은 인간은 공기가 없으면 산소부족으로 단 몇 분도 살기 힘든 원리와 같다.

그래서 쁘라나야마의 수련 목적 중 하나가 우리 인간이 산소가 없어도 살 수 있게 인간의 능력을 확장시켜 주는 것이다. 이렇게 되면 우리 인간에게 있어서 하나의 혁명과 같은 일이라 할 수 있는데, 그래서 뛰어난 요기들은 쁘라나를 삼켜 수슘나 나디에 감추고 죽은 듯이 있다가 다시 부활하는 등 자신의 생명을 자유자재로 조절이 가능하다. 라고 하면서 목숨까지도 정복했다고 하는 것이다. [19] [20] [21]

따라서 요가에서는 생존에 적합하지 않은 환경(uncongenial)에서도 생존하게 해주는 것이 쁘라나야마인 것이다.

그럼 이것을 어떻게 배울 수 있는가 하면,

먼저 우리 몸에는 쁘라나가 작용하고 있는데, 쁘라나란 광의(廣義)의 뜻과 협의(俠義)의 뜻이 있다. 광의로는 "쁘라나(prana)"라는 말은 앞에서도 설명하였지만 이 세상과 우주에 널리 퍼져 있는 모든 존재물이 존재케 하는 에너지의 통칭(統稱)이다.

협의로는 우리 몸에서 특히 영체(靈體)에서 작용하는 쁘라나가 있는데, 다섯 가지로 나누어져 우리 몸에 두루 작용하고 있다.

이것을 요가에서는 바유(Vayu)라고 부른다.

바유에는 여러 가지가 있다.

그 중에서 가장 대표적인 것이 쁘라나(Prana), 아빠나(Apana), 브야나(vyana), 사마나(samana), 우다나(udana)로 우리 몸의 특정부위에 위치하고 있으면서 그기에 해당하는 각각의 기능과 역할을 수행하고 있는데 <표 1>과 같다.

이 름	색 깔	위 치	지 역	기 능	소 쁘라나들
쁘라나 (Prana)	노 랑	아나하따 차크라	가 슴	호 흡	나가(naga) – 트림과 딸국질
아빠나 (Apana)	오랜지 적색	물라다라 차크라	항 문	똥, 오줌의 배출	꾸르마(kurma) – 눈을 깜박이는 기능
사마나 (Samana)	녹 색	마니뿌라 차크라	배 꼽	소 화	크리까라(krikara) – 배고픔과 목마름
우다나 (Udana)	푸른 보라	비수다 차크라	목	삼키는 작용과 사람이 죽으면 영체를 육신에서 분리하는 작용	데와다따(devadatt a) – 하품
브야나 (Vyana)	장 미	스와디스 타나 차크라	몸 전체	혈액 순환	다난자야(dhananja ya)– 육신의 분해

<표 1>

좀 더 자세하게 설명해 보면, 먼저 아나하타 차크라(심장)를 중심으로 해서 가슴에서 바로 코 밑까지 그 활동 영역을 가지고 있는 쁘라나 바유가 있다. 이 바유의 경우는 비록 그 활동 범위가 가슴에서 목까지라고 그 범위가 나와 있으나 이미 앞에서도 언급을 하였듯이 쁘라나의 의미는 보다 포괄적이다. 인간의 생명을 유지 시켜주는 생기(生氣) 또는 들이쉬고 내어 쉬는 호흡, 우리 몸 전체에서 작용하는 자율신경, 그리고 요기들만이 느낄 수 있는 특유의 내적인 느낌들, 예를 들면 쁘라나나 쿤달리니의 각성에 의한 무엇인가 상승하는 느

낌들이다. 이 모든 기능들이 쁘라나 바유의 작용으로 일어난다고 한다.

따라서 쁘라나는 우리 생명 그 자체이며, 쁘라나 작용의 정지는 생명의 정지를 의미한다. (H.P 2장 3절 참조)

경전≪브르하드 요기야즈나 바캬 스므르띠≫에 보면 우리의 생명활동 다시 말해 들이쉬고 내어 쉬는 호흡작용이 쁘라나의 활동인데, 이 쁘라나의 활동이 우리 인간의 생명에너지를 소모시킨다. 라고 했다. 그 결과로 우리 육체는 생명이 다해 죽는다는 것이다. 그래서 쁘라나야마의 수련으로 호흡 즉 쁘라나의 기능을 늘여 줌으로서 우리의 생명력도 늘어난다는 것이다.

'아빠나 바유(apana vayu)'의 위치는 물라다라 차크라를 중심으로 복부에서 무릎까지가 이 아빠나 바유의 활동 영역이라 한다. 아빠나 바유는 우리 몸에서 쓸모없는, 우리 생명에는 무익(無益)하고 독성을 지닌 물질들을 밖으로 내 보내 배출시키는 것이 이 바유의 주 기능이다. 그리고 이미 언급을 하였지만 배설과 출산에도 이 바유가 기능을 한다. ≪Bhagavad Gita≫에 보면 '아래쪽으로 운반하고 이동해 주는 에너지를 아빠나 바유라고 한다.'라고 나온다.

다음은 마니뿌라 차크라를 중심으로 활동하고 있는 '사마나 바유(Samana vayu)'라고 하는데, 이 바유는 가슴에서 아랫배까지 그 활동 영역을 가지고 있으면서 우리가 먹은 음식물을 소화시키고, 그 소화된 음식물을 전신에 전달해 주는 기능을 하고 있다. 이렇게 영양물질을 온

몸에 전달해 주는 기능을 가지고 있기 때문에 다른 책에는 사마나 바유가 브야나 바유에 속해 있는 바유라고 하는 책도 있다.

네 번째 바유는 '우다나 바유(udana vayu)'로서 비슈다 차크라를 중심으로 활동하면서 그 활동범위는 목에서 머리끝까지라고 한다. 이 바유는 중력에 반하는 작용으로 위로 끌어올리는 에너지라고 한다. 예를 들면 혈액이나 체액을 머리 쪽으로 끌어 올린다든지 또는 팔, 다리를 들어 올리는 것과 같이 우리 신체의 일부를 들어 올리는 것 모두가 이 우다나 바유의 기능이라고 한다.

마지막으로 '브야나 바유(Vyana vayu)'는 스와디스타나 차크라를 중심으로 활동하고 있으면서 그 활동영역은 우리 몸 전체에 미친다고 한다. 예를 들어 우리 몸의 전신을 타고 순환하는 혈액이 이 브야나 바유 때문이라고 한다. 이 뿐만 아니라 ≪Vasistha samhita≫에는 브야나 바유는 우리 몸 전체에 두루 퍼져 있으면서 보유하고 배출하고 멈추고 이동하고 움직이는 것이 모두 브야나 바유의 활동 때문이라고 한다. 이러한 전체적인 순환 작용에 의해 소화된 영양 물질을 전달하는 사마나 바유가 이 바유에 종속되어 있다고 주장하는 설도 존재하는 것이다.

이와 같이 바유(vayu)는 우리 몸 전체에 각 부위별로 흩어져 있으면서 그 부위별로 그 기능과 역할을 하고 있는데, 이것은 우리 몸에서 일어나는 반사작용과 같다. 예를 들면 우리가 음식을 먹고 영양분을 흡수하는 것은 "쁘라나 바유"이고 이것을 소화시켜주는 바유는 사마나 바유이고, 소화된 영양분을 전신으로 전달해 주는 바유는 브야나 바유이고, 신진대사가 끝난 후에 배출되는 노폐물들은 아빠나의 기능인데, 변비에 걸려 배출이 잘 안 된다고 했을 때에는 "아빠나 바유"의 기능에 문제가 있는 것이 된다. 이와 같이 바유와 자율신경과의 연관성을 잘 이해 해 주어야 한다. 이것이 인도 고대의학에서 말하는 아유르베다의 원리이 다.

다섯 바유(Vayu)의 위치

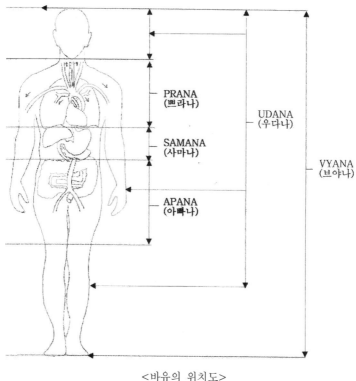

<바유의 위치도>

앞에서 우리 인체는 이미 우리가 육안으로 보고 만지고 느낄 수 있는 조대한 몸이 있는가 하면 그 내면에는 영적인, 섬세하고 불가

사의한 영체(靈體)가 존재 한다고 했다. 이러한 조대한 신체의 구조와 기능을 알아야 하는 것은 물론이고 내적인 영체에 존재하는 쁘라나들에 대한 구조와 기능을 알아야 재대로 쁘라나야마를 배울 수 있다.

쁘라나는 생명 에너지이고 신묘하고 섬세하다. 쁘라나가 우리 몸에서 밖으로 드러나는 형태가 바로 호흡이다.

따라서 밖으로 드러나는 조대한 호흡의 원리를 통제하고 조절해 줌으로 해서 내적(內的)으로 섬세하고 신묘한 쁘라나를 조절해 줄 수 있는 것이다.

마음 작용 역시도 이 쁘라나의 도움으로 작용한다.

따라서 H.P 2장 2절에 보면 '짤레와떼 짤람찌땀 니스짤레 니스짤람 바웨뜨'라는 말이 있다. 이 말은 호흡이 작용하고 있는 동안에는 마음이 안정이 안 된다는 뜻으로

쁘라나를 조절 할 수 있다는 말은 마음도 조절 해 줄 수 있다는 말이기도 하다. 섬세하고 신묘한 내적(內的) 쁘라나가 마음과 바로 연결 되어 있는 것이다.

쁘라나는 우리 인간에게 잠재되어 있는 숨어 있는 힘이고 어디에서나 우리 주변을 감싸고 있는 힘이다.

따라서 쁘라나는 마음과 연결이 되어 있고, 마음을 통해 의지와 연결이 되어있다. 의지는 다시 우리 개개인의 영혼과 연결이 되어있다. 다시 이 영혼은 지고한 존재와 연결이 되어 있다고 우빠니샤드에서는 말한다.

따라서 하타요기들은 호흡을 마음보다 더 중요시 여긴다.

깊은 잠에 빠져있는 상태에서는 마음작용이 없으나 쁘라나의 속성은 이러한 깊은 잠 속에서도 쁘라나는 작용하고 있기 때문에 마음보다 호흡이 더 중요한 역할을 한다.

따라서 만약 수행자가 마음을 통해 일어나는 작은 쁘라나의 파장을 조절 할 줄 안다면 우주적인 쁘라나를 정복할 수 있는 비법도 알게 될 것이다.

요기가 이러한 비법에 대한 지혜가 형성되면 이 세상이나 우주에서 작용하는 그 어떤 에너지 작용에도 두려움을 모르게 될 것이다.

잠재되어 있는 쁘라나의 개발은 쿤달리니의 각성과 같다.

쁘라나의 개발은 선천적으로 일정부분 개발되어 태어나는 사람도 있고 후천적인 노력에 의해 얻어 질 수도 있다. 선천적으로 쁘라나가 조금이라도 개발되어 태어난 사람이라면 이 사람은 분명 남들보다는 앞선 통솔력(統率力)을 가지고 남들보다는 더 큰 힘과 영향력을 발휘하면서 살고 있는 것을 볼 수 있다.

이러한 것을 자신은 잘 모르지만 자신의 의지대로 쁘라나를 나름대로 사용할 수 있는 능력을 가지고 태어났기 때문이다. 이러한 쁘라나의 작용이 원활하게 하기 위해서는 나디와 바유의 기능들과 역할도 매우 중요하다.

그래서 무엇보다 먼저 나디의 정화가 되어 있지 않으면 처음부터 아무것도 되지 않는 다고 했다. 따라서 나디들을 정화시키는 것이 쁘라나야마의 수련 목적 중에 하나이기도 하다.

때문에 쁘라나야마는 나디들을 최대한 빠르게 정화시켜 주는 정화법 중의 하나이기도 하다.

쁘라나의 조절은 섬세한 호흡조절로 가능하다. 호흡이 안과 밖의 가교 역할을 하기 때문에 호흡조절은 섬세하고 영적이면서 내적인 쁘라나도 조절해 줄 수 있다.

쁘라나의 조절은 마음의 조절과 함께 조대한 인간의 신체 역시도 조절가능하다.

따라서 호흡 조절을 통해 쁘라나를 조절하고 쁘라나의 조절은 인간의 마음을 조절하고 결국은 전체적인 인간의 안과 밖, 거친 외면과 섬세한 내면까지도 조절 가능해 지면서 인간이 가진 본질적인 고뇌와 의구심을 해소하고 우주와 자연의 이치와 섭리를 깨우쳐 자연과 우주와 동화되어 하나로 조화를 이루면서 지고한 행복을 누릴 수 있게 한다.

이러한 쁘라나야마의 원리는 명상을 통해 더욱 빛난다.

2. 쁘라나야마의 종류

쁘라나야마의 종류는 깊은 호흡 수련법에서부터 길을 가면서도 할 수 있는 쉽고 편한 호흡법과 명상을 하면서 할 수 있는 호흡법, 그리고 어떠한 극한 상황에 직면했을 때 일시적으로 그 상황을 모면하기 위한 리드미칼 한 호흡 등 다양한 방법들이 있는데, 수련목적과 그 사람이 가진 기질이나 체질, 성격에 맞게 해 줄 수가 있다.

쁘라나야마의 종류에는 각 경전들 마다 다양하게 설명되어 있는데, ≪게란다 상히따(Gherandha Samhita) 5장 46절≫에는 '사히따(Sahita), 수르야베다나(Surya vedana), 웃자이(Ujjay), 시딸리(Sittally), 마스드리까(Dhastrika), 브라마리(Bramari), 무르짜(Murcca), 께왈리(Kevali)' 등 여덟 가지로 되어 있다. 여기서 눈여겨봐야 할 것은 하타쁘라디피카에서 쁘라나야마라기 보다는 쁘라나야마의 수행의 결과로 나타나는 수행의 척도라고 할 수 있는 '사히따와 께왈라 꿈바카'를 만뜨라와 연계하여 하나의 쁘라나야마 수련법 중의 하나로 다루고 있다. 는 점이다.

한편, 하타(요가)쁘라디피카에 나오는 쁘라나야마의 종류 역시 여덟 가지가 있는데, 수르야베다나(Surya vedana), 웃자이(Ujjay), 시뜨까리(Sittkari), 시딸리(Sittally), 바스트리까(Bhastrika), 브라마리(Bramari), 무르짜(Murcca), 플라비니(Flavini)등 이다.
이 책에서 설명하는 쁘라나야마의 실습은 하타쁘라디피카를 위주로 설명할 것이다.

쁘라나야마의 수련은 원칙적으로, 요가를 처음하는 초보자들에게 재미삼아 해주는 수련법이 아니다.
쁘라나야마는 고도의 기술과 오랜 기간 동안 요가를 수련해 온 수련자들에 한해서 시간을 따로 내어서 별도의 시간을 가지고 수련해 주어야 하는 고도(高度)의 요가수련 장르이다.
따라서 H. P에 보면 올바른 호흡법은 만병을 근절해 주지만 잘못된 쁘라나야마의 수련은 없던 질병도 생긴다고 했다.
"pranayamena yuktena sarvarogakasayo bhavet/
ayuktabhyasayogena sarvarogasamudbhavah//
By proper practice of Pranayama all diseases are annihilated. Improper practice of Pranayama(on the other hand) gives rise to all sorts of diseases.

≪Hathapradipika 2장 16절≫

따라서 쁘라나야마는 사자나 호랑이와 같은 맹수나 야생 동물을 길들이 듯이 천천히 조심스럽게 해주어야 한다고 했다. 그렇지 않으면 수행자에게 오히려 해가 된다. 라고 ≪Hatha(yoga)pradipika 2장 15절≫에 말하고 있다.

"yatha simho gajo vyagro bhavedvasyah sanaih sanaih/

tathaiva sevito vayuranyatha hanti sadhakam//

Just as a lion, an elephant, or a tiger is tamed by degrees, similarly respiration is to be brought under control gradually; otherwise it would harm the aspirant.

3. 쁘라나야마 수련 시기와 방법

요가 수련자들 중에는 요가에서 호흡법이 중요하긴 한데 언제 어디서 어떻게 얼마나 해 줄 것이며, 왜 해주어야 하는 것이며, 또 그 수련의 효과와 결과는 어떤 것인지도 모르고 그냥 요가의 한 부분이고 남들이 해주고, 또한 자기 스스로 요가에 식상해서 변화를 주기 위한 방편으로 주먹구구로 해 주는 경향이 있다.

따라서 이에 대해 제일 먼저 언제 해 줄 것인가에 대해서는 두 가지 측면이 있다.

첫 번째는 요가 수련자들 스스로가 언제 쁘라나야마를 수련 해 줄 것인가 하는 문제이다. 이 말은 무슨 말인가 다시 말해 보면, 쁘라나야마의 수련은 초보 수련자가 남이 수련한다고 해서 따라서 흉내 내어 할 수 있는 것이 아니라, 일정기간의 수련기간을 거쳐야 한다는 것이다.

그렇다면 자신이 쁘라나야마를 수련을 해 줄 때가 되었는지 아닌지를 어떻게 아느냐하면, 그때가 되면 수련자 스스로 자연히 알게 된다고 하였다.

이 말은 하타요가를 수련 해 주다보면 스스로 호흡과 더불어 만족을 하게 되는데 그때가 쁘라나야마를 수련 해 주는 시기라고 했다.

따라서 ≪요가 수트라 2장 49절≫ 사다나 빠다에 보면, '따스민 사띠 스와사 쁘라스와사 요르 가띠비체다 쁘라나야마'라는 말이 있는데, 이 말은 모든 요가 자세를 마스터 한 후에 쁘라나야마를 수련하라는 뜻이다.

한편, ≪하타(요가)쁘라디피카 2장 1절≫에는 '아타 사네 드르데 요기 워시히따 미타사나하(athasane drdhe yogi vasi hitamitasanah)'라는 말이 있다.

이 말은 '요기가 하타요가를 오랫동안 수련해 주다보면 스스로 안정 감이 느껴질 때' 쁘라나야마를 수련하라고 말한다. 하타요가를 수련해 주면 초심자들에게는 균형 감각이나 안정감을 갖기란 쉽지가 않다. 균형감이나 안정감을 가질 수 있다는 것은 그만큼 요가 수련에 있어서 경지에 올랐다는 말이기도 하다. 그래서 이때가 되어야 비로소 쁘라나야마를 수련 해 줄 때라는 것이다. 그렇지 않고 섣부른 쁘라나야마의 수련 은 차후에 어떤 부작용이 올지 모를 뿐만 아니라 여러 가지 질병들을 야기한다고 경고하고 있다. ≪하타(요가)쁘라디피카 2장 16/17절≫

두 번째는 하루 중에 어느 시간대에 수련을 해 주는 것이 쁘라나야마 수련에 가장 좋은 시간대 인가 하는 것이다.

《하타(요가)쁘라디피카 2장 11절》에 보면, 아침, 점심, 저녁, 한밤 중 네 차례가 적당하다고 말하고 있는데, 구체적으로 시간대는 나와 있지 않으나 아침 6시, 낮 12시, 저녁 6시, 밤 12시라고 요기들은 말한다. 이 시간대의 대기 중의 기압이 가장 안정적인 사뜨와(satvic)적 기압이 흐르는 것으로 여긴다.

그렇다면 어떻게 쁘라나야마를 수련해 줄 것인가 하면,

《하타(요가)쁘라디피카 2장 18절》에 보면, 들숨(puraka), 날숨(rechaka), 정지(kumbhaka)로 이루어져 있고, 《요가 수트라 2장 49/50/51절》에 보면 아사나(자세)를 마스터한 후 들숨과 날숨, 그리고 규칙적으로 호흡을 멈추어 주는 것과 더불어 더 나아가면 제 4의 꿈바카(정지)도 일어나는 것을 쁘라나야마라고 했다.

들숨과 날숨은 쉽게 이해를 할 수 있겠으나, 꿈바카는 무엇이며 왜 필요한가 하면, 생리적, 수행적인 측면 두 가지로 나누어 볼 수가 있는데, 생리적으로는 우리가 들이쉬는 호흡에는 산소를 들이쉬고 내어 쉬는 호흡에서 불순물이 배출되는 것이다. 이와 같이 신선한 산소를 흡입하고 불순물을 배출해 주기 위한 가스 교환이 바로 이 꿈바카를 해 주는 시간에 이루어지는 것이다.

만약에 숨을 한꺼번에 들이쉬고 내어 쉰다고 상상을 해 보라, 그렇게 되면 가스를 교환할 시간적 여유가 없으며 그렇게 되면 결코 우리 인체는 정상적으로 기능을 할 수 없을 것이다. 물론 정상적인 사람이 정상적인 호흡을 한다면 그것으로 충분히겠지만, 꿈바카를 해 주게 되면 충분한 시간적 여유가 주어지기 때문에 더 많은 산소를 공급받을 수가 있다.

한편 요가적인 수행측면에서 본다면 호흡을 길게 늘여 무의식적으로 작용하는 우리의 호흡 작용을 인위(人爲)로 의식적인 호흡 작용으로 바꾸었다가[이것을 사히따 꿈바카라고 한다. (H.P 2장 72절)] 의식적으로 호흡을 마음대로 조절하여 결국에는 께왈라 꿈바카(kevala kumbhaka)를 성취해 주는 것이다. (H. P 2장 72절)

께왈라 꿈바카란 사히따 꿈바카의 수련이 깊어지면 께왈라 꿈바카를 성취해 줄 수 있다고 했는데, 사히따 꿈바카는 우리가 일반적으로 쁘라나야마 수련을 해 줄 때 임의로 정지해 주는 호흡의 정지(지식), 즉 멈춤을 뜻하고, 께왈라 꿈바카란 이러한 사히따 꿈바카의 수련이 절정에 달하게 되면 임의로 조절해 주던 사히따 꿈바카가 무의식 속의 사마디 상태에서 호흡의 정지 상태가 이루어진다.

이것을 보고 께왈라 꿈바카라고 한다. 이 정도의 경지에 까지 오른 요기라면 쁘라나를 삼켜 죽음까지도 정복할 수 있는 뛰어난 요기의 탄생을 의미한다.

사히따 꿈바카를 세분(細分)을 하게 되면, 들이쉬고 멈추는 꿈바카를 '안타라 꿈바카(antara kumbhaka)', 내어 쉬고 해주는 꿈바카를 '바야 꿈바카(vaya kumbhaka)'라고 한다.

들이쉬고 멈추어 주는 '안타라 꿈바카'에서는 많은 산소를 받아들여 마셔 우리 몸 구석구석으로 더 많은 산소를 공급해 주기 때문에 생체리듬이 더욱 활발해 지고,

내어 쉬는 '바야 꿈바카'에서는 내어 쉬고 가만히 멈추어 있는 동안에는 호흡기계가 활동을 멈추고 아주 편안하게 휴식을 취해 주게 되고, 호

흡과 관계되는 근 골격계가 이완을 하게 된다. 따라서 이와 같은 작용을 반복해 주는 쁘라나야마는 휴식과 왕성한 활동을 반복하면서 우리 몸과 마음을 더욱 더 건강하게 해 주게 되는 것이다.

쁘라나야마의 수련은 생리적으로는 들이쉬는 것보다 내어 쉬는 것을 배우는데 그 기본 목적이 있다 할 수 있다. 내어 쉬기를 길게 해 주게 되면 그만큼 우리 몸에 축적되어 있던 노폐물을 더 많이 배출시켜주고 반대로 우리 몸 내부 특히 폐 내부의 공간이 넓어져서 그만큼 더 많은 양의 산소와 미네랄을 받아들 수 있는 공간이 확보됨과 동시에 호흡 자체도 길게 늘여 결과적으로 생명도 연장시킬 수 있다. 그래서 호흡을 은행에 예금해 놓은 예금 잔고와 같다고 했다.

일반적으로 사람들은 평균적으로 호흡해 주는 호흡수가 있는데 요기는 그 평균치보다 호흡을 길게 늘여서 남들이 1분에 평균 15번 해 줄때 요기들은 5번으로 줄여서 호흡수 자체를 축적해 줄 수 있으므로 해서 생명을 연장시켜 줄 수 있는 것이다.

4. 쁘라나야마의 수련 목적

우리가 쁘라나야마를 수련해 주는 목적이 단순히 우리 수명을 연장해 주기 위한 것인가 하면, 결코 이것이 수련목적이 될 수 없다.

≪하타(요가)쁘라디피카 1장 17절≫ 아사나 수련의 정의에서 아사나를 수련해 주다 보면 육체적인 건강함과 마음의 안정감은 부수적으로 오는 것이기 때문에 건강을 위해서 아사나 수련을 해 주는 것이 아니라고 했듯이, 쁘라나야마를 수련해 주는 것 역시 생명의 연장은 부수적인

것이다.

따라서 쁘라나야마의 수련 목적이 목적에 따라 그 수행법 역시 여러 가지가 될 수 있겠지만 무엇보다 나디를 정화해서 쁘라나의 소통을 원활히 하고, 호흡의 조절을 통해 우리의 마음과 감정을 조절하는데 그 목적이 있다.

나디나 쁘라나의 소통을 원활하게 해서 쿤달리니를 각성시키고자 하는 요가를 쿤달리니 요가라고 하고, 호흡조절을 통해 감정을 통제하고 마음과 의식을 제어하는 것을 아스탕가 요가 혹은 라자요가라 한다.

호흡조절을 통해 마음과 감정이 통제가 되면 집중과 명상이 잘되어 요가의 목적지인 사마디에 이르기가 한결 쉬워진다.

따라서 쁘라나야마의 궁극적인 목적은 라자요가(Rajayoga)의 성취에 있다.

라자요가를 성취해 주기 위해서는 우리 마음이 흔들림 없이 안정감이 있어야 하는데, 이러한 마음의 안정감을 가지기 위해서는 우리 마음속에 어두운 구름처럼 드리워져 있는 모든 장애물들을 걷어내고 밝은 빛과 함께 우리 내면의 세계를 볼 수 있는 지혜를 가져야 한다.

'지혜'란, 우주의 법칙과 자연의 섭리를 터득하고, 무상한 것과 그렇지 못한 것을 구별할 줄 알고, 자신의 정체성을 확립하여 흔들림이 없는 상태가 되었을 때 지혜 있는 사람이라고 했다.

이와 같이 우주와 자연, 자신에 대한 원천적(源泉的)인 인식(認識)을 하게 되면 우리의 마음도 감정의 기복(起伏)에 좌우(左右)되지 않게 된다.

창문밖에 바람이 아무리 불어도 창문을 닫고 있으면 바람의 영향을 받지 않듯이, 우리의 마음도 쁘라나야마를 수련해 주게 되면, 슬프고 기쁘고 성내고 행복하다. 라는 모든 감정의 기복들로부터 멀어지고 마음의 조화와 균형을 이루어 안정감과 평온함을 얻는 것이 쁘라나 야마이고, 쁘라나야마를 수련해 주는 목적(目的)이다.

그래서 ≪요가 수트라 2장 52절≫에 보면,

"따따 크시야떼 쁘라까샤 와라남"이라 했다. 이 말은 "쁘라나야마를 수행해 주게 되면 빛을 가리고 있는 장막이 사라지게 된다는 뜻이다. 이것이 바로 우리 마음속 내면에 드리워져 있는 어리석고 어두운 장막들이 모두 사라지는 것이다.

이러한 장막이 사라지고 나면 Y. S 그 다음 구절 53절에 보면 "다라나수 짜 요그야따 마나사"라고 했는데, 이 말은 쁘라나야마로 마음의 장막들이 다 사라지고 난 상태가 되면 이제야 마음이 다라나(dharana) 즉 마음의 내면과 연결되는 집중이나 명상 수행에 적합하게 된다. 라는 뜻이다.

그래서 결국에는 우리가 이 쁘라나야마의 수련을 통해서 배워야 할 것은 우리 감정의 기복을 조절하는 자율조절기능을 우리 인간의 지성(知性)을 이용해서 언제, 어디서나 통제(統制)와 조절(調節)이 가능할 수 있도록 쁘라나야마의 수련을 통해 배워야 한다.

꾸준한 쁘라나야마의 수련은 이러한 것을 가능하게 해주고, 이것이 가능하게 되면 우리는 본능적인 감정의 기복에 흔들림이 없이 언제나 안정과 균형을 잃지 않고 평정심(平靜心)을 유지 해주면서 그 어떤 일에도 스트레스를 받고 그것으로 인해 마음이 흔들리고 고통 받는 일이 없을 것이며, 요가의 궁극적인 목적지인 사마디에 한 발 다가서게 되고 결국에는 해딜에 이르리 대 지유인(大 自由人)이 될 수 있는 것이다.

5. 쁘라나야마 실습 -

쁘라나야마의 종류는 ≪하타(요가)쁘라디피카≫에 보면,

웃자이(ujjayi), 수르야 베다나(surya bhedana), 시뜨까리(sitkari), 바스트리까(bhastrika), 브라마리(bhramari), 무르쨔(murchha), 플라비니(plavini), 시딸리(sitali), 등 여덟 가지가 있고, 그 외에 나디 소다나(nadi sodana) 쁘라나야마가 있고, 아눌로마, 빌로마(anuloma, viloma)쁘라나야마, 찬드라 베다나(chandra bhedana) 쁘라나야마, 그리고 정화법(kriya)에도 들어가는 까빨라바띠(kapalabhati)가 있다.

1) 웃자이 쁘라나야마(Ujjayi Pranayama)

접두어 "Ud"는 팽창하다 또는 탁월하다 또는 힘이라는 뜻을 가지고 있다.

"jaya"는 정복, 성공, 승리라는 뜻이 있고, 다른 말로는 절제(節制)라는 뜻도 있다. 따라서 이 호흡법을 하게 되면 폐가 확장되면서 가슴은 정복자의 권위를 나타내는 당당함과 같이 팽창되는 힘이 생긴다고 B. K. S. 아엥가 선생은 말한다.

웃자이 쁘라나야마는 호흡법 중 가장 기본적인 것으로 쉽고 편하게 해 줄 수가 있다. 그래서 이 쁘라나야마는 꿈바카(止息) 수행 없이는 길을 가든지 차를 타고 가든지 언제 어디서나 해 줄 수 있는 장점을 가지고 있다. 그 중에 1단계는 가장 초보단계로서 초심자에게 가장 적합하다 하겠다. 그러나 수련 중에 폐에서 일어나는 감각을 고른 호흡과 함께 관찰하면서 이 호흡법의 테크닉을 연마(鍊磨)해 줄 것을 권한다. 이러한 훈련은 명상할 때 아주 요긴하게 활용이 된다.

  많은 쁘라나야마들 중에서도 명상과 연계한 쁘라나야마는 웃자이 쁘
라나야마가 가장 적합하다. 평범한 호흡법 같지만 꾸준한 인내심과 주
의 깊고 섬세한 웃자이 쁘라나야마의 수련은 자신에 대한 관찰과 통제
가 가능해지면서 깊은 명상 중에 발생하는 호흡의 통제에 요긴하게 활
용되면서 궁극에는 요가의 최상경지인 사마디에 들어갈 수 있는 바탕이
되어 준다.
  ☞ 힌트 : 쁘라나야마를 시작할 때에는 내어 쉬어주기(rechaka)를
하고서 시작하고 마무리는 들이쉬기(puraka)로 끝을 낸다.
  쁘라나야마는 결코 무리하게 수련해서는 안 된다. 잘못된 쁘라나야마
는 많은 질병의 원인으로 작용할 수 있다고 했다.
  방법 - 웃자이 쁘라나야마는 다섯 가지 단계로 나누어서 수련 해 줄
수 있다.

1단계 - 누워서 하기
  1) 먼저 편한 자세로 앉아서 할 수가 있고, 두 개의 담요를 접어서
이용하는데 하나는 세 네번 접어서 뒷머리와 등을 접은 담요위에 닿
게하여 그 위에 눕고 나머지 담요 한 장은 목침처럼 접어 목과 뒷덜
미를 연결하여 베개처럼 베어준다. 담요가 없으면 그냥 편하게 사와
아사나(savasana) 처럼 누워서도 해 줄 수가 있다.

<사와 아사나>

2) 편안하게 누운 상태에서 잠깐 동안 마음을 가라앉히고 몸을 머리 끝에서 발끝까지 이완을 시킨다. 그리고 폐가 완전히 비워질 때까지 깊게 내어쉰다.

3) 숨을 완전히 내어 쉬었다가, 천천히 숨이 가슴 가득 차도록 들이쉰다. 이때 가슴이 위쪽과 옆으로 확장되는 것을 느끼고 양쪽 폐가 똑같이 균형 있게 채워지는 것을 느끼면서 가슴 가득 숨을 들이 쉰다. 그리고 가능하면 복부는 압박감을 느끼지 않아야 한다. 이 말은 복부기관은 편안하게 유지 해주고 늑골을 포함한 가슴이 팽창되도록 하라는 말이다. 이것은 복식호흡이던 흉식 호흡이던 간에 별 의미가 없다. 어차피 횡격막 밑바닥 깊숙이에서 부터 공기는 차곡차곡 채우듯이 들어 찰 것이기 때문이다.

4) 가슴 가득 공기를 들이 마시고 나서 내어 쉬기(rechaka)를 해 주는데 이때도 들이쉬기와 마찬가지로 균형 있게 폐가 어느 한쪽으로 치우침이 없도록 하면서 균형 있게 폐의 윗부분에서부터 길게 내어 쉰다. 이것이 1주기이고, 10분 정도 수련해 주고 사와 아사나로 쉬어준다.

☞ 힌트 – 서서히 숙달이 되어 가는 것을 스스로 관찰해주면서, 들이 쉬고 내어 쉬어주는 지속 시간을 늘여 나가도록한다. 그리고 들이 쉴 때

횡격막은 편안하게 이완시키면서 양옆으로 팽창시켜주고, 복부가 부풀려지거나 움직이고, 횡격막이 늑골위로 안 움직이게 해 주어야한다. 또 깊고 긴 호흡에 열중하다 보면 자신도 모르게 안구가 위로 치켜 올라간다든지 어깨가 치켜 올라가는 경우가 있는데 안구는 밑으로 내리고 편안하게 해 주고 어깨도 치켜 올라가지 않게 자연스럽게 유지해 준다.

생각을 비우고 뇌를 고요하게 하라.

효과 -

이 쁘라나야마의 수련은 수련자의 집중력을 늘여주고 신경계에 활기를 불어넣어주며, 뇌와 신경계를 안정 시켜준다고 했다. 또 경직되어 있던 폐도 이완을 시켜 폐활량이 늘어나도록 도와준다. 따라서 깊고 고르게 길게 내어 쉬어주는(rechaka) 호흡은 고혈압과 심장질환을 가지고 있는 환자들에게 큰 도움이 된다. 반대로 들이쉬는 뿌라카(puraka)를 길게 깊게 해주는 쁘라나야마 수련은 신경계에 활력을 주고 자신감을 생기게 해 준다고 했다. 따라서 저혈압과 의기소침해 있는 우울증과 천식환자들에게 큰 도움이 된다.

뇌가 고요해 진다.

2 단계 - 앉아서하기

방법 - 자신이 편한 자세, 빠드마아사나, 싯다아사나, 스와스띠까 아사나로 앉는다.

앉는 자세에서는 앉는 자세 자체가 아주 중요하다. 무엇보다 중요한 것은 아랫배에 약간의 힘을 주고 허리를 꼿꼿하게 세워서 흉골을 들어 올린다. 등과 허리, 어깨가 굽고 가슴이 내려앉아 가슴이 움츠려지면 심폐기능이 안 좋아지고 위장병이 생기는 원인이 되며 오랫동안 수련하고 나면 어깨가 결리는 원인이 되기도 한다. 흉골을 들어 올리면 가슴이 자연스럽게 펴진다. 이 부분은 명상을 하던 쁘라나야마를 하던 평소 무엇을 하던지 흉골을 들어 올려주면 자세가 곧아져 균형 있는 자세를 유지해 줄 수 있다. 반면 척추나 어깨 등에 힘이 너무 들어가던지 경직이 되어서는 안 된다. 따라서 곧게 세운 상태지만 어깨는 부드럽고 유연함을 유지해야 한다. 이렇게 해야 호흡의 흡수과정이 원활하게 이루어진다.

1) 위에 설명한대로 곧게 그리고 편하게 앉아 고개를 숙여 잘란다라 반다(jalandhara bandha)를 해 준다. 그리고 손은 즈나나 무드라(jnana mudra)로 손을 무릎 위에 올려놓는다.

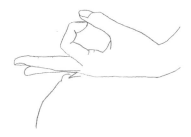

<즈나나 무드라(jnana mudra)>

2) 어깨의 긴장을 풀고 안구도 편안하게 하고서 호흡의 끄트머리 내면을 가만히 관찰해 주면서 집중을 해 준다. 숨소리가 들리는 것을 가만히 의식하면서 복부에 압박을 느끼지 않으면서 길게 숨을 다 내어 쉬어 폐를 비워 준다.

3) 들이쉬기는 이미 앞에서 설명한 대로 복부를 움직여 주지 않으면서 가슴을 팽창시키고 가슴 가득 폐의 가장 밑바닥부터 가득 채웠다가, 다시 길게 천천히 내어 쉬어 준다. 이것이 1주기이고 10~15분간 해 주고 사와 아사나로 쉬어 준다.

☞ 힌트 - 내어 쉬기는 이완과 함께 겸손하게 감사하는 마음으로 조용히 내어 쉬고, 들이쉬기는 모든 에너지를 우리 몸 가득 에너지로 충만하게 가득 채운다는 마음으로 해 준다.

효과 -

가슴을 팽창시키면서 해 주다보면 복부근육이 아랫배에서부터 당겨 올라가서 복부의 마사지 효과를 일으켜서 소화력을 향상시키고 신경체계를 조화롭게 해 준다. 또 많은 산소공급과 함께 폐는 유연하게 되고 조직 하나하나에 끝까지 생명에너지(쁘라나와 산소)를 전달해 주고 심장병 환자들에게는 가슴의 통증 완화와 원활한 호흡을 해 주게 하며, 천식 환자에게는 담을 줄여 주는 효과가 있다.

3 단계 -

세 번째 단계에서는 숨을 정지시키는 즉 꿈바카(kumbhaka)와 함께 수련을 해 준다. 이 꿈바카에는 크게 두 가지가 있는데, 숨을 들이쉬고 정지해 주는 꿈바카를 안타라 꿈바카(antara kumbhaka)라고 하고, 숨을 내어 쉬고 정지해 주는 바야 꿈바카(bahya kumbhaka)가 있다.

방법-

1) 먼저 앉는 자세는 항상 일정하다. 허리는 곧게 펴고 편안하게 앉아 척추는 유연하게, 또 어깨는 힘을 빼고, 눈동자도 이완시키고 잘란다라 반다(jalandhara bandha)를 하고서 jnana mudra로 두 손은 무릎 위

에 편하게 놓는다.

2) 가만히 숨을 내어 쉬었다가 깊게 들이마시고 kumbhaka를 해준다. 이때는 안타라 꿈바카가 된다. 무의식중에 눈이나 콧마루 등이 위로 치켜 올라가지 않게 의식적으로 스스로 숙달이 되기 전까지는 관찰을 해 주어야 한다. 심지어 처음에는 고개가 들리는 경우도 있으니 주의를 해야 한다. 이와 같이 자세의 흐트러짐이 없이 수련해 주면서 에너지가 온몸에 구석구석까지 전달되는 것을 의식해 본다.

3) 내어 쉬기(rechaka)역시 서둘러서는 안 된다. 전체적으로 몸통과 폐, 횡격막 등을 잘 조절해 주면서 천천히 내어 쉬어야 한다.

☞ 힌트- kumbhaka를 처음부터 무리하게 길게 오래 할려고 욕심을 내어서는 안 된다. 들이쉬기 (puraka)가 무리하게 실행이 되면 내어 쉬기(rechaka)도 무리하게 이루어진다. 숙달이 되기까지는 서서히 그 지속 시간을 늘여 나가야한다. 그렇지 않으면 폐에 무리가 와서 폐가 경직이 되고 충혈이 된다. 그리고 머리도 띵해지고 어지러움도 느끼면서 잘못 된 쁘라나야마의 수련으로 그 어떤 후유증이 올지는 아무도 모른다고 했다.

숨을 들이쉬고 멈추어준 안타라 꿈바카 상태에서 항문을 조여 주면서 물라다라 반다를 해 준다.

4) 이완을 시킬 때에는 먼저 호흡을 2-3초 약간 내어 쉰 상태로 당겨졌던 복부를 이완시키고 항문도 이완시키고 천천히 폐가 완전히 비워질 때까지 내어 쉰다.

5) 다시 호흡을 시작하기 전에 잠시 1-2초 정도 멈추었다가 다시 시작해 준다.

6) 5-10분 정도로 반복해서 꾸준히 해 준다.

7) 호흡이 끝나면 가만히 사와 아사나(송장자세)로 휴식을 취해 준다.

효과 -

폐에 많은 산소를 공급 해 주게 되고 이것을 우리 몸의 구석구석까지 에너지로 충만하게 해 주면서 전체적으로 활기차게 해 준다. 또 담(痰) 을 제거 해 주고, 참을성과 인내심을 길러주며 신경을 안정시켜 준다. 특히 혈압이 낮은 저혈압인 사람이나 우울증으로 시달리는 사람, 몸이 둔하여 움직이기 싫어하는 사람에게 활력을 준다.

그러나 고혈압이나 심장질환을 앓고 있는 사람은 안타라 꿈바카가 아 니고 바야 꿈바카(bahya kumbhaka)가 도움이 된다.

이 말은 내어 쉬고 멈추어서 꿈바카를 해 주라는 뜻이다.

바야 꿈바카의 효과는 마음을 비워주고 고요함을 느끼게 해 준다. 따 라서 신경계를 완화시키고 이완시켜 주어서 성질이 급하고 고혈압으로 고통 받는 사람들에게 도움이 된다. 또 집중력이 향상되고 내장기관들 의 이탈을 막아주고 내장을 정화해 주는 효과도 있다고 했으며, 몸이 찬 사람들은 몸이 따뜻하게 해 준다고 했다.

4 단계 -

이 단계는 웃자이 쁘라나야마의 마지막 단계로서 고급단계라고 할 수 있다. 이 단계에서는 antara Kumbhaka와 bahya kumbhaka를 한 주기에서 같이 해 준다.

방법-

1) 먼저 내어 쉬었다가 완전히 들이쉬고 안타라 꿈바카를 해 주고, 물 라다라 빈디를 수행해주고 천천히 내어 쉰다. 그리고 다시 바야 꿈바카 를 행해 주고 물라반다, 우디야나 반다를 다시 실행해 주고 다시 들이쉰

다. 이것이 한 주기이다. 연속적으로 해 주기에는 처음에는 힘이 많이 들것이다. 따라서 천천히 호흡을 가다듬어 쉬어가면서 수행 주기를 늘여 나가야 한다.

2) 10분 정도 수련해 주고 사와 아사나로 이완하여 준다.

효과 -

웃자인 쁘라나야마의 수련은 머리에 열을 내려주고, 소화력을 향상시켜주며, 담이나 신경성 질환, 비장의 비대, 소화불량, 이질, 결핵, 감기 몸살을 치유해주고, 노화와 죽음을 지연시켜 준다고 했다.

2) 빌로마 쁘라나야마(Viloma Pranayama)

'loma'는 '털 또는 자연적 질서'를 의미하고, 'Vi'는 비파사나에서는 특별하다. 라는 뜻을 가지고 있으나 여기서는 '반대 혹은 부정'의 의미가 들어있다. 따라서 털 혹은 자연의 질서를 부정한다는 것은 자연의 이치나 섭리에 역행하는 것을 의미한다.

이 말은 자연스럽게 해 주는 호흡에서 빌로마 쁘라나야마는 들이쉬고 내어 쉬기를 반복적이면서 연속적으로 들이 마시고 멈추어주고 들이 마시고 멈추어 주면서 일반적인 호흡에 대한 질서를 거슬리면서 숨이 턱에까지 차도록 들이마시고, 내어 쉴 때에는 폐가 완전히 비워지도록 내어 쉬어 준다.

그 방법은 먼저 2초간 들이쉬고 나서 2초간 멈추어 주고 다시 2초간 들이쉬고 멈추기를 반복하면서 숨이 턱까지 차도록 해서 들이쉬는 것이다. 내어 쉬는 rechaka의 경우도 마찬가지로 내어 쉬기를 2초간 내어 쉬고 2초간 멈추었다가 다시 2초간 내어 쉬고 다시 2초간 내어 쉬기를 반복해서 완전히 내어 쉬어 주는 것이다. 이러한 방법으로 빌로마 쁘라나야마를 수련해 주는데 그 방법을 단계별로 나누어 실행해 줄 수 있다.

방법-

어떤 호흡이던지 초심자들에게 있어서는 처음에는 누워서 그 호흡법에 대한 방법을 어느 정도 터득을 한 후에 앉아서 시도해 주는 것이 좋다. 따라서 여기서도 먼저 누워서 수련을 해서 그 방법을 습득하도록 한다. 그리고 모든 호흡법에서의 자세는 각 동작마다 자세하게 설명을 하지 않더라도 그 기본자세는 같다.

1단계 -

1) 편안하게 누워 호흡을 가다듬고 먼저 완전히 rechaka(날숨)로 폐를 비워주고서 들이 쉬는데 먼저 2초간 가만히 들이쉬고 그대로 멈춘다. 이 멈춘 시간도 들이쉰 만큼의 2초간 멈추고 다시 들이쉬기를 2초간 들이쉬고, 다시 2초간 멈추고 다시 들이쉬기를 2초간 한다. 이렇게 반복해 주면서 가슴 가득 공기를 채우고 목구멍까지 가득 채운다. 그리고 아주 천천히 서서히 가슴을 위에서부터 비워주면서 내어쉰다. 이것이 1주기이다.

2) 이와 같이 10분 정도를 해 주고 사와 아사나로 휴식한다.

2단계 -

1단계와 같이 누워서 해주는데 1단계에서는 들이쉬면서 멈추어 주었는데, 2단계에서는 내어 쉬면서 다시 말해서 rechaka를 해 주면서 수련한다. 2초간 내어 쉬고 2초간 멈추고 2초간 내어 쉬기를 반복해 주면서 폐를 완전히 비워준다. 이것이 2단계의 1주기이고, 10분간 수련해주고 사와 아사나로 쉰다.

3단계 -

3단계는 1단계와 2단계를 한 주기에서 같이 해 준다. 2초간 들이쉬고 2초간 멈추고 반복해서 가슴 가득 완전히 채우고, 내어 쉴 때에도 2초간 내어 쉬고, 2초간 멈추고, 2초간 내어 쉬기를 반복해주면서 폐를 완전히 비워준다. 그리고 다시 들이쉬고,..이것이 3단계의 1주기이고 10분 정도 수련해주고 사와 아사나로 이완한다.

☞ 힌트- 우리 폐는 양쪽가슴에 나란히 있다. 따라서 호흡을 들이쉬던지 내어 쉬던지 간에 나란히 있는 이 두 폐가 똑같이 균형 있게 채워져야하고 내어 쉬기에서도 마찬가지로 똑 같이 균형 있게 폐를 비워준다.

그리고 2초간 멈추어 주는 순간에는 들이쉬던지 내어 쉬어서 멈추던지 간에 멈춘 그대로 고정을 시켜야한다. 이 말은 숨을 멈추고 있는 순간에 공기가 새지 않아야 한다.

그리고 아주 편안하게 자연스럽게 무리 없이 해 주어야 한다.

효과 -

모든 쁘라나야마가 병약하고 허약한 사람들에게 효과적인데, 이 빌로마 쁘라나야마도 예외는 아니다. 심장병환자나 고혈압 그리고 심신이 지쳐 피로한 사람들, 항상 긴장상태로 있는 분들에게 효과적이라고 하였다.

주의 -

초심자들은 단계별로 수련해 주면서 스스로 그 적응력을 높여서 그

단계를 높여 나가야 한다. 또 저혈압인 사람들은 1단계인 들이쉬기에서 멈추어주는 수련을 해 주고, 고혈압인 사람들은 내어 쉬기를 하면서 멈추어 주는 수련에 주력해 주어야 한다. 좀 더 고도의 수련인 5번째 단계에서 해 주는 꿈바카와 같이 수련을 해 줄 때에도 고혈압과 저혈압인 사람들을 분리해서 수련해 주어야 한다.

4단계 –

지금까지 3단계까지는 누워서 수련을 해 주었는데 4단계부터는 앉아서 실행해 준다. 그 방법은 누워서 해 준 것과 똑 같이 해 주면 된다. 단지 jalandhara bandha와 muladhara bandha를 같이 해 주는 것이 다르다.

5단계 –

이 단계부터는 꿈바카와 같이 수련을 해 주는데, 반다들도 실행해 주고 꿈바카도 실행해 주다보니 어느 정도 오래 수련을 해 준 수련자들에게 권장된다. 저혈압인 사람들은 bandha들과 함께 들이쉬고 꿈바카 (antra kubhaka)를 해주고, 반대로 고혈압인 사람들은 내어 쉬고 해주는 꿈바카(bahya kumbhaka)를 해 주는 수련을 한다.

10–15분 정도 수련을 해주고서 사와 아사나로 휴식을 취해 준다.

6단계 –

6단계에서는 5단계의 antara kumbakha와 bahya kumbakha를 한 주기에 같이 실행해 준다. 15분 정도 수련해 주고 사와 아사나로 휴식을 해 준다.

3) 아눌로마 쁘라나야마(anuloma Pranayama)

'아누(Anu)'라는 말은 ~와 함께 라는 뜻이며, '로마(loma)'는 '털 또는 자연의 질서'라는 의미로 전체적인 아눌로마의 뜻은 빌로마와는 정반대로 '자연의 순리와 함께 하면서 순응한다.' 라는 뜻을 가지고 있으며, 들이쉬기보다는 내어 쉬기를 강조하는 호흡법이다.

방법-

이 호흡법은 손을 이용하여 내어 쉬기를 강조하는 호흡법으로 앉아서만 수련이 가능하다.

1단계 -

1) 자신에게 가장 편한 자세로 앉아 가슴을 펴고 어깨의 긴장을 풀고 잘란다라 반다를 해 준다.

2) 숨을 다 내어쉬었다가 깊게 들이 마시고, 손가락으로 양 콧구멍을 가볍게 막고 가늘게 좁혀진 가는 통로를 통해 천천히 내어쉰다. 이것은 서론에서 설명하였듯이 내어 쉬기를 강조하기 위해서이다.

그리고 손을 무릎위에 내리고 다시 들이 마시고 다시 콧구멍을 막고 내어 쉬어주기를 반복한다. 10분에서 15분정도 해주고 사와 아

367

사나로 쉬어준다.

2단계 -

1) 1단계의 1처럼 앉는다.

2) 숨을 다 들이 마시고 왼 쪽 콧구멍을 막고 오른쪽으로 내어쉰다. 그리고 손을 무릎위에 내리고 다시 숨을 들이쉰 다음 이번에는 오른쪽 콧구멍을 막고 왼쪽으로 내어 쉰다. 이것이 1주기이고 10-15분 정도 반복 수련해주고 사와 아사나로 쉰다.

☞ 힌트- 한쪽 코 구멍을 막고 실행을 해 줄때 막은 코 구멍으로 바람이 새어나가지 않도록 주의 한다.

3단계 -

3단계에서는 2단계를 해 주면서 숨을 들이 쉬고 나서 안타라 꿈바카를 해주는 것이다.

4단계 -

4단계에서는 3단계의 안타라 꿈바카 대신 바야 꿈바카(baya kumbhaka)를 해 주는 것이다.

5단계 -

이 단계에서는 3단계, 4단계를 종합적으로 수련해 주면서 물라다라 반다와 우디야나 반다를 수행해 주는 것이다. 우디야나 반다를 해 줄때는 손을 내리고 해준다.

효과-

나디들의 통로를 깨끗하게 해 주면서 에너지 흐름을 원활하게 함과 동시에 인지력(認知力)과 집중력을 향상시켜준다. 그리고 긴장을 해소하고 기분을 북돋워 준다. 마음은 내면으로 향하게 하면서 수행자에게 명상의 길로 안내해 주는 효과가 있다.

4) 쁘라띨로마(Pratiloma) 쁘라나야마

'쁘라띠(prati)'는 '~에 반하는 또는 ~에 반대되는' 이라는 의미이다. 따라서 '로마(loma)'와 합쳐져서 자연의 순리에 반한다는 의미를 가진다. 아눌로마의 반대 개념이고 빌로마 쁘라나야마와 같은 의미를 가지고 있지만 수련 방법은 아눌로마 쁘라나야마 수련의 정반대이다.

따라서 아눌로마의 수련법에서는 웃자이처럼 숨을 들이 마시고 내어 쉴 때 손가락을 이용하여 내쉬는 숨을 조절하여 주는데 쁘라띨로마에서는 숨을 들이 마실 때 손가락을 조절해 어느 한쪽 코 구멍으로 들이마시고 내어 쉴 때는 웃자이처럼 그냥 내어쉰다.

방법 –

내어 쉴 때는 코 구멍을 열고 들이 쉴 때는 양 코 구멍의 통로를 손가락으로 조절하면서 들이 쉰다.

1단계–

1. 척추를 똑 바로 세우고 앉아 숨을 완전히 내어쉰다.

2. 코 구멍을 막아주는데 양 코 구멍의 넓이를 균형 있게 맞추고 격막의 변형이 일어나지 않도록 넓이의 균형이 일정하게 그리고 격막의 형태도 일정하게 해야 한다.

3. 양 코 구멍의 일정한 압력으로 서서히 들이 마신다.(puraka)

369

4. 폐가 완전히 차면 1~2초 멈추었다가 손은 무릎위로 내리고 천천히 내어쉰다. (rechaka)

이것이 1주기로서 10분 정도 반복 수련 해주고서 사와 아사나로 쉰다.

효과 -

우울증과 무기력 증에 도움이 된다.

2단계-

내어 쉴 때는 양 코 구멍을 열고 내어 쉬지만 들이쉴 때는 한쪽 코 구멍을 막고 한쪽 코 구멍으로만 들이 쉰다. 양 쪽을 번갈아가면서 해준다.

1) 숨을 완전히 내어쉰다.

2) 오른손으로 왼쪽 코 구멍을 막고 오른 쪽 엄지로 오른 쪽 코 구멍의 크기를 조절하여 들이 마신다.

3) 폐가 가득 차면 손을 무릎으로 내리고 양 코 구멍을 통해 천천히 내어쉰다.

4) 다 내어 쉬고 나면 다시 오른 손으로 코 구멍을 막는데 이번에는 오른쪽을 막고 왼쪽으로 서서히 그리고 일정하게 폐가 가득 차도록 들이 마신다.

5) 폐가 가득 차고나면 손은 무릎위로 내리고 양 코 구멍을 통해 서서히 완전히 내어 쉰다.

6) 이것이 1주기이고, 10분 정도 반복 수련하고 사와 아사나로 쉬어준다.

3단계 -

이 단계에서는 2단계를 수련하면서 물라반다와 안따라 꿈바카를 해
준다.

4단계 -

이 단계에서는 2단계를 수련 하면서 바야 꿈바카를 하고 우디야나 반
다를 수련해 준다.

5단계 -

이 단계는 3, 4단계를 함께 해 주는 단계로서 고도의 수련이 요구된
다.

효과 -

이다와 핑갈라 나디의 에너지 흐름을 균형 있게 맞추어 주고 복부
근육과 복부기관을 강화시켜 준다.

5) 브라마리(Bhramari) 쁘라나야마

'브라마리(Bhramari)'는 벌을 뜻한다. 이것은 내어 쉬기를 할 때 벌
이 날개 짓을 하면서 내는 소리와 같이 음~ 소리를 내기 때문이다. 이
쁘라나야마도 누워서 하는 방법과 앉아서 하는 방법이 있는데, 조용한
깊은 밤에 수련을 해 주면 더욱 효과적이다.

방법 -

브라마리는 방법이 웃자인과 같이 단순하다. 단지 이것은 들이 쉬
었다가 내어 쉬기를 해 주면서 음~ 소리만을 내어주면 된다. 따라서 꿈
바카가 없고, 웃자이 쁘라나야마의 1단계와 2단계만을 해 주면 된다.
누워서, 그리고 앉아서 jalanadhara bandha와 함께 할 수 있다. 또 산

무키 무드라(sanmukhi mudra)와 함께 할 수도 있다. 산무키 무드라는
두 손으로 귀, 코, 눈 입을 막고서 내면에서 나는 소리에 집중을 해 주
면서 브라마리를 수행해 주는 것이다.<그림29 참조>

<산무키 무드라>

효과 –

이 쁘라나야마의 효과는 일반적으로 불면증에 좋다. 잠이 오지 않는
밤에 조용하고 고요한 가운데에 작고 부드러운 음~하는 소리와 그 진동
이 잠을 유도 해 주기 때문이다.

6) 수르야 베다나(bhedana) 쁘라나야마

'수르야'는 '태양', '베다나'는 '관통하다 혹은 통과하다'. 란 뜻을 가지
고 있다.

그리고 오른 쪽 콧구멍을 핑갈라 나디라고 해서 태양을 상징 한다. 따
라서 이 쁘라나야마는 모든 들이쉬기는 오른 쪽으로 이루어지고 내어
쉬기는 왼쪽 콧구멍으로 이루어진다.

1단계-

방법 -

1) 먼저 편히 앉아서 숨을 다 내어쉰다.

2) 그리고 jalandhara bandha를 하고서 왼쪽 콧구멍은 막고 오른쪽으로 들이쉰다.

3) 그리고 오른쪽 콧구멍을 막고 왼쪽으로 내어 쉰다.

이것이 1주기이다. 이것을 10-15분간 반복해 주고 사와 아사나로 쉰다.

2단계-

이 단계에서는 들이쉬고서 물라반다를 해 주고서 안타라 꿈바카를 해주는 것이다. 혈압의 높고 낮음에 따라 안타라 꿈바카 대신 바야 꿈바카를 해 줄 수 있다.

3단계-

여기서는 1단계의 잘란다라 반다, 2단계의 안따라 꿈바카와 바야 꿈바카 그리고 물라다라 반다와 우디야나 반다를 해 준다. 상당히 고급수준의 수련이다.

효과 -

수르야는 태양을 상징하고, 태양자체는 뜨겁다. 따라서 우리 몸에 열기를 생산해 준다고 했다. 신경통, 비염을 치료해 주고, 내장기관에 들어있는 기생충들을 제거하고, 소화력이 증가되고, 신경에 원기를 북돋아 주고 공동을 깨끗하게 해 준다. 저혈압인 사람은 몸이 찬 경우가 많은데, 몸을 따뜻하게 해 주는 수르야 베다나는 저혈압인 사람에게 도움이 된다. 그러나 고혈압, 심장병 환자에게 있어서 안타라 꿈바카는 금물이다.

7) 찬드라 베다나(chandra bhedana) 쁘라나야마.

찬드라 베다나는 그 수련 방법이 수르야 베다나와 똑 같다. 단지 오른쪽 콧구멍이 왼쪽으로 바뀐 것만이 다를 뿐이다. 왜냐면 chandra는 달을 상징하고 달은 왼쪽(Ida nadi) 콧구멍으로 에너지 작용을 하는 것으로 믿기 때문이다.

1단계 –
1) 먼저 편히 앉아서 숨을 다 내어쉰다.
2) 그리고 jalandhara bandha를 하고서 오른쪽 콧구멍은 막고 왼쪽으로 들이쉰다. 3) 왼쪽 콧구멍을 막고 오른쪽으로 내어 쉰다.
이것이 1주기이다. 이것을 10–15분간 반복해 주고 사와 아사나로 쉰다.
2단계, 3단계는 코 구멍만 바뀌었을 뿐 수르야 베다나와 방법은 똑같다.

8) 바스트리카(bhastrika) 쁘라나야마.

'바스트리카'란 대장간에서 쓰는 풀무라는 뜻이다. 공기를 풀무질을 하듯이 강하게 들이 쉬었다가 강하게 내어 쉬기를 반복해주는 것에서 풀무호흡이라고 한 것이다.
방법 –

이 쁘라나야마는 세 가지 단계로 나누어서 해 줄 수가 있다.

1단계-

1) 가장 편한 자세로 앉아 허리를 세우고 어깨는 긴장을 풀고서 손은 jnana mudra로 무릎에 올려놓고 jalandhara bandha를 한다. 그리고 숨을 먼저 다 내어 쉬었다가 빠르게 들이마시고 강하게 내어 쉰다. 이것이 한 주기이고 8번에서 10번 정도를 수련해 주고 웃자이 쁘라나야마로 잠시 호흡을 가다듬었다가 다시 반복해 준다.

☞ 주의- 주기의 햇수를 서서히 늘여 나가야 하고 무리하게 오랫동안 수련해주다보면 머리가 아프고 귀도 멍멍해 지면서 여러 가지 부작용이 나타날 수 있으니 주의하여야 한다.

2단계-

1) 이 단계에서는 수르야 베다나 혹은 찬드라 베다나 쁘라나야마와 같이 한쪽 콧구멍으로 풀무질을 하듯 4-5차례 호흡을 해 주고서 콧구멍을 바꿔서 다시 4-5차례 풀무호흡을 해 주고 나서 잠시 웃자이로 호흡을 가다듬고 사와 아사나로 이완을 해 준다.

3단계-

1) 2단계에서는 한쪽으로만 계속해서 4-5차례 풀무호흡을 해 주었는데, 여기서는 한쪽 콧구멍으로 들이쉬고 다른 콧구멍으로 내어 쉬기를 4-5차례 호흡해 주고 다시 바꿔서 4-5 차례 다른 쪽으로 들이쉬고 다른 콧구멍으로 내어 쉬는 것이다.

☞ 힌트- 항상 호흡을 끝내는 마무리는 들이 쉬기를 한 후 끝낸다.

효과 -

바스트리카 쁘라나야마는 목의 염증이나 감염을 치료해주고 소화력을 향상시켜주며, 담이나 가래를 제거해 준다. 그리고 코의 질환이나 폐 질환을 없애주고 천식, 결핵에도 좋은 효과가 있다고 하였다. 바스트리카의 수련은 모든 쁘라나야마의 수련에 도움을 주고 세 그란티(granthi)를 타파하는 데에도 유용하다고 했다.

9) 까빨라바띠(kapalabhati) 쁘라나야마.

'까빨라(kapala)'는 '두개골'이라 하고, '바띠((bhati)'는 '빛 혹은 광채'를 뜻한다. 까빨라바띠는 그 방법에 있어서 바스트리카와 거의 같은데 바스트리카를 약하게 해 주면 된다고 보면 된다. 바스트리카는 들이쉬고 내어 쉬는 것이 강하고 빠르며 그 강도가 일정하다. 그러나 까빨라바띠는 들이쉬기는 약하고 천천히 들이쉬고 내어 쉬기가 짧고 빠르고 강하게 내어 쉬어 준다. 바스트리카에서 해주는 여러 가지 방법을 까빨라바띠에서도 그대로 응용해서 해 줄 수 있다.

☞ 주의:-

바스트리카와 까빨라바띠는 호흡과정이 강력하기 때문에 폐나 혈관에 미치는 영향이 크다. 따라서 체력이 약하거나 고혈압이 있거나 저혈압이 있거나 폐 기능이약하거나 귀나 눈에 질환을 가지고 있는 사람들은 이 호흡법들을 피해야 한다. 또 여성인 경우에는 자궁이 탈출되는 불상사도 있으니 조심해야 한다. 물론 복부 근육을 자극시켜 소화에 도움이 되고 기분을 북돋아주는 효과도 있으나, 위험성이 많아서 조심스럽게 수련해 주어야 한다.

10) 나디 소다나 쁘라나야마(Nadi sodhana pranayama)

나디는 우주적 에너지 또는 쁘라나라고도 하고, 생명에너지 라고 하는 모든 에너지를 운반하고 전달해 주는 통로를 뜻한다. 그 대표적인 통로, 즉 나디가 바로 이다(ida,달), 핑갈라(surya,태양), 그리고 수슘나 나디이다.

소다나(sodhana)란 '정화, 청소'라는 뜻을 가지고 있으므로 해서, '나디 소다나' 이 말은 나디를 정화시켜주는 것을 뜻한다. 물론 모든 쁘라나야마가 바로 이 나디의 흐름을 원활하게 해 주고 정화를 해 주며, 대표적인 두 나디 즉 이다와 핑갈라 나디의 균형감각을 단련시켜 에너지 흐름을 제대로 이해하여 주는데 그 목적이 있다.

나디 소다나 쁘라나야마는 양쪽 나디를 다 활용하면서 꾸준한 인내심과 주의 깊고 섬세한 수련이 요구된다. 이와 같이 섬세하면서도 꾸준하고 집요한 수련은 집중력이 향상되고 자신에 대한 관찰력과 통제, 억제가 가능해지면서 궁극에는 사마디에 들어갈 수 있는 바탕이 되어 준다.

☞ 힌트- 나디 소다나 쁘라나야마 뿐만 아니라 모든 쁘라나야마를 하다보면 자신도 모르게 긴장을 하게 되고 어깨와 등이 굽고 가슴이 안으로 숙여질 수가 있다. 따라서 의식적으로 허리를 꼿꼿이 세우고 가슴이 굽어지지 않도록 가슴을 올려 주어야 한다.

1단계-

이 1단계에서의 호흡법은 웃자인 쁘라나야마와 아주 흡사하나 손가락으로 콧구멍의 통로를 조절해 준다는 것이 다르다.

1) 편안하게 앉아 잘란다라 반다를 해 준다. 그리고 오른 손으로 두 콧구멍의 통로를 가볍게 좁혀준다. 그리고 좁혀진 콧구멍으로 숨을 완전히 내어 쉰다.

2) 다 내어 쉰 다음 좁혀진 코 구멍 통로를 통해 천천히 그리고 두 가슴이 유연하면서도 균형 있게 공기로 가득 차게 들이 쉰다.

3) 그리고 내어 쉬기 전에 잠시 손가락을 다시 한 번 조정을 해주고서 천천히 그리고 들이쉴 때와 마찬가지로 두 가슴을 똑같이 위에서부터 숨을 내어 쉰다. 이것이 가장 초보 단계의 나디소다나 쁘라나야마이다.

☞ 힌트- 호흡을 들이쉬고 내어 쉬기를 할 때는 언제나 가슴이나 등이 굽고 내려앉아서는 안 된다. 그리고 숙달이 되고 실력이 늘어 갈수록 콧구멍의 통로는 좁아져야 한다. 그리고 양쪽 콧구멍으로 공기가 나갈 때나 들어올 때 양쪽으로 똑같이 들어오고 나갈 수 있도록 균형을 잘 맞추어 주어야 한다.

4) 10분 내지 15분 정도 반복 수련 해 주고 사와 아사나로 쉰다. 끝낼 때에는 들이쉬기를 한 후 끝낸다.

2단계-

이 단계에서는 수르야베다나 쁘라나야마와 찬드라 베다나 쁘라나야마를 합한 것으로 보면 된다. 다시 말해서 한 쪽 콧구멍으로 내어 쉬고, 내어 쉰 콧구멍으로 들이쉰다. 그리고 다시 내어 쉴 때에는 반대 콧구멍으로 내어 쉬고 내어 쉰 콧구멍으로 다시 들이쉰다. 이것이 한 주기이다.

☞ 힌트- 한 쪽 콧구멍으로 들이쉬고 내어 쉴 때 다른 콧구멍은 완전히 꼭 막아야 한다. 시작은 항상 왼쪽을 막고 오른쪽부터 내어 쉬고 들이쉬기로 시작한다. 그리고 콧구멍을 바꾸어 줄 때 콧구멍 조절을 섬세하게 잘해 주어야 한다. 그 순서는 아주 간단하다. 1)왼쪽을 막고 오른쪽으로 내어 쉬고 오른쪽으로 들이쉰다. 2)오른쪽을 막고 왼쪽으로 내어 쉬고 왼쪽으로 들이쉰다. 3)다시 왼쪽을 막고 오른 쪽으로 내어 쉬고, 오른쪽으로 들이쉰다. 이와 같이 반복하면서... 15분 정도 수련해 주고 사와 아사나로 쉰다.

3단계-

세 번째 단계는 앞의 1단계를 jalandhara bandha를 해 주고,
들이쉬고 나서 muladhara bandha도 해 주고 antara kumbhaka도 같이 수련해 준다.

4단계-

네 번째 단계는 앞의 2단계를 jalandhara bandha를 해 주고,
들이쉬고 나서 muladhara bandha도 해 주고 내어 쉬고 난 뒤에는 bahya kumbhaka를 해 준다.

5단계-

이 단계에서는 1단계 즉 양 콧구멍으로 숨을 내어 쉬고 나서 다시 들이쉬고 mula bandha를 하고 안타라 꿈바카를 한다. 그리고 다시 양 콧구멍으로 완전히 내어 쉬고 uddiyana bandha를 해 주고 bahya kumbhaka를 해 준다. 이것이 1 주기이다.

6단계—

이 단계는 가장 고급 단계로서 양 콧구멍이 아닌 한쪽 콧구멍으로 물라반다, 우디야나 반다에 꿈바카까지 해주는 상당히 힘이 드는 수련이다.

방법—

1) 먼저 편히 앉아서 숨을 내어 쉬었다가 숨을 가득 들이 마시고 손가락으로 양 콧구멍을 막고 mula bandha와 함께 anthara kumbhaka를 해준다. 그리고

2) 왼쪽 콧구멍은 막고 오른쪽으로 내어 쉰다. 내어 쉰 다음에는 uddiyana bandha와 함께 bahya kumbhaka를 해 준다. 그리고 다시

3) 왼쪽 콧구멍은 막고 오른쪽으로 들이쉰다. 다시 숨이 가득 차면 mula bandha와 함께 anthara kumbhaka를 해준다.

4) 물라 반다와 안타라 꿈바카를 풀고 오른쪽 콧구멍을 막고 왼쪽으로 내어쉰다. 그리고 우디야나 반다를 실행해주고 bahya kumbhaka를 실시한다.

5) 바야 꿈바카와 우디야나 반다를 풀고 오른쪽 콧구멍을 다시 막고 왼쪽으로 들이쉰다. 이렇게 계속해서 꾸준히15분 정도 수련해 주고서 사와 아사나로 이완해 준다.

☞ 힌트— 왼쪽으로 내어쉬었으면 내어 쉰 왼쪽으로 들이 마시고 다음 순서에서는 왼쪽을 막고 오른쪽으로 내어 쉬고 오른쪽으로 들이 마신다. 다시 말하면 내어 쉬어준 콧구멍으로 들이 쉰 다음, 다음에는 콧구멍을 바꾸어서 내어 쉬고 내어 쉰 콧구멍으로 다시 들이 쉬는 것이 1주기이다.

효과 -

더 많은 산소를 혈액에 공급받을 수 있다. 그래서 머리는 맑아지고 신선함을 느끼게 되고 신경은 편안함을 느끼게 될 것이다.

주의:- 고혈압이나 심장병 환자들은 심장이나 폐에 무리가 많이 오기 때문에 가능하면 꿈바카는 삼가고 가볍게 수련해 주어야 한다. 그러나 저혈압은 anthara kumbhaka가 도움이 된다. 나디 소다나는 아주 섬세하게 수련해 주어야한다. 손가락에서 느껴지는 감각과 뇌가 서로 민감하게 교감을 이루면서 숨의 흐름과 리듬을 잘 인식해야 한다. 손가락 끝이 민감성을 잃어 감각이 무디어지고 집중력을 잃어 뇌가 산만해지면 이 쁘라나야마의 수련은 기계적으로 된다.

11) 시딸리(Sitali) 쁘라나야마

'시딸리'란 서늘하다. 라는 뜻이다. 이 쁘라나야마를 해 주게 되면 우리 몸을 서늘하게 해주고 시원함을 느낄 수가 있다.

1단계-

1) 허리를 세우고 편한 자세로 앉아 눈을 감고 숨을 다 내어 쉬었다가 혀를 내 밀어 혀를 둥글게 만다.

<시딸리>

2) 둥글게 만 혀로 숨을 천천히 길게 가슴 가득 들이쉰다. 그리고 혀를 입안으로 집어넣고 입을 다문다. 그리고 jalandhara bandha를 해 주고 4-5초 동안 anthara kumbhaka를 해 준다. 그리고 천천히 내어 쉰다. 이것이 1주기이고, 10분 정도 수련해주고 사와 아사나로 이완을 한다.

2단계-

이 단계는 1단계와 그 방법이 똑 같은데, 단지 물라반다와 안타라 꿈바카를 같이 해 주고, 내어 쉴 때 양쪽 콧구멍을 막아 그 통로를 좁혀서 내어 쉬어주는 것이 다르다.

3단계-

이 단계에서는 2단계에서 내어 쉬고 나서 바야 꿈바카를 해 주면 된다.

4단계-

네 번째 단계에서는 양쪽 콧구멍을 좁혀서 내어 쉬는 것이 아니라 한쪽을 완전히 막고 다른 쪽은 통로를 좁힌 상태로 내어 쉬고 다음 주기 때에는 콧구멍을 반대로 막아서 수행 해 준다.

효과-

이 쁘라나야마는 몸을 시원하게 하는 효과가 있다. 그래서 미열이 있다거나 갈증이 많이 난다거나 하면 이 호흡법으로 어느 정도 임시방편으로 해소가 되는 것을 느낄 수 있다. 그리고 수화 기능에도 두움이 되고 입 냄새 제거에도 도움이 된다고 한다. 그리고 간장과 비장을 활성화시켜 주고, 담즙을 해소해 주는 데에도 도움이 된다.

시딸리 쁘라나야마와 비슷한 쁘라나야마로는 시뜨까리(sittkari) 쁘라나야마가 있다.

이것은 시뜨까리는 혀를 내미는 대신 입술을 약간 벌리고 혀를 살짝 내밀고 해 준다.

이 두 쁘라나야마는 코가 꽉 막힌 상태에서도 해 줄 수 있다.

(시뜨까리)

12) 플라비니(plavini) 쁘라나야마 -

플라비니 호흡법은 공기를 들여 마셔서 위나 폐 가득히 공기를 채우고 팽창시켜서 중력에 반하여 물위나 공중에 장시간 오랫동안 떠 있을 수 있게 하는 기술이다. 공기를 채울 때에는 흉곽을 팽창시키고, 폐를 한껏 늘여 공기를 들여 마셔서 폐와 위 가득히 공기로 채워야한다. 따라서 공기를 가득 채운 뒤 배를 두드려보면 공기를 채우고 난 뒤의 특유의 소리가 난다.

플라비니의 어원은 '플루(plu)'에서 왔다. 그 뜻은 '떠다니다'라는 뜻이다.

방법 -

1. 가장 편한 자세로 앉는다.

2. 바르게 앉아 몸과 마음의 긴장을 풀고 눈을 감는다.

3. 편안하게 호흡을 가다듬고 3~4차례 심호흡을 한다.

4. 숨을 깊이 들이마시고 잠간 멈추었다가 조금만 내어 쉬고, 다시 들이마시고 또 멈추었다가 조금 내어 쉬고, 다시 들이마시기를 반복하면서 폐와 복부에 공기를 가득채운 다음 잘란다라 반다로 5~10초 동안 능력껏 멈추었다가 잘란다라를 풀고 천천히 내어 쉬면서 1주기를 마친다.

5. 한꺼번에 많은 양의 공기를 들이마시기에는 한계가 있다보니 한번 들이마시고 조금 내어 쉬고 더 많은 양을 들이마시고 다시 멈추었다가 다시 조금 내어쉬었다가 가슴과 흉곽을 팽창시키고 폐를 의식적으로 늘여주면서 더 많은 양의 공기를 들이 마시기를 반복하면서 채우고 잘란다라 반다로 일정시간 꿈바카를 해주고 1주기를 마친다.

주의 –

1. 처음부터 자신의 폐활량을 초과하는 무리한 수련은 하지 않는다.

2. 식후 빈속에 수련을 한다.

3. 심장병, 고혈압 환자는 하지 않는다.

4. 탈장이나 수종이 있는 사람은 하지 않는다.

이 호흡법의 수련은 고도의 기술이 요구되며, 서서히 연습을 할 필요가 있으며, Swami Sivananda는 이 수련을 위해서는 숙련된 사람의 도움이 있어야 한다. 고 말한다.

효과 –

플라비니의 수련이 제대로 이루어지면 중력에 의해 우리 몸에서 발생하는 부작용을 줄여 몸과 마음의 스트레스를 줄이고, 정신적 신체적 가벼움과 자유로움을 누릴 수 있다.

직립생활을 하는 인간에게 중력에 의해 발생하는 여러 가지 하수(下垂)증으로 부터 자유로울 수 있다.

기아 상태에 이 수련은 일시적인 기아상태에서 벗어날 수 있게 하며, 물에 빠졌을 때 나뭇잎과 같이 몸을 물 위에 띄워 위급 상황을 모면 할 수도 있다.

☞ 쁘라나야마의 경우 신경계를 건강하게 해 주면서 마음을 가라 앉혀주고 사람의 기질이나 성질까지도 순화시켜 주는 효과가 있다고 하였으나 잘못된 쁘라나야마의 수련은 오히려 수련자의 건강을 해치고 심하면 목숨까지도 위태롭게 한다고 경고하고 있다. 따라서 쁘라나야마의 수련은 수행자들에게 도움도 주지만 그만큼 위험성도 있다는 뜻이니 전문가의 조언 없이 함부로 수련해 주는 것을 조심하라고 많은 고전들에서 충고하고 있다.

쁘라나야마는 호흡을 고요하게 조절해 줌으로 해서 마음작용을 가라 앉히는 것이다.

마음이란 잠잘 때를 빼고서는 항상 생각과 생각이 연결되면서 방황하는 것이 마음이다. 이러한 마음의 방황은 우리의 에너지를 크게 소모시키는데, 이것을 쁘라나야마의 수련으로 최소화시키고 마음 작용을 조화와 균형 안정감 있게 더욱더 유용하게 활성화 시켜주는 것이 쁘라나야마이다.

11장

무드라(Mudras)

1. 무드라(Mudras)

무드라는 '제스쳐(gesture)' 혹은 '자세(posture)'라는 뜻으로, 정신적, 정서적, 헌신적, 수행 적 제스쳐 혹은 자세라는 뜻이다. 따라서 이러한 제스쳐나 자세를 통해 요기(yogi)는 개개인의 에너지흐름을 경험하면서 우주적 에너지 흐름도 같이 경험해 볼 수 있다. 그리고 무드라는 '봉합 혹은 지름길'이라는 뜻도 있다. 이 말은 무드라 수행 중에 행해주는 반다를 비롯하여 여러 가지 형태의 봉합을 해 주는 자세로 인한 것으로 무드라의 제스쳐나 동작이 아사나, 쁘라나야마, 반다 등 여러 가지가 복합적으로 동시에 수행이 이루어지기 때문에 요가의 목적지에 이르는데 더 빠른 지름길이 될 수도 있기 때문으로 풀이가 된다.

그리고 무드라는 단순한 봉합이나 자세가 아니라 명상의 전단계로 하나의 아사나이면서 아사나와 쁘라나야마가 섞인 중간 단계로서 아사나 보다는 섬세하고 쁘라나야마 보다는 거칠고, 집중력을 겸비한 명상의 전단계로서 명상 수련 시 도움이 된다.

아사나를 해 줄 때는 일반적으로 호흡을 멈추는 것이 없다. 그러나 무드라를 해 줄 때에는 호흡들 멈추어 주면서 꿈바카를 수행 해 주기도 한다. 그래서 무드라가 쁘라나야마(호흡법)까지 함께 수련해 주다 보니 일반적으로 고대로부터 요기들은 아사나 보다 무드라를 고도의 수련자들만이 해주는 것으로 더 중요시 여긴다.

그래서 무드라는 깊은 자각력(自覺力)과 집중력을 통해 육체적 정신적인 섬세한 움직임을 복합적으로 인지할 수 있는 기능을 가지고 있다. 따라서 수행이 깊은 요기가 수련 중에 어떤 정신적인 체험을 하기 직전에 해주는 고도로 숙련된 수련자들만이 해 주는 자세인 것이다. 또 다른 말로는 신들이 요가를 해 줄 때 신들이 즐기는 요가가 무드라로서 신들은 무드라를 수련해 주면서 요가의 즐거움을 만끽한다고 하는데, 그럴 수밖에 없는 것이 다음에 무드라 종류를 설명을 할 때 보면 알 수 있겠지만 케차리 무드라, 삼바비 무드라, 요니 무드라 등을 수련해 주다보면 이러한 수련을 통해 어떤 특정한 체험을 하게 된다. 이러한 체험은 일반적으로 누구나 할 수 있는 체험이 아니고 아주 특별한 그 어떤 말로도 표현하기가 힘든 체험을 해 주다보니 단순한 아사나와는 다른 한 차원 높은 수행법임을 나타낸다. 그래서 신들이 해 주는 요가라고 했는지도 모를 일이다. 물론 일반인들도 얼마든지 해 줄 수 있지만, 무드라를 통해 어떤 경험을 하기까지는 오랜 수련이 필요하다.

우리 인간의 정신세계란 무궁무진(無窮無盡)하게 변화하고 개발할 수 있다고 믿는다.

요가의 수련이 무엇인가, 왜 요가를 수련 해 주는가? 그것은 초인간, 슈퍼(super) 인간이 되기 위해서이다. 따라서 요가자체가 우리 인간의 능력을 향상시키고 인간능력을 개발하는 수련이라고 믿는다. 이러한 개발을 밑받침 해 주기 위해서는 무드라와 명상을 필수적으로 꼭 해 주어야 한다. 이러한 것을 해 주지 않고서는 요가가 단순한 육체적인 운동에 그칠 가능성이 많다. 그렇다고 요가를 통해 어떤 특별한 초능력을 얻겠다고 한다면 그것 또한 잘못된 생각이다. 요가는 어디까지나 이러한 수련을 통해 의식의 확장을 가져와 깨우침을 얻어 해탈을 하고 대자유인이 되는 것이다.

2. 무드라의 종류 -

무드라는 여러 가지가 있으면서 나름대로의 그룹을 형성하고 있는데, 손만 가지고 해 주는 자세가 있는가 하면, 온몸으로 해 주는 큰 자세도 있다. 따라서 그것을 범주로 나누어보면,

1) 손으로 만 하는 무드라는 '하타 무드라(Hatha mudra)'라고 하고, 여기에는 갸나 무드라(gyana mudra), 친 무드라(chin mudra), 요니 무드라(yoni mudra), 바이라와 무드라(Bhairava mudra), 흐리다야 무드라(Hridaya mudra)가 있다.

2) 머리 쪽에서만 해 주는 무드라는, 이것을 '마나 무드라(Mana mudra)'라고 하는데, 마나 무드라에는 샴바비 무드라(Shambhavi mudra), 케챠리 무드라(Khechari mudra), 샨무키 무드라(Shanmukhi mudra)등이 있다.

3) 큰 동작(자세)으로 해 주는 무드라가 있는데, 이것은 몸 전체를 이용하는 무드라로서 '까야 무드라(Kaya mudra)'라고 한다. 여기에는 쁘라나 무드라(Prana mudra)와 요가 무드라(Yoga mudra), 마하 무드라(Maha mudra)' 등이 있다.

3. 하타 무드라(Hatha Mudra)

1) 갸나(gyana)무드라 -

'갸나(gyana)'라는 말은 '지혜'라는 뜻으로, 지혜에 대한 정신적, 영적(靈的)자세라는 뜻이다. 이 자세는 주로 명상을 할 때 혹은 쁘라나야

마를 수행해 줄때 지혜가 스며들면서 영적인 깨달음을 이루는데 도움을 준다. 갸나(gyana품)무드라는 즈나나(jnana)무드라 혹은 간(gyan)무드라와 같은 말로 쓰이고, 친(chin)무드라와 같은 의미로 쓰이기도 한다.

방법 -
먼저 편한 명상 자세로 앉아서 검지 손가락 끝을 엄지손가락 뿌리 부분으로 가볍게 말아 넣어서 손바닥이 위로 향하게 해서 양 무릎위에 힘을 잘 이완시켜서 편하게 올려놓으면 된다.

≪갸나 무드라≫

효과 -
갸나(gyana) 무드라는 다음에 나오는 친(chin) 무드라와 같은 무드라로 많이 인식들을 하고 있는데, 손바닥이 위로 향하는 갸나 무드라는 가슴 부위가 확장되는 효과가 있다.

이것은 친 무드라에서는 느껴볼 수 없는 가벼움과 민감한 감수성을 느껴 볼 수가 있다. 갸나 무드라의 수련은 근심, 걱정을 해소하고 우울증에 효과적이다. 그리고 참을성이 없고 급한 성격 등에 마음의 고요와 집중력을 향상시켜준다. 자기 전에 이 무드라의 수련은 몸과 마음의 긴장감을 풀어주면서 숙면을 유도해 불면을 해소하는데 도움이 된다.

2) 친 무드라(chin murdra) −

친(chin)이란 chitta에서 온 말로 '의식'이란 뜻이다. 의식에 대한 정신적, 영적(靈的)인 자세를 나타낸다.

방법 −
친 무드라를 취해주는 손 모양이 갸나 무드라와 같다. 단지 무릎위에 올려놓을 때 갸나는 손바닥이 위로 향하나, 친 무드라는 손바닥이 아래로 향한다는 것이 다를 뿐이다.

≪친 무드라≫

효과 -

갸나 무드라와 친 무드라는 엄지와 검지 끝을 연결하여 하나의 원을 만드는데 이것은 자연과 인간이 하나 되는 융합을 상징한다. 따라서 단순하고 간단하지만 명상적인 아사나를 더욱 강력하게 만들어주는 정신 신경학적 손가락 잠근법(mudra)으로 중요하다.

다른 한편으로는 우리 몸을 순환하면서 흐르던 에너지가 손바닥과 손가락 끝에 이르면 외부로 흩어져 방사되어 소모된다. 그러나 이 두 무드라는 손가락 끝에서 흩어져 나갈 에너지를 다시 우리 몸으로 제 순환을 시켜 에너지 낭비를 최소화한다. 그 에너지는 뇌에 까지 영향을 미쳐 수행자에게 충만한 에너지와 활력을 불어넣는다.

그리고 극단적인 흥분이나 화, 불안 등을 가라앉혀 주며, 불필요한 스트레스나 긴장감을 해소하고 무기력함을 해소하는 한편 명상 수련 시 마음의 고요와 집중력을 증가시킨다.

3) 요니 무드라(yoni mudra) -

방법 1,

① 먼저 가슴과 척추를 펴고 편한 명상자세로 앉는다.

② 두 손바닥을 합장하듯이 모았다가 중지와 약지, 새끼손가락을 깍지를 끼고 검지와 엄지손가락 안쪽은 서로 맞닿은 상태에서 손바닥을 벌려 줌과 동시에 엄지손가락의 방향을 자신의 가슴 쪽으로 향하게 하면 그 모양이 요니 즉 여성의 자궁 형태가 만들어진다.

③ 이것을 단전 아래쪽에 편하게 내려놓으면 된다.

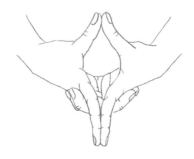

<요니무드라>

방법 2,

요니 무드라는 방법1 외에 몇 가지가 더 있는데 다음 그림들을 참조해 보기 바란다.

효과 -

이 무드라는 양 손가락이 서로 교차하게 되어 있으므로 해서 좌, 우즉 오른 쪽 왼쪽의 에너지 흐름이 서로 균형 있게 이루어진다. 이러한 에너지 흐름의 균형은 우리 몸 전체에의 에너지 흐름이 균형 있게 이루어지고 이것이 우리 뇌에까지 그 균형감과 평형 감으로 이어진다. 따라서 이러한 균형감은 명상 중에 우리 몸과 마음을 더욱 안정감 있게 만들어주고 집중력도 크게 향상이 되며, 안으로는 심리적인 자각력과 안정감을 주면서, 밖으로는 신체적인 이완을 준다. yoni란 자궁 혹은 근원이란 뜻을 가지고 있다. 근본적인 최초의 창조적인 에너지의 근원으로서 어머니의 자궁을 상징하는 것으로 나타낸다.

4) 바이라와 무드라(Bhairava mudra) -

바이라와(bhairava) 무드라의 뜻은 보기와는 달리 시바신이 이 세상을 파괴할 때의 광폭하고 무서운 노여움을 상징한다. 그러나 말의 의미와는 달리 매우 쉽고 간단하고 편한 명상자세로 앉아 오른 손 등을 왼손 바닥위에 포개어 올려놓으면 된다.

<바이라와 무드라>

오른쪽 왼쪽 두 손은 시바와 그의 배우자를 상징함과 동시에 두 손바닥은 이다와 핑갈라 나디를 상징하면서 지고한 의식과 개개인의 의식의 결합을 나타낸다. 손등을 반대로 왼 손등이 오른 손바닥 위로 올라오면 시바의 배우자인 '바이라위 무드라'가 된다.

효과 −

포개진 두 손은 이다와 핑갈라 나디의 조화와 균형을 상징하면서 좌우 대뇌반구의 균형과 조화를 나타낸다. 이 무드라는 바이라와 라는 말의 의미와는 달리 매우 간단하고 쉬운 자세로서 대부분의 사람들이 명상을 한다고 앉으면 자연스럽게 이 자세를 취하게 되는 무드라이다.

5) 흐리다야 무드라(Hridaya mudra) −

흐리다야(hridaya)란, 심장이라는 뜻이다.

방법 −

허리와 가슴을 펴고 편하게 앉아 검지는 갸나 무드라처럼 엄지손가락 뿌리에 붙이고, 중지와 약지 손가락은 엄지손가락 끝에 댄다. 그리고 새끼손가락은 곧게 뻗어 준 다음 손바닥이 위로 향하게 해서 무릎에 편안하게 놓으면 된다.

<흐리다야 무드라>

효과 -

모든 하타 무드라가 명상할 때 사용하지만 이 무드라 역시 주로 명상할 때 해 주는 무드라로서 쁘라나의 흐름이 손끝에서 다시 심장으로 전환되게 되고 심장에 활력을 신장시킨다. 중지와 약지는 심장과 연결되어 있는 나디들과 바로 연결이 되어 있다. 따라서 심장과 관련된 질환에 도움이 된다. 특히 혈관 수축으로 인한 빈혈에 좋다고 하며, 또 심장은 우리 감정의 중심으로서 심리적으로 혹은 우울증으로 인한 심리적 압박감을 느낄 때 이 무드라를 해주게 되면 심장에 전혀 무리를 주지 않으면서 많은 도움이 된다.

4. 마나 무드라(Mana mudra) -

마나(mana)란, 머리라는 뜻으로 머리 쪽에서만 동작이 이루어지는 무드라로 주로 눈, 코, 귀, 입, 혀 등을 이용하면서 내면의 의식에 집중하도록 노력해야 한다. 다음과 같은 무드라들이 있다.

1) 샴바비 무드라(Sambhavi mudra) -

이 무드라는 다른 말로 브루마드야 드리스티(bhrudadhya drishti)라 하는데, '브루'란 눈썹, '마드야'는 중간, '드리스티'는 응시하다. 라는 뜻을 가지고 있다. 따라서 이 말은 미간사이를 응시하는 것을 뜻한다. 그래서 '미간응시 무드라'라고 한다.

'샴바비'란 삼부(shambhu) 즉 시바(siva)의 배우자를 의미한다. 시바가 이 무드라를 자신의 배우자인 샴바비에게 고도의 각성력을 일깨워 주기 위해 처음 가르쳤다고 한다.

샴바비 무드라(sambhavi mudra)는 ≪하타쁘라디피카≫에 보면 미간사이를 집중해 주면서 내면의 눈으로 내적인 어떤 대상을 응시하면서 집중을 해 주는 것이다. 라고 했다. 이 무드라는 눈을 뜨고서 해주는 무드라로 눈을 깜박이면 안 된다.

모든 무드라가 명상적인 자세로 수행을 해 주어야하지만 sambhavi mudra 역시 명상적인 무드라로 집중을 요하는 무드라이다.

<삼바비 무드라>

방법 : -

① 편한 자세로 앉아서 허리는 펴고 척추는 곧게 편다. 그리고 손은 편히 무릎 위에 올려주는데 갸나 혹은 친(chin)무드라로 올려놓아도 되고 그냥 편하게 놓아도 상관없다.

② 눈을 감고 전체적인 몸을 편안하게 이완을 시킨다. 특히 안면 근육을 펴주고 앞이마, 두 눈과 그 눈의 뒤쪽 신경까지도 이완을 시거준다.

③ 이제 두 눈을 가만히 뜨고 눈을 위로 치켜 떠 올리면서 양미간사 이에 집중을 해 준다. 이때 머리를 움직이지 않고 눈만 위로 가만 히 떠 올려야 한다.

다른 사람이 보면 두 눈동자가 안쪽으로 모여져 있으면서 양 눈썹 은 v 자 형태가 되어야 한다.

④ 처음에는 가볍게 7-8초 정도 해 주고 눈을 감고 가만히 이완을 시켜 준다. 명상을 하듯이 생각들을 멈추고 집중을 해 준다. 한번 할 때 7-8초의 주기로 5회 정도로 일정기간 약 1달 정도 적응을 해 주다가 10회로 늘려 나가고 눈을 떠있는 시간도 늘여준다.

주의 :- 눈은 섬세하고 민감한 부분이기 때문에 너무 긴 시간 무 리하게 수련하지 말아야 한다. 신경쇠약이나 어떤 긴장감을 느끼면 즉시 멈추고 이완을 시켜 주어야 한다.

그리고 눈과 관련된 질환을 앓고 있는 사람들은 삼가 해야 한다. 녹내 장, 백내장, 그 외 눈과 관련된 수술을 했다든지 당뇨로 눈에 이상이 생 겼을 때 등은 삼가 해 주어야 한다.

효과 -

신체적으로는 눈 근육에 대한 강화와 눈 주변에 축적된 근육의 긴장 을 이완시키는데 도움이 되고, 화(火)로 인해 감정이 상했다든지 하는 정신적, 정서적인 스트레스를 풀어준다. 따라서 집중력을 높여주고 정 신적인 안정감과 마음을 가라앉혀 마음을 비워주는데 도움이 된다. 또 한 이 무드라의 꾸준한 수련은 송과선의 퇴화를 지연시킬 수 있다.고 했 는데, 송과신은 일반적으로 7-8세 때 퇴화되는 것으로 되어 있다. 이 나이 때의 어린이들에게 샴바비 무드라의 수련은 정서적으로 균형 있는

399

발달을 하는데 도움이 된다고 한다.

한편 요기에게는 '아즈나 차크라'를 일깨워 주는데 도움이 된다. 아즈나 차크라가 각성되면 에고(ego, 자아)로부터 자유로워진다.

2) 케짜리 무드라(khechari mudra) -

'케(khe)'는 하늘이란 뜻이고 '짜리(charya)'는 움직이는 것. 이라는 뜻으로 뭔가 하늘을 혹은 허공을 움직이는 것을 뜻한다. 이 말은 혀끝이 구강과 비강을 통해 사하스라라 챠크라 쪽으로 움직여 주어서 이러한 말을 붙여 주었을 것으로 생각된다.

한 편으로 케짜리 무드라는 빈두(bindu)에서 분비되는 불사 불노(不死不老)의 영약으로 믿고 있는 아므리따(amrita) 즉 넥타와 관련이 있다. 빈두에서 흘러내리는 아므리따를 요기가 혀끝으로 받아먹음으로써 요기는 목마름과 배고픔을 잊고 전체적인 육체에 회춘이 가능하다.

케짜리 무드라를 수련해 주다 보면 하나의 현상으로서 혀끝에 맛을 느끼게 되는데, 우유나 기, 버터, 꿀과 같은 맛을 느끼게 된다. 라고 하였다. 그래서 《하타(요가)쁘라디피카》에 보면 이 케짜리 무드라로 라사난다(rasa nanda)를 수련해 주는 것이다. 라고 하는데, '라사(Rasa)'는 맛. '아난다'는 기쁨 또는 희열이라 뜻이다. 혀끝에 느껴지는 맛으로 인해 희열을 느끼는 것이다. 그런데 수련 중 쓴맛을 느끼는 경우도 있다고 하는데 이때는 우리 몸에서 독성이 분비되는 것으로 케짜리 무드라의 수련을 중단해야 주어야 한다고 했다.

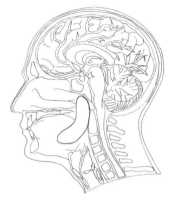

≪케차리 무드라≫

방법 -
1) 긴장을 풀고, 편안한 명상자세로 앉아 눈을 감는다. 척추는 세우고
   가슴을 활짝 편다.
2) 손은 갸나 무드라나 친 무드라를 하고서 무릎 위에 올려놓고, 혀를
   뒤로 말아 올려서 입천장에 붙여서 가능한 멀리 혀끝을 뻗어 넣어
   준다. 그리고 웃자이 쁘라나야마를 해 주고 물라 반다도 해 준다,
3) 5-10분 정도 해 주고, 호흡은 그 횟수를 점점 줄여서 1분에 5-6
   번 정도로 해 줄 수 있을 때까지 숙련이 되어야 한다.

효과 -

케짜리 무드라는 구강과 비강의 뒤 쪽에 위치하고 있는 여러 압박 지
점을 자극 시켜 줌으로 해서 이 영향이 우리 몸 전체에 미친다고 한다.
뇌하수체와 같은 분비샘에 마사지 효과를 주어 호르몬분비를 자극하고,
침샘 역시도 자극을 받아 목마름과 배고픔에 대한 감각을 줄여주고, 내
면의 고요하고 안정감을 야기 시킨다고 한다. 따라서 육체에 활기를 주
고 특히 내적인 치유효과가 있다고 한다. 또 산모가 출산 시 웃자이 쁘

라나야마와 케짜리 무드라를 병행해 주게 되면 큰 도움이 된다고 했다.

3) 산무키 무드라(shanmukhi mudra) −

산무키 무드라는 외부로부터 연결되는 감각기관을 막아 차단시켜 자신의 근원을 찾아가는 것으로, 'shan'이란 여섯이란 뜻이고 'mukhi'란 얼굴이라는 뜻과 '문'이란 뜻도 함께 있다. 따라서 여섯 개의 문은 두 눈, 두 귀, 두 코와 입을 합해 모두 일곱 개의 문을 잠그는 무드라로서 알려져 있다. 자신의 존재에 대한 근원을 찾아간다는 의미의 산무키 무드라는 여러 가지 이름이 있다. 밧다요니 아사나라고도 하고 삼바와 무드라라고도 한다. 또 빠랑무키 무드라 라고도 한다.

≪산무키 무드라≫

방법 −

1) 편안하게 명상 자세로 앉아 가슴과 척추를 펴 준다. 엉덩이 밑에 목침이나 방석을 깔아 엉덩이의 높이를 높혀 앉으면 가슴과 척추를 세우는데 도움이 된다. 그리고 눈을 감고 온몸에 긴장을 풀고 두 손은 무릎위에 올려놓았다가 두 손을 얼굴 앞으로 가져와서 팔꿈치를 양 어깨

높이로 올려준다.

2) 두 엄지는 귀를 막아주고, 두 검지 손가락은 눈을 막아주고, 두 중지는 양 콧구멍을 막아준다. 그리고 약지는 윗입술을 새끼손가락은 아랫입술을 막아 준다. 이렇게 하면 모두 일곱 군데의 구멍을 모두 막아주게 된다.

3) 그리고 콧구멍을 막고 있는 중지를 약간 열어 호흡을 깊게 내어 쉬었다가 들이 마시고 안타라 꿈바카를 행해 주면서 다시 중지로 콧구멍을 막아주고, 아즈나 차크라와 아나하따 차크라, 빈두에서 나는 내면의 소리에 귀를 기울인다. 물론 여러 가지 소리가 날수도 있고 나지 않을 수도 있지만 그 내면의 소리에 집중을 해 준다.

4) 자신의 능력껏 일정한 시간이 지나면 중간 손가락을 떼고 숨을 가만히 내어쉰다.

이것이 1주기인 것이다. 그리고 계속해서 들이쉬고 안타라 꿈바카를 행해 주고 반복해 준다.

☞ 주의— 이 무드라의 수련 끝에는 금방 눈을 뜨고 외부와 접촉하기보다는 외부에서 나는 소리들과 잠시 적응을 한 후에 눈을 뜨고 일상으로 돌아오는 것이 좋다. 또 우울증이 있는 환자는 삼가는 것이 좋다.

효과 —

신체적으로는 손과 손가락에서 형성되는 에너지와 열기가 안면 근육과 신경에 전달되면서 안면 근육과 신경이 이완되고, 눈, 코, 목구멍의 염증을 치료하는데 도움이 되고 현기증을 완화시킨다. 산만한 마음을 고요하게 만들어 내적 평화를 가져와 육체적 정신적 내외의 의식 상태

403

를 균형을 이루어준다. 인간의 욕망은 대부분 감각기관을 통해 일어난다. 따라서 산무키 무드라의 수련은 감각을 멀리하는 쁘라뜨야하라의 수련이 자연스럽게 이루어지게 한다.

5. 까야 무드라(Kaya Mudra)

'까야 무드라'는 온 몸으로 해 주는 무드라로 거의 아사나와 비슷하다. 대표적으로 쁘라나 무드라(Prana Mudra)와 요가 무드라(Yoga mudra), 마하무드라 등이 있다.

1) 쁘라나 무드라(prana mudra) −

쁘라나(prana)는 생명 혹은 생명 에너지를 말한다. 따라서 이 무드라를 통해 수련자는 생명 에너지를 주입 시킬 수 있다. 이 무드라는 하스타(hasta) 즉 손으로만 해 주는 방법이 있고 온 몸으로 해 줄 수 있는 까야 무드라 방식 두 가지로 나누어져 있다.

방법 1.
명상자세로 앉은 상태에서 엄지 손 가락 끝에 약지와 새끼 손 가락 끝을 서로 붙여주고 나머지 검지와 중지는 펴 주고 무릎위에 올려놓으면 된다.

≪쁘라나 무드라≫

방법 2.

1) 어떤 명상자세로든지 편안하게 앉아서 손은 바이라와 무드라 (bhairava mudra)를 한다. 그리고 눈을 감고 팔, 다리, 복부를 포함한 모든 부위를 이완시킨다.

2) 호흡을 가다듬어 폐가 완전히 비워질 때까지 내어 쉬고 '바야 꿈바카'를 해 주면서 물라 반다를 한다.

3) 물라반다를 풀어주고 복부를 늘여주면서 폐가 가득 찰 때까지 천천히 들이마신다. 그리고 동시에 두 손가락 끝이 마주보게 해 주면서 배꼽까지 올려 주고, 계속해서 가슴은 공기(prana)를 들이마시면서 두 손

도 같이 가슴부위로 올라간다. 그리고 계속해서 쁘라나를 어깨가 가볍게 들리도록 들이마시면서 두 손도 목에까지 올라갔다가 최종적으로 손바닥이 하늘을 향하게 해서 귀 옆에서 양쪽으로 벌려준다. 이때 손끝이 귀 위로 올라가서는 안 된다. 그리고 '안타라 꿈바카'를 잠시 해 주면서 사하스라라 챠크라에서 오로라가 발광하고 쁘라나가 발산되는 것을 느껴본다. 물라다라에서 쁘라나를 일으켜 세워 이것을 이끌고 사하스라라까지 상승시켜 이곳에서 최종적으로 발산하고 대기 중의 에너지는 받아들이는 것이다.

4) 원 위치로 돌아올 때에는 손이던 쁘라나던 호흡이던 모든 것

을 역순으로 내려서 두 손이 bhairava mudra가 될 때까지 취해준다. 그리고 다시 호흡을 완전히 내어 쉬고 바야 꿈바카를 잠시 해 주면서 물라 반다도 같이 해주고서 마무리한다.

효과 : 쁘라나 무드라는 잠재되어 있던 쁘라나 즉 생명에너지를 일깨워 주고 그것을 우리 온 몸으로 전달 해 준다. 그래서 건강과 힘, 자신감을 불어넣어 준다. 그리고 챠크라와 나디들을 개발하는데 도움이 되고, 내, 외의 마음가짐이나 몸가짐이 평화롭고 안정감 있고, 평정심을 유지하도록 해주며, 내, 외의 에너지를 받아들이게 해 준다.

따라서 이 무드라를 산띠무드라 혹은 '평화의 무드라'라고 불리기도 한다.

2) 요가 무드라(Yoga mudra) —

요가 무드라는 개개인의 의식과 초 의식 혹은 내적 외적 본질의 결합을 의미한다.

방법 —

1) 먼저 빠드마 아사나로 똑바로 앉아 두 손을 뒤로 돌려 어느 한 쪽의 손목을 잡고 눈을 감는다.

2) 의식을 물라다라 차크라에 집중해 주면서 가슴을 양껏 팽창시키면서 숨을 들이 쉰다. 동시에 의식은 물라다라 차크라에서 아즈나 차크라

까지 쁘라나를 끌어올렸다가 숨을 내어 쉬면서 앞으로 숙여준다. 의식
은 다시 아즈나에서 물라다라 차크라로 가만히 내려서 숨을 정지 해 줄
수 있는 만큼 꿈바카를 잠시 유지해 준다.

≪요가 무드라≫

3) 다시 숨을 들이 쉬면서 동시에 의식은 쁘라나를 물라다라 차크라
에서 아즈나 차크라로 다시 끌어올려 주면서 천천히 일어난다. 그리고
의식은 다시 아즈나 차크라에 집중을 해 준다.

4) 앞의 1)~3)까지의 동작은 모두 부드럽고 조화롭게 동시에 모든게
자연스럽게 이루어져야 한다.

효과 −

요가 무드라의 수련은 요가 무드라 아사나 수련의 효과를 그대로 볼
수 있으며, 명상을 위한 준비 과정으로도 요가 무드라의 수련은 아주 훌
륭하다. 다리와 뒤꿈치에 의한 복부 아래쪽과 가슴 부위의 압박으로 부
신샘이 자극을 받아 부신샘의 활동이 줄어들면서 감각의 이완이 발생한
다. 이것은 화를 가라앉히고 긴장감을 해소해 주고, 평정심을 유발한다.
그리고 자각력을 개발하고 정신적인 에너지를 조절해 준다. 요가 무드
라 아사나는 여러 가지로 다양하게 수련해 줄 수 있는데, 그것은 손을
어디에 두는가에 따라 달라 질 수 있다. 뒤에서 손목을 잡고 있는 팔을
뻗어 올려 줄 수도 있고 손목을 삽은 채 물라다라 차크라에 집중을 해

주면서 그냥 그대로 유지 해 줄 수도 있다. 그리고 두 손을 앞쪽으로 옮겨 주먹을 쥐고서 앞으로 숙여줄 수도 있다. 이 경우에는 복부가 강한 자극을 받아 가스찬 배나 변비에 도움이 된다.

3) 빠시니 무드라(Pashinee mudra) -

'빠시(pash)'라는 말은 올가미라는 뜻으로, 올가미에 묶여 있는 것을 뜻한다.

방법 -

1) 먼저 할라 아사나(halasana)를 취한다.

2) 그리고 다리를 어깨 넓이로 벌려서 무릎을 접어 두 무릎을 양 쪽 귀에 당겨 붙인다. 편안한 상태로 적응을 잘 해서 두 팔을 접은 허벅지를 돌려 감고 눈을 감는다.

≪빠시니 무드라≫

3) 천천히 그리고 깊은 호흡을 고르게 자연스럽게 유지해 주면서 자신이 이 자세를 유지해 줄 수 있는 만큼 유지 해 주다가 팔을 풀고 할라(hala)아사나로 돌아왔다가 다리를 가만히 내려놓고 사와 아사나로 이완을 취한다.

효과 −

빠시니 무드라는 신경계를 평정시키고 균형을 맞추어준다. 그리고 감각기관을 멀리하는 쁘라뜨야하라 수련을 자연스럽게 유발시킨다. 신체적으로는 척추와 등, 목 근육을 탄력 있게 신장시켜 주고 척추 주변의 척추 신경들을 효과적으로 자극시켜 신선함을 더해준다. 그리고 복부기관의 장기들에 좋은 마사지 효과를 주면서 소화에 도움이 된다.

4) 마하 무드라(Maha mudra) −

'마하'란 '위대한'이란 뜻으로 이 무드라를 통해 잘란다라 반다, 물라다라 반다, 우디야나 반다를 동시에 다 해 줄 수 있기 때문에 '위대한 무드라' 라고 한다.

방법 −

1) 두 다리를 쭉 뻗어 단다 아사나로 앉아 왼쪽 다리를 접어 왼쪽 뒤꿈치가 회음 부위에 닿도록 하고 오른쪽 다리는 쭉은 채로 두 손으로 오른쪽 발끝을 잡아주고 허리와 등을 곧게 펴 준다.

2) 숨을 다 내어 쉬었다가 들이쉬고 잘란다라 반다를 하고, 물라 반다를 해 주고 안타라 꿈바카를 해준다.

3) 안타라 꿈바카 후 물라 반다를 풀고 숨을 천천히 내어 쉬고 다시 잘란다라 반다를 하고 우디야나 반다를 하고 물라반다를 한다. 그리고 바야 꿈바카를 실행한다. 이것이 마하 무드라의 1 주기이다.

효과 – 마하 무드라의 효과는 우디야나 반다에 의해 복부기관과 신장, 비장 등이 좋아지고, 피부 질환, 변비, 심지어 독극물까지도 소화시켜주는 효과가 있다고 ≪하타쁘라디피카≫ 3장 15/16/17절에 설명이 아주 잘나와 있다. 그리고 마하 무드라의 꾸준한 수련은 초자연적인 능력도 생기게 한다고 말하고 있다.

주의 :– 마하 무드라 수련 시 그림과 같이 등과 목을 곧게 펴주어야 한다.

❈ 참고문헌

1) The Original Yoga Sutra of Patanjali. By Phulgenda Sinha. 1992. India Heritage Press Ram Suchit Mishra Lane Patna.

2) The history and culture of the Indian people. Volnum one. The Vedic Age. Bharatiya Vidya Bhavan, Mumbai (1996)

3) Bhagavad Gita. By A. C. Bhaktivedanta Swami Prabhupada. (2003) The Bhaktivedanta Book Trust Hare krishna Land Mumbai.

4) The Principal Upanisad by S. Radhakrishnan. Published in 2006 by HarperCollins Publishers India.

5) Katha Upanisad. Translated by Swami Gambhirananda. Advaita Ashrama(2004)

6) The Bhagavad Gita. By Srimath Swami Chidbhavananda. Sri Ramakrishna Tapovanam(2005)

7) 인도 철학사 I. (이 거룡 역, 2001). 한길사

8) 인도 철학사 II. (이 거룡 역, 2001). 한길사

9) 인도 철학사 III. (이 거룡 역, 2001). 한길사

10) 인도 철학. (이 지수, 1991) 민족사.

11) The history and culture of the Indian people. Volnum Two. The Vedic Age. Bharatiya Vidya Bhavan, Mumbai (1996)

12) Indian Philosophy. By Radhakrishnan. (1929). by Oxford University Press Inc.

13) 불타의 세계. 김영사(1990) 김 지견 역

14) 우빠니샤드 I 이재숙 옮김 한길사(2001)

15) 우빠니샤드 II 이재숙 옮김 한길사(2001)

16) Outlines of Indian philosophy. Jadunath Sinha. New Central Book Agency(1998)

17) Lothal And The Indus Civilization. S. R. Rao. (New York : Asia Publishing House, 1973)

18) Yoga pactice is associated with attenuated weight gain in healthy, middle-aged men and women Jul/Aug 2005;11,4; Academic Research Library. Alan R Kristal; Alyson J Littman .,etc

19) Hathapradipika of Svatmarama. Kaivalyadhama, S.M.Y.M. Samiti..(1970)

20) Hatha Yoga Pradipika. Practical commentry by Swami Vishnu-Devananda.(1987)

21) 하타(요가)쁘라디피카 (2009, 오경식)

22) Svetasvatara upanisad (1994), Swami Lokeswarananda. The Ramakrishna Mission Institute Of Culture, Calcutta.

23) Mundakopanisad by Swami Dayananda Saraswati. Arsha Vidya Center(2006), Chennai.

24) Aitareyopanishad by Swami Sarvananda. Sri Ramakrishna Math, Madras.

25) Samkhyakarika of isvarakrsna by Dr. T. G Mainkar (2004)

26) 시간의 역사. (스디븐 호킹, 심 농광 역. 1998)

27) Patanjala Yoga Sutra by P. V. Karambelkar. Kaivalyadhama.

28) The Yoga Sutra Of Patanjali by Phulgenda Sinha. (1992)

29) 요가 연습이 스트레스 반응에 미치는 영향(2005) 최 지 영, 서 경 현(삼육대학교)

30) 요가수행으로 나타나는 의식의 변형(1993, 김 병채)

31) 파워 운동생리학(2006, 정 성택, 최 대혁 외)

32) 베다 입문(2004, 김 병채)

33) 엘리건트 유니버스(브라이언 그린, 박 병철 역. 2002)

34) Kundalini Yoga(Swami Sivananda, 2001)

35) Light on Yoga by B. K. S. Iyengar(1966)

36) Light on Pranayama by B. K. S. Iyengar(1985)

❈ 용어해설

A.

alambana - 대상

anahata - '아나하따'는 두드림이 없이 생성되는 심장내면에서 나는
    소리를 뜻한다. 다른 한편으로는 '불굴의 지지 않는 혹은 항상
    새롭다' 는 뜻으로 심장은 불굴의 의지로 뛰어야함을 나타낸다.

anica - 빨리어로 무상(無常)하다라는 뜻

asraya - 토대

asamprajnata samadhi - 무상삼매(無想三昧), 자아에 완전히
    몰입된 상태로 이중성이 없이오로지 소위 Purusa에만 몰입되어
    있는 상태. 다른 말로 니르비따르까 사마디라고도 한다.

asana - 좌법, 동작, 자세

asatkaryavada - 모든 물질은 결과 가운데 원인이 없다. 라는
    인중무과론(因中無果論)

atmanam viddhi - 아뜨만은 '자아'를 의미하고 빗디는 '지식 혹은
    지혜'를 뜻한다. 따라서 자아를 아는 것이 진정한 지혜이고 이
    지혜를 얻음으로 진정한 자유를 얻을 수 있다고 우빠니샤드와
    바그바드 기따에서는 말하고 있다.

avirbhava - 나타남(현현) 혹은 생성되다.

B.

bahya - 바깥

bhairava - 광폭한, 무서운

bhoga - 재미나 쾌락을 추구하는 운동

buddhi - 지성

C.

citta - 의식 혹은 마음이라고도 번역한다.

D.

dharana - 집중

dharmamegha samadhi - 법운삼매(法雲三昧)

dhyana - 선정(禪定) or 정려(精慮)

samadhi - 삼매(三昧)

E.

ekagra - 전일된 마음, 일치된 마음

H.

hatha karma - 하타(요가)쁘라디피카에 나오는 말로서 정신적
영적 수행이 없이 육체적인 수련에만 몰두하는 것을 보고 결실
없는 노력이라는 뜻

hetu - 원인

I.

indriyas - 인간의 오감 즉 시각, 청각, 후각, 미각, 촉각을 뜻한다.

K.

ksipta - 분주한 마음

krsna - 검은

klesa - 인간이 가지고 태어나는 다섯 가지 기질

  1. avidya - 무지

  2. asmita - 아집

  3. raga - 집착

  4. dvesa -혐오

5. abhinivesa – 삶에 대한 애착과 죽음에 대한 공포

M.

Maha mudra – 위대한 봉합 또는 동작

manasa – 내부

moksa – 해탈

mudha – 맹목적인 마음

muni – 현자 혹은 현인

Mudras – 동작, 자세, 봉합

N.

niyama – 내제, 각자 스스로 지켜야할 습관 및 규칙

niruddha – 작용이 억제된 상태

nirbijasamadhi – 무종자삼매(無種子三昧), 무상삼매의 일종

nidra – 잠(요가적인 잠)

nirvikalpa samadhi – 선정(禪定) 상태(유상삼매의 일종)

P.

parampratyaksam – 고차적인 지각

purusa – 순수의식, 참 자아, 사람, 아뜨만

pratyahara – 감각기관을 제어하는 것

phala – 동기

pramana – 인식론(epistemology), 현실세계의 정확하고 유효한
지식을 얻는 방법

S.

Sabeeja samadhi – 유종자 삼매(有種子三昧))

Sadhaka – 정신적 수행자

Sadhana - 정신수련

samsara - 윤회

samskara - 윤회의 사슬고리로 남게 되는 잠재인상

samapatti - 균형상태

savitarkasamapatti - 깊은 사색을 수반하는 균형상태

savicara - 반성적인 균형상태

samprajnata samadhi - 유상삼매(有想三昧)

samadhiprajna - 삼매의 반야, 지혜

samyama - 다라나, 드야나, 사마디를 통틀어 부르는 말로
　명상이라 한다.

satkaryavada - 모든 물질은 결과 가운데 원인이 있다. 라는
　인중유과론(因中有果論)

shamkara - 정신적 구성, 형성, 조성, 발달과 의지적 활동 행위로
　마음이 진행되는 과정을 의미한다. 마음의 이러한 정신적 의지적
　과정을 통해 집착이나 애착등과 같은 잠재의식을 남기게
　됨으로서 결국은 삼스까라(samskara) 즉 윤회의 사슬고리인
　잠재인상으로 발전하여 잠재의식 속 혹은 무의식의 기억 속에
　남아 다음생의 윤회의 사슬고리로 작용한다. 따라서 삼스까라와
　같은 의미로도 쓸 수 있다.

smrti - 기억

sukla - 흰

Sahajoli mudra - 스와디스타나 차크라를 자극 시켜주기 위해
　여성의 요도를 수축과 이완을 해 줌으로서 브라흐마짜르야를
　향상시킬 수 있다.

Samprajnata samadhi - 사마디의 첫 번째 단계로 자각 의식이
　초월된 상태

Sankalpa - 해결, 극복하다. 분해하다.

Sannyasa - 포기와 헌신적인

Satchitananda - sat(진실), sitta(의식)과 ananda(행복)의 3 개의
신성한 특질

Savichara samadhi - 세 번째 단계의 사마디로서 시간과 공간,
대상이 번갈아 나타난다.

Savitarka samadhi - 말과 지식, 감각의 인식 사이에 의식이
연합되어 교차하는 사마디의 두 번째 단계, 집중하는 대상이
이중성이 존재하지 만 완전히 몰입된 상태로 산만함은 없다.
다른 말로 삼쁘라즈나타 사마디로 유상삼매의 일종이다.
사난다(Sananda) 사마디라고도 한다.

Smashan bhoomi - 화장터

Swami - 자아에 정통한 사람

T.

tapas -고행, 노력

Tanmatra - 사물을 형성하는 다섯 가지 본질적 특성, 색, 수, 상,
행, 식

Tapas - 금욕과 열정으로 불순물을 태우는 과정 보통 고행과
노력으로 번역한다.

Turiya - 세 가지 상태의 의식을 동시에 인식하는 초 의식의
4차원의 의식

Tham, ksham - 태양의; 힘을 상징하는 대표적인 음절

U.

Udana vayu - 다섯 바유 중 하나로 그 위치는 목에서 머리 그리고
양팔과 다리에 위치하고 있으면서 팔다리를 들어 올리거니
혈액을 뇌로 끌어올리는 에너지 작용을 관장한다.

Uddiyana Bandha - 복부를 수축시키고 횡격막을 끌어올려
　쁘라나를 수슘나로 모아 위로 올려 주는 잠근법

Uddiyana - 위로 올리는 또는 위로 날아오르는

Upanishads - 궁극적 실재에 대한 옛 성현들의 경험담과 가르침을
　담은 고전

V.

viparyaya - 오해, 어떤 것에 의거한 그릇된 지식

vikalpa - 개념상의 지식 or 오류와 분별심을 일으키는 망상

vairagya - 무집착

viksipta - 산만한 마음

vrtti - 심리적 작용 or 발현

Y.

yama - 금계(禁戒), 사회적으로 지켜야할 규율

yogananda - 요가수행을 통해 얻어지는 지고한 행복감

yoga sadhaka　- 요가 수행자

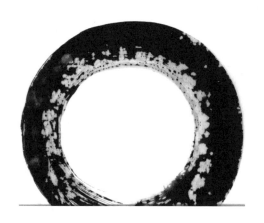

요가 마르가(Yoga Marga, 요가의 길)

초판발행 : 2014년 5월 15일

2판발행 : 2017년 12월 15일

3판발행 : 2021년 10월 9일

저 자 : 오경식

발행인 : 오경식

펴낸 곳: 아까시

등록번호 : 제9-108호, 2008. 10. 21

ISBN 978-89-962675-1-5 03690

주 소 : 전남 고흥군 남양면 망월로 450-10

전 화 : 070-8887-1000

Mobile : 010-3732-5597